假如银行不改变　我们就改变银行

看懂互联网金融这局棋

INTERNET FINANCE: DREAM AND REALITY

姜达洋　著

中国人民大学出版社
·北京·

图书在版编目（CIP）数据

看懂互联网金融这局棋/姜达洋著. —北京：中国人民大学出版社，2014.12
ISBN 978-7-300-20217-4

Ⅰ.①看… Ⅱ.①姜… Ⅲ.①互联网络-应用-金融-研究 Ⅳ.①F830.49

中国版本图书馆 CIP 数据核字（2014）第 243099 号

看懂互联网金融这局棋

姜达洋　著

Kandong Hulianwang Jinrong Zhe Ju Qi

出版发行	中国人民大学出版社		
社　　址	北京中关村大街 31 号	邮政编码	100080
电　　话	010－62511242（总编室）		010－62511770（质管部）
	010－82501766（邮购部）		010－62514148（门市部）
	010－62515195（发行公司）		010－62515275（盗版举报）
网　　址	http://www.crup.com.cn		
经　　销	新华书店		
印　　刷	北京捷迅佳彩印刷有限公司		
开　　本	720 mm×1000 mm　1/16	版　　次	2015 年 2 月第 1 版
印　　张	13.75 插页 1	印　　次	2024 年 5 月第 3 次印刷
字　　数	258 000	定　　价	59.00 元

目　录

第一篇　繁荣背后：互联网金融新时代的到来

2014年阿里巴巴在美国纽约交易所的上市，不仅制造了新的中国首富马云，更代表着资本市场对中国互联网金融的高度认可。在一次次根植于现有金融体系的自上而下的改革难见成效之后，源于门外汉互联网企业的创新行为却创造了今天的互联网金融神话，进而激发了一场对当前金融业的自下而上的革命。

第三篇 颠覆创新：互联网金融的游戏规则

传统的中国企业的竞争思维，往往追求比竞争对手提供价格更低、质量更稳定的产品，这也成为当前市场竞争的红海领域。而针对特殊群体的市场需求，提升差异化的产品或服务，开辟新的竞争领域，则成为一般意义上的蓝海战略。互联网金融恰恰是最为典型的金融服务领域的蓝海。

在互联网领域，一个企业如果能够拥有最庞大的市场份额，将成为其他竞争对手所无法模仿的竞争优势。这也使得众多互联网金融企业在发展之初，往往愿意选择赔本赚吆喝，通过向顾客让渡一部分利益的方式，以大规模烧钱的方式，实现市场份额的迅速增长。这恰恰是互联网经济最为显著的竞争原则。

互联网技术的引入，既可以帮助互联网金融企业面向碎片化的客户群体提供标准化的金融服务，赢得竞争的规模经济，进一步压缩自身的经营成本，提升自身效益，同时，又可以摆脱传统金融产业发展讲求集聚的约束，

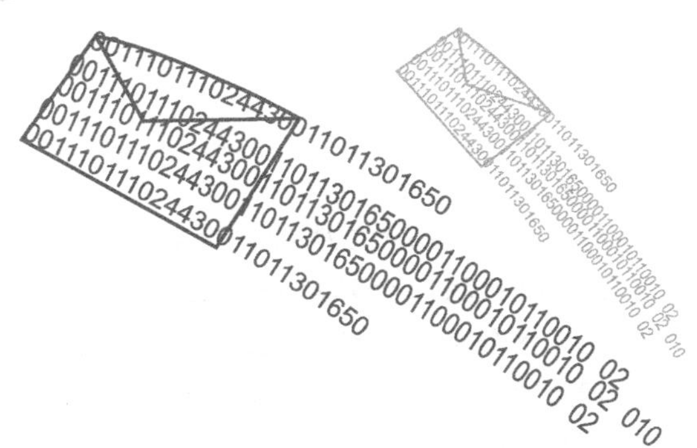

第一篇　繁荣背后

互联网金融新时代的到来

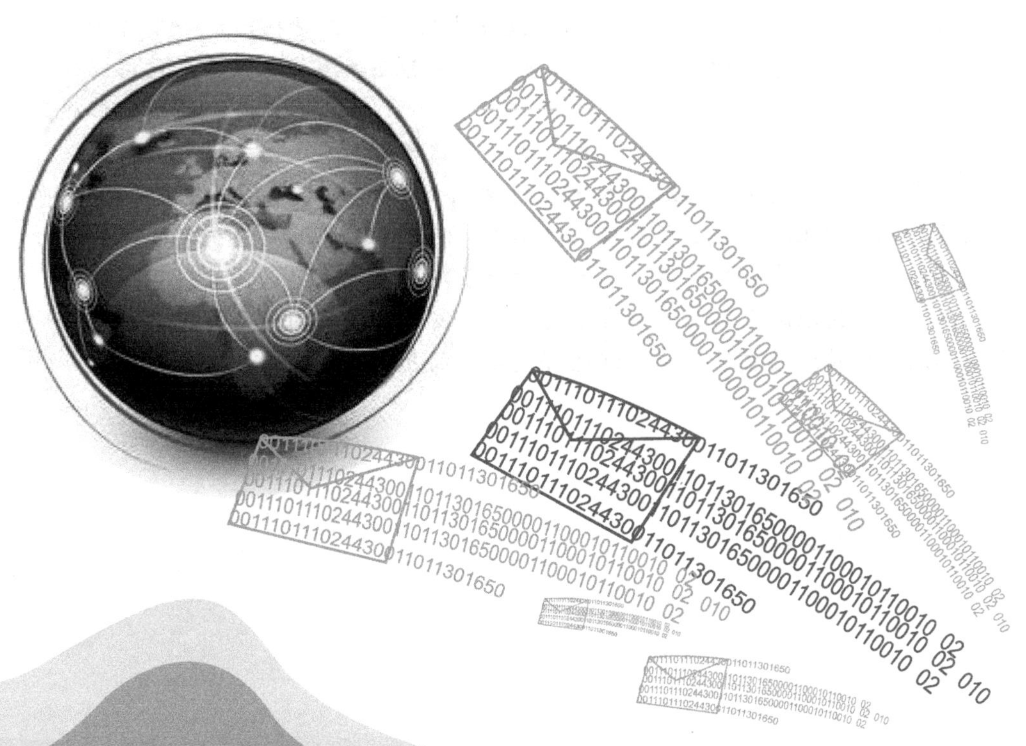

篇前语：

在很多人看来，2013 年可以被视为中国的互联网金融发展的元年，正是 2013 年 6 月 13 日，余额宝的横空出世，引发了中国互联网金融的一番乱战，几乎所有的国内互联网巨头都选择跟随战略，通过模仿余额宝的运营模式，杀入互联网金融领域。自此，互联网金融已经成为中国众多互联网企业掘金的新热点，中国民众也开始真切地认识到原来互联网金融就在我们每一个现代人的身边。

也正是源于互联网理财的互联网金融产业的飞速发展，很多国人在银行存款、股市证券投资和基金投资等传统的投资选择之外，又拥有了新的投资渠道，它甚至改变了很多人的储蓄与投资习惯。也正由于此，余额宝的推出成为中国互联网金融发展历程中一项划时代的创举，也成为标志中国互联网金融真正兴起的里程碑式的成就。

作为现代互联网技术与金融的紧密结合的产物，互联网金融在中国也并非什么新鲜事物。伴随着网购盛行而成长的以支付宝和拉卡拉为代表的第三方支付，早已被很多网购达人朋友司空见惯；而以余额宝为代表的宝宝军团的横空出世，更成为 2013 年中国金融发展中的一抹亮色；P2P 网络理财在国内一度作为鼓励创新、引导资本有序流动的一大创举，然而现在却逐渐演化为无序的网络传销与金融诈骗，P2P 泡沫在 2014 年的次序击破，也将成为引领中国互联网金融规范发展的重要契机；作为一种虚拟货币，比特币的产生和演进似乎像一层迷雾，然而，至少在中本聪创造它之后很长一段时间内仍然无人问津，却忽然在 2013 年的欧债危机之后比特币坐上了价格的过山车，它的暴涨暴跌更是引起了包括中国大妈在内的众多投资者的关注，从而成为众多中国资本追捧的对象。

因此，如何理解中国互联网金融的产生、发展和演进的过程，中国的互联网金融到底有何特殊的发展规律，这也许是更多朋友所关注的问题。

第一章
春风化雨：第三方支付

第一节　互联网金融的幕后英雄

中国互联网金融中的第三方支付的发展

自 1998 年第一笔通过互联网进行的电子商务完成后，网络购物在中国已经蔚然成风，经过十几年的发展，伴随着淘宝、京东商城、当当等网络商场的兴起，网络购物已经取代大型生活超市、百货公司，成为现代人购物的首选。现代人只需要轻点鼠标，在各大网络商场所提供的琳琅满目的商品中选择自己喜欢的商品，并点击确定，就可以坐等自己选中的商品送上家门。这样的便捷和自由，是很多自命为逛街达人和购物狂人的女性朋友也无法抵挡的诱惑。

现实之中，很多以往的逛街狂人，早已摇身一变，转变为更为新潮的网购达人。得益于互联网购物的兴起，曾经的光棍节，11 月 11 日，早已被众多网购企业打造成为网络购物的网购节。每年的 11 月 11 日前后，关于控制女友或者妻子网购消费的讨论，节后众多网购达人关于剁手族的调侃，媒体对于快递公司的爆仓的报道，更让人充分地领略了网络购物在现代生活中的巨大魅力。

2012年12月12日，在中国中央电视台的CCTV中国经济年度人物颁奖典礼上，作为当时的中国首富的万达集团董事长王健林和稳坐国内互联网经济头把交椅的阿里巴巴董事会主席马云，即兴提出了一场亿元豪赌，而他们不惜重金所赌的对象只是到了2020年，中国的电子商务能否在中国的零售市场中占据50%以上的份额。也正是这场世纪豪赌进一步让电子商务在中国的飞速发展很快成为各大媒体热议的话题。

事实上，在互联网时代，我们每一个人都在享受着网络购物带来的便利，也见证着互联网经济的飞速发展。然而，伴随着网络购物的普及，以支付宝、财付通、拉卡拉为代表的第三方支付虽然在中国的互联网金融中一直被忽视，却从来未停止过发展步伐。

在现代生活中，我们利用支付宝在淘宝上购物，利用拉卡拉为家庭购电、购水，利用各种第三方支付平台给手机充话费，归还信用卡，这已经成为很多人生活的重要组成部分。

从很大程度来说，第三方支付正是推动中国互联网经济飞速发展、推动中国网购兴旺发达的最为重要的因素之一，也正是中国互联网经济，或者准确地说，正是中国互联网金融发展中的无名英雄。

第三方交易的规范化发展

2010年5月，中国人民银行发布了《非金融机构支付服务管理办法》，对第三方支付平台进行了更为严格的规范与管理，先后七批颁布的250张第三方支付牌照，也成为中国互联网第三方支付发展史中必须铭记的事件。

然而，这个对于很多第三方支付厂商来说性命攸关的关键事件，却并没有引起众多网民的关注。在第三方支付体系中，使用率最高、市场占有率最广的支付宝、银联商务、财付通、快钱都是第一批获得第三方支付牌照的厂商。而其他关注到第三方支付的巨大价值的互联网巨头，在作出进入第三方支付领域的选择之后，也相对顺利地获得了第三方支付牌照。比如百度旗下的百付宝、新浪旗下的新浪支付也都成为第七批获得第三方支付牌照的互联网企业。

从某种程度来说，在网民的网购过程中，购物还是原来的那个网站，结算还是原有的结算体系，一切似乎都没有变化，只是在此背后的每一家第三方支付厂商不再在无法可依、无规可管的监管真空中运营，它们的头上多了一个制度的紧箍咒。互联网经济中的第三方支付已经被从制度上纳入了中国的金融体系，也必须像其他银行、证券公司、基金公司一样，接受中国人民银行以及其他相关的金融管理部门的监督与管理，这恰恰代表着中国互联网经济开始向互联网金融跃进的关键一步。

被忽视的第三方支付

尽管网络购物中的第三方支付是至关重要的制度设计，在现代中国的互联网金融中，以支付宝为代表的第三方支付力量的崛起也成为中国互联网金融发展的坚强柱石，然而，它却是在整个互联网金融体系中最容易被人忽视的环节，它不可能像余额宝、网络理财或者 P2P 网络借贷这样，能够给人带来实实在在的收益，更不可能像 Q 币、比特币那样，本身就代表着巨大的经济价值，它似乎只是中国发展电子商务、推动网购蓬勃发展的幕后英雄。

当众多网民被淘宝、京东、苏宁易购、国美网上商场等一个个网络商场的打折促销刺激得肾上腺素加速分泌，激战“双 11”之际；当汶川地震后，我们通过支付宝向灾区捐款，奉献爱心之际；当我们手持手机，使用打车软件呼叫出租车之际；当我们使用支付宝当面付款、使用快钱电子收款、使用众多网络结算软件向自己的网络理财账户进行资金划拨之际，很少有人会想到，在所有这些互联网金融的具体、真实的交易背后，都有着一个个第三方支付企业的默默支持，从某种程度来说，第三方支付的飞速发展及规范运营恰恰是中国的互联网金融迈步奔向辉煌的关键所在。

第二节　从网络购物到第三方支付的兴起

网购交易背后的第三方支付

通常所谓的第三方支付，其实就是一些为网络电子活动提供交易支持平台的第三方独立机构。当我们在一些互联网中进行网络购物、网络资金支付等交易时，为了规避由卖家的信用风险给买方造成的支付资金的损失，付款方往往把资金首先支付入具有较强的经济实力和商业信誉的第三方支付企业的电子账户，由第三方支付企业通知收款方完成相关电子商务交易，经付款方确认后，再完成全部付款活动的交易方式。

对于经常进行网购活动的众多网购达人来说，这样的模式已经不新鲜了，可是对于一些很少参与互联网金融活动，甚至很少进行网络购物的人来说，似乎通过第三方支付完成互联网经济交易的模式过于烦琐，非要在原来的买卖双方之间硬生生地插入一个第三方支付企业，原本一次就能完成的付款，非要分拆为付款给第三方支付企业，第三方支付企业通知收款方完成交易，收款方完成交易，付款方确认付款，第三方支付企业正式完成全部的付款工作等五个步骤，乍一看上去，把简单的网络付款活动复杂化了，根本不符合互联网经济的简单化、扁平化、自由化的基本特征。然而，这却是经过中外互联网经济多年的磨合而确立的、最适合现代互联网经济发展的商业模式，而第三方支付企业也成为现代互联网经济乃至互联网金融中最为基础、也最为核心的组织机构。

网络购物与现实交易的巨大差异

真正熟悉网购的人其实是可以清楚地理解支付宝等第三方支付企业在网购过程中的意义的。在现实生活中，当我们逛商场的时候，如果我们看中了某件商品，我们是很容易与卖家达成买卖意向的。只要我们掏出钱包，向卖家支付现金，或者在卖家的 POS 机上刷卡，就可以轻松地完成对于卖家的支付，然后，我们就可以携带我们刚刚购下的心仪的商品，和卖家说拜拜，继续我们的购物之旅，或者欢乐地踏上归家之路。在这整个过程中，最为艰难的过程，往往是挑选商品和讨价还价的过程。当我们达成交易意向之后，付款成为顺理成章的最为轻松的环节。然而，在网络购物过程中，一切都不一样。

在网络购物中，我们面前的电脑就像可以变出一切我们期待的物品的百宝箱，它可以为我们提供海量的选择，各种琳琅满目的商品对于拥有选择恐惧症的人来说是巨大的折磨，而对于天生购物狂的众多普通网民而言，网购所能够提供的自由度和选择面却是任何真实的购物中心都望尘莫及的。可是问题在于，在现实的逛街之中，我们可以亲眼看到真实的商品，亲手去触摸它的质地，通过试穿、试用、试吃来强化我们对于不同商品的真实感受，以此来帮助我们作出最为理智的购物选择。然而，在网购过程中，摆在我们面前的只是一张张从各个角度反映商品品质的精美照片，照片固然美轮美奂，然而却美好得不那么真实。尽管很多购物网站都会提供此前购买同样商品的买家对商品或对卖家的信用评价与使用评价，但刷信用的潜规则的通行，使得我们对那些极尽赞美之词也同样缺乏足够的信赖。日益发达的信息技术固然有助于我们把全世界都尽收于小小的一张互联网中，极大地缩小了人与人之间真实的地理距离，然而，“你永远不知道网络的另一端是不是一只狗”的网络游戏规则，却无法消除我们对于互联网另一端的人的怀疑。这种信任的缺失，其实正是阻碍很多互联网金融创新，以至于最为简单的互联网经济的发展的最大阻力。

早期的互联网经济困局

不知道还有多少人记得互联网经济兴起之前的网络购物？其实，早在改革开放后不久，邮购业务就逐渐在国内兴起，这也成为最早的摆脱地理距离的限制的远程经济交易的前身。到了2000年前后，伴随着信息技术革命在美国的持续进展，在各国都吹起了互联网经济的巨大泡沫。也正是在这一时期，在遥远的东方，网络购物也逐渐产生并兴起。然而，阻碍这些早期的邮购业务或者网购业务的最大的障碍，仍然是横亘于买家与卖家之间的信任。由于早期的网购经济是由众多互联网经济先驱所推动，当时的游戏规则也是由它们所制定，因此，不可避免的结果就是，当时的交易规则是倾向于保护卖家利益的。

在早期的网购交易模式中，当买家在早期全球最大的电子商务网站E-bay或者国内的8848、易趣等早期的网络商场选中心仪的商品后，买家需要首先按卖家提供的地址或银行账号，通过邮局汇款或者银行汇款的方式，把相应的货款支付给卖家。当卖家确认收到货款后，通常会在第一时间安排相关商品的发货，通过邮局再把商品邮寄给买方。在这一过程之中，买卖双方是直接达成交易意向并直接完成货款的结算工作，而邮局或银行只是充当完成货款的跨区域流动的金融中介的角色，来参与此时的网络经济交易。

很显然，在上述交易模式中，买方要仅仅根据他们在网络商城中看到的图片就作出是否汇款的决定，他根本不知道在互联网的另一端究竟是一名遵纪守法的合法商人，还是根本没有货源，只是虚构了一些交易信息，利用伪造的实物照片哄骗买方付款，企图骗取货款的骗子。

买方在付款的时候显然明白他可能会面临三种不一样的结局：一是他果然收到货了，货物也的确很好，他做了一笔性价比很高的聪明的交易；二是他还是收到货了，然而货物却并没有卖家在售货广告中所宣称的那么精美，尽管不那么称心，但至少他还能收到一份不那么适用的货物，不至于血本无归；而最悲惨的第三种结局则是，钱汇出后就如泥牛沉入大海，从此杳无音信，自己望眼欲穿地等待着自己已经付完款的商品，却根本不可能等到。在这样的网络购物交易中，买家丧失的不仅仅是自己选择与等待的时间成本和已经付汇出去的全部货款，还包括网络购物消费者对于网络卖家和电子商务的仅存的信任。显然，在这样的传统的网络购物模式中，买家的利益是根本得不到保障的，这也限制了早期的电子商务市场规模的扩大。

尽管在上述传统的电子商务交易模式中，卖方的利益看上去得到了最大的尊重和保护，然而，由于极大地漠视了买方的利益诉求，导致网购市场难以扩张，反而又极大地限制了电子商务卖家的利润水平和经营规模的扩张。可是，如果反过头来，政府规定，为了保护买家的利益，当客户在互联网商城选购商品、下了订单后，卖方必须先安排发货，等买方收到货确认无误后，再由买方完成付款行为，把相应的货款再给卖方通过邮局或银行汇过去，这样的可能会引发巨大的买方违约的信用风险的做法，则是众多电子商务卖家所不敢想象的。

另一个限制早期网购业务发展的因素就是物流体系建设的不足。那时的网购交易的送货基本都是通过邮局的包裹邮寄来实现，像现在我们熟悉的“四通一达”等众多的快递物流公司大多还没有创立，邮寄费用贵且不说，物流的速度还相当慢，一单网购业务从下单、汇款到卖家发货、邮局送货、买家收到货，正常的速度也得一个月左右的时间，有时拖上几个月也毫不奇怪。也许你在夏初在网上看上一件漂亮的裙子，并立即下单买下，梦想着能够很快穿上新裙子在男友、老公、闺密等人面前臭美一下，结果等收到裙子时才发现，裙子固然很漂亮，只是几个月过去了，自己已经应该穿棉衣了，无奈只能把新裙子压在箱底，等待着下一个夏季的到来。这种痛苦的心情想必是很多喜欢网购的漂亮美眉所极为不愿意体验的。而对于一些吃货来说，当自己感觉饿了时，在网上购买了一箱牛奶，等到几个月后收到时才发现，牛奶已经不是过期的问题了，都快变成酸奶了。这种把牛奶等成酸奶的惩罚，对于众多吃货而言，也是完全可以被评入“十大酷刑”之列的。在这样的物流效率和巨大的卖家违约风险下，电子商务在中国产生的前十年间一直固步不前，难以实现突破，也就不足为怪了。

可以想象，由于在早期的电子商务中，买方必须承担卖方违约的信用风险，如果网络交易的价格与现实市场相差不多，根本不会有人选择进行网购，这就逼迫电子商务卖家必须不断地压低自己网络销售的价格水平，进而挤压自己的利润空间。这反而产生了金融学上所说的劣币驱逐良币的逆向选择。

就好像我们在日常生活的购物过程中，如果你口袋中同时拥有多张新币和旧币，那么在买东西付款时，你往往更倾向于保留新币，而选择尽早把那些品相不好的旧币使用出去，这其实就是最为简单的劣币驱逐良币的过程。

在早期电子商务过程中，市场的发展逼迫卖家不断地压低销售的商品的价格，而正规的商家显然是无力承担这种持续的降价销售的，它们只能被迫选择退出网络经济，而对于众多活跃于互联网中的骗子而言，他们可是不吝于报出令买方心动的跌破地板价的地狱价的。于是，一场大浪淘沙之后，真正合法经营的正规商人大多忍痛选择退出互联网经济，而留在早期国内电子商务市场中的大多是些指望骗一把、捞一笔就走的骗子们。这又进一步加大了电子商务交易的信用风险，迫使卖方必须进一步压低价格吸引顾客。可以说，早期的以保护卖家利益为基础的电子商务模式恰恰使得中国的电子商务陷入了一个死循环。如果不能打破这样的运营机制，互联网经济，更不用说今日繁荣的互联网金融，就将被直接扼杀于摇篮之中，根本不可能得到成长的机会。

第三节　第三方支付的创新机制

支付宝的推出

2004 年 12 月，马云的阿里巴巴集团向众多中国网民推出了支付宝（Alipay），这也圆满地解决了此前国内互联网电子商务交易过程中的信用风险，从而推动了此后中国电子商务的爆棚式发展。正是基于支付宝的成功，马云在 2005 年的达沃斯世界经济论坛中最早提出第三方支付平台的概念。此后，这一概念以及支持这一概念的支付宝的运作经验，开始风靡全国的电子商务领域，并直接推动了全球互联网经济的蓬勃发展。

得益于支付宝的成功，阿里巴巴旗下的淘宝早已经成为中国电子商务的一面旗帜，而马云更是被众多中国网民誉为中国的乔布斯，淘宝和支付宝也成为马云手中堪比 iPod 和 iPhone 的两大终极法宝。

至于支付宝的运作流程，想必不用作者多说了。在网购已经极度普及的今天，特别是对于很多年轻朋友而言，没有过网购经历，特别是没有过在淘宝上购物经历的并不太多。对于曾经亲自体验过淘宝购物的很多朋友而言，支付宝似乎是一个容易被忽视却又永远无法被漠视的伟大的发明。

今天在淘宝上选购商品时，我们可以用我们存入支付宝账户或者余额宝账户里的自有资金，或者使用关联在支付宝上的某张借记卡或者信用卡中的资金进行支付。只是支付的资金并不是直接划拨给卖家，而是冻结在自己的支付宝账户中，当买家完成支付后，支付宝将于第一时间通知卖家发货。而买家收到货后再向支付宝确认付款，由支付宝完成对卖家的付款交易。

支付宝中的信用机制

传统的网络购物的最大问题就在于买卖双方都难以方便、节约地确定交易对手的信誉状况，都担心对手的违约给自己造成经济损失。在信息不对称的情况下，这一问题也导致电子商务市场难以得到壮大和发展。

在传统的经济交易乃至网络购物模式中，每一个参与市场交易的交易者都必须自己承担调查了解交易对手的信誉水平的责任。在人性本恶的基本假定下，交易者总是担心自己由于遭遇经济欺诈而面临损失。可是，如果每一笔交易都得聘请私家侦探去调查了解交易对手的基本情况，这样的附加成本是一般的交易者所根本无法承担的。

对于当面钱货两清的面对面交易而言，完全可以在交易的同时进行钱货的检查与复核工作，这就可以最大限度地减少调查交易对手信誉的成本。然而，网络交易的基本特质就在于交易双方在地理位置上是分隔的，如果为了控制信用风险而选择网络交易、当面交割，又完全违背了网络交易的便捷、自由的基本特性。

支付宝的伟大就在于，它充当一个任何交易者都足可信赖的交易中介而参与到网络交易中，由它扮演交易资金结算的中间人。而当马云创造性地设计出支付宝之后，每一个参与网络购物的经济主体所面对的交易对手，已经不再是其他经济主体，而是统一面对着支付宝。其他市场主体的信誉对于经济交易已经不再重要，只要所有参与电子商务的经济主体都信得过支付宝，愿意把钱先存放在支付宝中，并由它负担最终的付款责任，那么买卖双方都可以放心地进行交易了。买方知道，自己付款后，如果卖家没有发货，或者货不对路，自己完全可以向支付宝索回货款，也就不会遭受损失。而卖家也同样知道，只要自己按合同约定发了货，就可以向支付宝索要货款，哪怕买家要抵赖，企图要回货款，在没有真凭实据的情况下，赖账也是无法得逞的。

支付宝背后的巨大收益

对于马云来说，他的聪明之处不仅仅在于通过设计出支付宝，消除了在淘宝上进行购物活动的交易者对于交易对手的信誉的顾虑，而且获得了很多至关重要的好处。通过设计出支付宝，马云开始掌握了所有在淘宝上购物，甚至后来所有利用支付宝平台从事网络支付活动的结算渠道。这可是非常重要的资源。

我们可以想象，在网络商业领域，商品与服务的供应方和需求方是两个极为重要的团体。在我国电子商务市场发展的早期，由于不能有效地消除它们之间的信用征信的成本，导致这两个团体被严格地分隔开了，从而限制了它们之间的合理的经济往来和经济活动。支付宝的出现就好像在这两个团体之间修建了一条道路，从此，商品和劳务都可以从这条康庄大道上顺利通过。

要想富，先修路。当大量经济交易都通过支付宝这条大路进行结算之后，掌握支付宝这条道路的运营权的马云当然也就能赚得盆满钵盈了。当然，免费、共享的互联网思想很难接受像征收过路费这样的简单的收费模式，但是拥有巨大物流规模的高速公司的马云也完全可以从其他渠道获得收益。可能大家最容易想到的就是在支付宝的支持下，淘宝迅速壮大以后，马云从众多淘宝卖家处获得的各项管理费收益。其实，更值得我们关注的是，每天沉淀在支付宝中的巨额资金的收益。

根据支付宝的运作流程，当买家在淘宝上选定货物、完成结算之后，钱款是先打入支付宝的，而只有等卖家发货、买家收到货后，支付宝才会把这笔货款交付给卖家。而无论是卖家的发货，还是货物在途的物流都是需要一定的时间的，这也意味着每一笔淘宝的交易款项通常至少都得在支付宝的账户中沉积2～3天。

截至2012年12月，支付宝的注册账户已经超过8亿，日交易额峰值超过200亿元人民币，日交易笔数达到1亿零580万笔。2013年的“双11”天猫购物狂欢节，支付宝的成交额更是创造了350.19亿元的新纪录。而仅仅2014年上半年，阿里巴巴半年的总营业额就已经接近10 000亿元的天文数字。可以想象，如此巨额的资金沉积在支付宝中，可以为马云创造多大的经济价值。且不说其他，光是按当前余额宝的收益水平，每天支付宝节约的利息支付就达数百万元之巨。这样巨额的资金，对于任何一个企业甚至任何一个国家的金融体系而言，都是无法忽视的力量。

特别是伴随着互联网金融的发展，像支付宝这样的第三方支付体系已经不再满足于充当网络购物的信用保证的中介的角色，像信用卡还款、生活缴费、网络理财投资、在线支付等其他功能也开始逐渐被消费者所接受，它所创造的市场价值更是在以无法想象的速度持续膨胀。

正如我们所看到的，在马云的支付宝之后，国内的其他电子商务巨头也纷纷模仿支付宝建立起了多个网络购物资金结算体系，但是无论腾讯的财付通，抑或京东商城的在线快捷支付，都无法与最早进入网购第三方结算体系的支付宝相媲美，这恰恰反映了支付宝利用它的先入为主的先发优势，巩固并发展了它在国内第三方支付领域的领导地位。但是，众多第三方结算体系的建立，更为中国的互联网电子商务，乃至此后的互联网金融的发展奠定了极为坚实的基础。

移动支付的兴起

可能很多人难以想象，计算机在刚刚研制的时候，足足需要三个大房间来容纳其庞大的身躯。得益于苹果和IBM的创新思维，计算机从当初只能应用于军事领域的庞然大物，开始以个人计算机（PC）的角色，进入寻常百姓人家。更没有人想到的是，从20世纪八九十年代美国的信息高速公路建设以来，仅仅二十多年，计算机和互联网已经从只有极少数专业人士才有可能接受到的高精尖端科技，转变为与人们的生产生活息息相关的生活必需品。

新世纪以来，伴随着智能手机的出现，我们每一个人手中的手机早已变为一台台功能极为强大的计算机。借助于 3G 甚至 4G 网络的建设，现代的我们已经可以利用我们手中的智能手机，执行几乎所有台式计算机可以执行的任务。通过手机通信网络，我们可以阅读新闻、处理文件、进行邮件沟通、在线聊天，通过一个个设计精妙的 APP 程序，我们可以从事很多娱乐活动，或者获得众多的在线网络信息服务。借助于无线通信技术和移动互联网技术的发展，我们也渴望利用手机从事更多的经济活动，以此摆脱对于传统的 PC 硬件的约束，而移动支付恰恰是手机移动互联技术发展的重要领域。

在传统的经济交易中，我们往往需要携带大量现金或者银行卡，通过当面交易或者金融体系统一结算交易完成资金的结算，交易过程烦琐，而且通常会受到地理位置或者硬件设施的极大限制。而移动互联技术的成熟，使得人们可以使用一些移动终端，摆脱地理与硬件设施的限制，便捷地实现无接触的电子支付，不但方便了我们的支付活动，而且极大地降低了资金结算的成本。

2007 年，美国的 Square 公司最早开始了移动支付的尝试，通过手机 APP、E-mail、手机信用卡读卡器等多种途径尝试利用手机进行资金的结算与支付，最早揭开了移动支付的面纱。短短几年时间，移动支付之风也刮入中国，以拉卡拉为代表的手机刷卡技术，逐渐得到越来越多的消费者的青睐。

移动支付的中国模式

作为一种新兴事物，移动支付在中国的兴起也同样伴随着激烈的对市场的门派之争。2009 年中国移动最早研发了 2.4GHz 技术标准，此后，中国银联又推出了 13.56MHz 技术标准。为了争取更多的消费者支持，两种技术标准之间展开了激烈的市场争夺。这也推动了中国人民银行于 2012 年 12 月正式发布移动支付系列技术标准，对中国的移动支付提出了明确的技术要求和技术规范。

2014 年以来，伴随着快的打车和滴滴打车两大打车软件的市场补贴之争，对于手机移动支付市场氛围的普及和移动支付客户的追求的争夺也进入白热化。在阿里巴巴和腾讯两大互联网巨头的烧钱大战背后，更是一场移动支付市场的激烈争夺。利用手机 APP 进行在线资金结算与支付也蔚然成风，中国移动支付市场初见端倪。

尽管互联网第三方支付与移动支付的技术原理存在着巨大的差异，然而，二者都是建立在互联网技术在商业领域的开发与应用的基础之上。无论是众多互联网巨头在第三方支付话语权领域的厮杀，还是对于移动支付体系的争夺，都反映了它们对于互联网技术未来的开发和应用的提前预判，移动支付也由此成为未来互联网经济和互联网金融发展的重要领域。

第二章 异军突起：余额宝

第一节　神秘崛起的余额宝

互联网金融元年的余额宝

之所以 2013 年能够被称为中国互联网金融元年，很大原因就在于正是在这一年，阿里巴巴集团联合天弘基金共同推出了天弘增利宝货币基金，也就是大家所熟知的余额宝业务。可能连马云自己都没有想到，自己的这个小小的创新举措，居然掀起了中国互联网金融领域的一场腥风血雨，更是引发数十家互联网企业甚至实体企业跟风模仿自己进入这个领域，催生了数十个名目繁多、业务内容大致相近的互联网理财领域的宝宝军团。可能更令包括马云在内的所有人都想不到的是，这么简单的互联网与传统金融的结合，居然引起了国内银行业的极大危机感，甚至可以把它看成推动中国利率市场化和银行业经营自由化的最为有力的推动力。

2014 年 6 月，天弘基金发布的《余额宝一周年报告》公布，短短一年时间，余额宝已经拥有超过 1 亿名用户，这个数字甚至超过了很多经济大国全国的人口数量，余额宝也成为当之无愧的全球客户数量最多的基金产品。在中国的13亿多人口中，如果除去老人和小孩，可能大部分社会中坚力量都在使用余额宝，这样的普及程度和发展速度不得不令很多传统的金融机构汗颜。

截至2014年5月26日，余额宝的总规模达到5 742亿元。可是有多少人知道，从资产结构来看，余额宝其实并不神秘，从本质上而言，它只是一款简单的货币基金产品而已。马云的创举似乎只是把卖基金的平台，从此前的证券公司或者银行，转向了互联网，充分发掘了支付宝在国内第三方支付领域的领导作用。

可能更少有人知道的是，早在2003年12月30日我国的第一只货币基金华安现金富利上市时，总融资规模仅有42亿元，连当前余额宝投融资规模的1%都达不到。而且，当初货币基金推出之时，并没有引起像余额宝这么大的关注，更不可能获得像余额宝这样的市场追捧。直到2005年，我国的货币基金规模才首次超过1 000亿元，就在余额宝推出半年之前的2012年底，我们的整个货币基金市场的总规模才首次超过5 000亿元。大家可要知道，余额宝推出仅仅半年时间，仅它这一只基金产品的规模就已经超过此前整个产业的规模。这样迅猛的增长速度，更是令人难以想象。

正是得益于余额宝引发的国内民众对于货币基金的追捧，到2014年初，我国的货币基金总规模预计已经超过10 000亿元。2014年4月，我国国内166只货币基金的总规模已经达到1.54万亿元，与2013年8月底3 625.88亿元的规模相比，仅仅不到1年时间，其规模增长接近1.2万亿元。我国的货币基金市场在经历了长达10年的蛰伏期之后，也开始了一轮飞速扩张，迎来了自身发展的春天。到了2014年春的“两会”，互联网金融已经成为众多“两会”代表所热议的话题。

适逢其时的推出时机

余额宝之所以能够在推出之后很快得到市场的认可，进而引发自身发行规模的迅速扩张，当然得益于它在投资的收益率和流动性方面所具有的优越性了。然而，如果认真研究余额宝的发行时机，我们会发现，它的成功在很大程度上得益于它选择了一个最佳的发行时机。

可能很多朋友会质疑笔者的观点，哪有那么复杂，我们之所以选择余额宝，不就是因为它能够提供更高的回报率吗？的确，余额宝在发行后不久，收益率就连创新高，一度甚至达到7%的高收益率。要知道，与此同时，投资者如果把资金存入银行活期账户，能够得到的活期利率可只有0.35%。即使投资者选择牺牲资金的流动性，把自己的钱存入1年期的定期账户，能够得到的利率也仅有

3.25%，几乎连处于高位时余额宝收益率的一半都不到，那么众多投资者选择把资金存入余额宝也就毫不奇怪了。

可是想必很多余额宝的投资者也会发现一个最为简单的基本现象，那就是余额宝的投资收益率在进入2014年以后，突然掉头向下，开始了一路阴跌，在短短几个月时间内，就连破6%和5%两个心理关口。到了本书写作时的2014年7月，余额宝投资的年化收益率已经逼近4%大关。正是由于余额宝收益的持续下跌，余额宝对于投资者的吸引力也一落千丈，自2014年春节后，就陆续有投资者选择赎回自己此前存放于余额宝中的资金，而把资金重新转向银行理财产品或者P2P等其他投资方式。

对于理财产品而言，7%左右的收益率与4%左右的收益率的差别是相当巨大的。尽管当2014年初，宝宝军团持续壮大时，很多金融业内人士也承认，按当前主要以货币基金进行资产配置的资产结构形式来看，众多互联网金融产品并不能长期支持6%以上的收益水平，货币基金的正常收益率水平应该在4%左右。然而，在仅仅几个月后，余额宝的收益就从接近7%的高位下跌到接近4%的悲惨现实，真是令人诧异。我们可以想象，如果余额宝在推出之后，收益率一直保持在4%左右，是绝对不可能获得现实这样的突飞猛进的大跃进式的发展的。

当然，不能完全排除像阿里巴巴等互联网巨头在推出互联网金融产品之初，可能会通过自有资金来补贴这些金融产品的高收益率，以实现让渡收益、换取市场的战略性经营策略。然而，以今天余额宝这样庞大的资产规模，哪怕是像阿里巴巴这样的国内互联网行业的领导者也不可能有足够的经济实力长期利用自有资金补贴其高收益，决定它的收益水平的永远只能是这些金融产品运作时的市场收益率。这恰恰是本书所提出的余额宝的推出适逢其时的理由。

钱荒之中的余额宝

可能很多关注中国宏观经济的朋友对于余额宝发行时的国内资本市场中的钱荒还记忆犹新。2013年6月，也正是阿里巴巴推出余额宝的那个月，国内的资金供应日益趋紧，银行体系内的资金日趋紧张。正当银行把开闸放水、向市场注入流动性的希望全部寄予央行之上时，中国人民银行却再三向市场重申不会放松货币政策的态度。毕竟2013年5月，我国M2总量达104.21万亿元，同比增长15.8%，这样的货币供应本来就不应该被市场误读为货币政策从紧。国内的流动性本应很充裕，即使考虑到一些专家所提出的银行信贷扩张导致的资金供求不平衡、季末因素以及准备金缴款和财政缴款因素，也不应该出现大面积严重的钱荒。

然而，事实上，就在这一时期，我们却见证了多年难得一见的钱荒。钱荒的严重程度，从当时国内资本市场的利率水平的变动就可见一斑。即使没有学过经济学的朋友，也应该能够理解，利率其实就是资本供应的价格，当国内资本市场有足够的资本供应时，钱多了，就像我们通常所说的那样，钱也就毛了，不值钱了。可是如果国内资本市场资本供应不足呢？显然，资本市场的利率水平也会急速上升。2013 年的钱荒恰恰反映在银行同业拆借利率的飙升上。

大家知道，我们平时缺钱时，可以向银行贷款，而通常的贷款利率肯定要高于储户在银行储蓄时，银行向他们支付的存款利率。对于发展水平相对不高的中国银行业而言，存贷款利差正是银行利润的主要来源。在利率市场化水平较高的欧美国家，由于银行之间的激烈竞争，通常银行的存贷款利差大概只有 300 点，也就是 0.3%左右。而在我国，由于长期的政策保护，我国的银行业一直躺在政府的政策庇护之下，获得其他国家银行业难以想象的政策红利，存贷款利差通常在 3%以上，差不多是外国银行的存贷款业务利润水平的 10 倍。这也就可以理解为什么中国的银行业没有积极性像欧美发达国家的银行那样以提高客户的满意度为宗旨，通过多样化的创新，去更好地满足客户的需求，却仅仅通过低层次的吸收存款和发放贷款，获得毫无技术含量的存贷款利差。这也才形成了当前备受诟病的中国银行体系。

我们个人缺钱时，可以向银行申请贷款，贷款的利息其实就是我们为了得到贷款所付出的代价。同样的道理，当银行缺钱的时候，其实也是可以向其他银行申请贷款的，这就是通常所说的同业拆借。通常所说的同业拆借就是在银行业中，不同银行之间相互进行短期资本的拆借。当某家银行临时性出现资金不足时，就可以向其他银行提出，先借点钱周转一下。这种银行间的因为资金周转不灵而产生的拆借的期限通常都很短，有些时候只是一个晚上，因此才被称为隔夜拆借。因为在同业拆借市场上每一个参与者都是银行，这次你求我借钱给你，不知道哪天我遇到资金周转不过来的时候，也可能得向你再拆借点钱，大家低头不见抬头见，彼此都得给点面子，所以同业拆借利率往往比银行发放给客户的贷款利率更低。从很大程度上来说，同业拆借利率也成为确定市场贷款利率的基本依据之一。

一般情况下，我国的银行间隔夜拆借利率都会远低于市场贷款利率，基本上不会高于 3%的水平。而在 2013 年 6 月，伴随着银行间的资金紧张，越来越多的银行缺钱，谁都没有闲钱拿来帮助别人，借给别的银行应对钱荒，因此，银行间的隔夜拆借利率开始持续飙升。2013 年 6 月 20 日，这个被很多银行业人士戏称为应该记入中国银行间市场发展史册的日期，银行间隔夜回购利率居然达到了史无前例的 30%，7 天回购利率也达到 28%的历史高位。

可以想象，当银行自己需要用30%的利率去借入资金的时候，它们还会愿意按通常的6%～8%的贷款利率把钱再贷给普通贷款人吗？银行显然不可能会做这种亏本的生意。而如果向客户索要超过30%的年贷款利率，更是肯定会让人骂作抢劫。因此，在这一段时期，很多需要向银行申请贷款的人猛然发现不管是按流程申请，还是到处找关系，八仙过海，各显神通，可还是根本无法从银行贷出款来，整个中国资本市场都缺钱了，这才是钱荒的叫法的来源。

在钱荒之时，银行居然需要以30%的利率才能从其他银行借到款，那么它们当然也更愿意以更低的代价从储户那里得到钱。可是2006年以来，中国人民银行确定了人民币存款利率“下限放开，上限管理”和贷款利率“上限放开，下限管理”的格局，也就是说，银行支付给储户的存款利率的最高水平是受中国人民银行的上限管理约束的。这样的政策其实是可以理解的，为的就是避免银行之间大打价格战，纷纷提高存款利率，从其他银行处挖资本，撬客户。然而，这样的上限管理完全束缚住了银行在钱荒之时吸引储户的方法手段。于是，我们看到很多银行只能选择在储户到自己银行存定期储蓄时，除了承诺给储户中国人民银行规定的统一的利息水平之外，还额外给储户比如油、米、洗涤用品等小礼品，通过小恩小惠来争取储户。

也正是在钱荒之际，阿里巴巴推出了余额宝。有这多年不遇的钱荒背景，余额宝吸收来的资本，哪怕是以货币基金的方式借给银行，各大银行肯定也是削尖了脑袋想争取这个大客户、大资金，那么银行愿意支付的利息肯定也少不了。在这样的特殊时期，余额宝能够提供对于投资者有足够吸引力的收益率也就毫不奇怪了。

理解了余额宝产生的经济背景，想必大家都能够明白它的成功并不仅仅在于传统金融与互联网的合理对接，也不在于马云的江湖大佬的威望地位，时势造英雄，也只有英雄才能够充分利用好时势，这恰恰是余额宝成功的秘诀。

第二节　互联网理财对银行体系的冲击

宝宝军团崛起

正如很多人所看到的那样，余额宝一经推出，就以高收益和高流动性打动了众多投资者的心，很快就得到众多中国投资者特别是年轻投资者的极大追捧，发行规模持续扩张，天弘基金也从一个注册资本仅1亿元、业绩平平的基金，一举成为全球规模最大的货币基金产品之一，上演了互联网金融圈内的“麻雀变凤凰”。马云更是借助余额宝的成功，奠定了自己在互联网金融领域内的领导地位，确定了自己的互联网英雄的形象。

也正是由于看到了余额宝的成功，网易、腾讯、京东等一众互联网巨头无法再坐视马云一人独享互联网理财这一大块肥肉，也纷纷杀入互联网理财领域。网易现金宝、腾讯理财通、苏宁零钱宝、百度百赚、京东小金库等一系列网络理财产品宝宝们相继推出，中国互联网金融的战国之势由此确定。

从运营模式来看，众多宝宝们几乎都是从一个模子里生产出来的，它们大多是由某一互联网巨头与传统投资理财领域的基金公司合作，设计出理财基金品种，它们的资产结构也大多选择马云在钱荒时所发现的高收益、低风险的货币基金品种。众多宝宝军团通过在互联网渠道发售理财基金产品，从众多普通投资者处获得投资资本，然后将其投资于短期的货币市场，通过投资诸如国库券、商业票据、银行定期存单、政府短期债券、企业债券等短期金融产品，进入银行间债券及回购市场，以此获得投资收益。

中国人民银行的作茧自缚

作为一种传统的基金产品，货币基金并不是什么稀罕事物，它由于专门投资于银行间资本市场，因此被认为是安全性最高的基金产品之一。与此同时，它的流动性也堪比活期存款，基金买卖方便，一般基金赎回只需要两三个工作日就可以到账。因此，它也得到了众多厌恶风险的投资者的青睐。但是，也正由于它的低风险与高流动性，也注定了它的投资收益率在通常情况下并不会太高，一般只能够得到略高于一年期定期存款利率的国债收益率水平。

然而，余额宝的成功就在于它选择了一个最为合适的推出时机。如果早一年或者晚一年推出余额宝产品，它完全不会引起那么大的市场关注，也不可能获得如此众多的市场追捧。然而，在钱荒之际，银行间拆借市场利率飙升，而针对普通储户的银行存贷款利率却由于中国的利率管制政策，并不可能出现明显的调整。

在中国的利率管制制度约束下出现了一个极具讽刺的现象，银行极度需要筹措资金，希望能够最大限度地吸引老百姓把钱存入银行，同时，率先富裕起来的很多中国人，手上也拥有大量经济资产，然而，由于国内投资市场的欠发达，他们却不知道该如何安排自己的资产，才能够保证自己的资产价值稳定，不会随着通货膨胀而缩水。由于银行利率偏低，他们往往不愿意按银行所支付的存款利率把钱存入银行。

为了维持中国货币市场的稳定，中国人民银行推行了严厉的利率管制政策，这是为了防止银行之间为了追求客户而实施价格战，避免银行为了增加存款规模不断向储户许诺更高的存款利率，而为了增加贷款规模，却又向贷款者提供更低的贷款利率，进而持续压低银行的存贷款利差，挤占银行的利润空间，影响银行的业绩和经营的稳定。

然而，更具讽刺意味的是，中国人民银行的人民币存款利率“下限放开，上限管理”和贷款利率“上限放开，下限管理”的管理思路，也导致即使在钱荒之际，银行也不可能通过提高存款利率的方式吸收普通储户的存款，而只能以更高的利率水平，在同业拆借市场中拆入资金，这反而进一步加大了银行的利率负担。进一步限制银行的利率水平，反而成为一种作茧自缚的政策选择。

相比之下，利率需求远低于钱荒时的同业拆借市场的货币基金，当然成为各大银行争相争取的目标，这也不断地推高了货币基金的收益水平。这又进一步鼓励各大互联网巨头进军互联网理财市场，推动了宝宝军团的不断壮大。

商业银行的警觉

伴随着国内货币基金的不断崛起，很快众多商业银行就意识到自己犯下了一个很大的错误。货币基金哪来的钱啊，它可不是众多互联网巨头自己的钱，这是它们通过组建货币基金的方式从资本市场吸引来的资金，这些钱可都来源于千千万万个普普通通的投资者。问题在于，在购买宝宝军团们的互联网理财产品之前，众多投资者的钱可不是压在自己家的箱子底下，而大多是以活期存款或者定期存款的方式存放于银行的，也就是说，这些钱本来其实也是都要进入银行体系的，而且本应该是按利率水平远低于货币基金收益率的活期存款利率或定期存款利率的代价被我国的银行体系所吸引的社会闲置资本。

当互联网理财兴起后，众多商业银行发现，那些原来能够以更低利率被自己争取来的存款资金，现在却毅然决然地抛弃自己，转向了互联网理财中的各个宝宝军团，再由各个宝宝军团以货币基金的方式，以更高的利率进入银行体系。

如果没有理财宝宝军团，银行就能够以更低的融资成本获得存款，现在却完蛋了，自余额宝诞生后，银行的存款特别是活期存款的减少已成不可逆之势。想必众多银行高管们用脚丫子也能想到，这些流失的存款其实并不是退出银行体系或者转化为居民消费支出，只是转入互联网理财领域，再以更高的利率转回银行体系。这么一来，银行的融资成本压力可就持续加大了。银行如果再支持互联网理财的发展，不明摆着就是养虎遗患、给自己添堵吗?

自 2014 年以来，当众多商业银行发现自己银行的存款搬家日趋增加时，开始坐不住了。如果再坐观互联网理财发展壮大，那么银行的生意就没法做下去了，看来必须给余额宝们一点颜色看看了。这也使得2014年中国货币管理当局对于像余额宝这样的互联网理财产品的政策管制力度持续加大，最终带来了一场余额宝的政策危机。

第三节　余额宝的政策危机

银行的反击

尽管2014年“两会”期间，银监会主席尚福林已经宣布将在我国推进民营银行试点改革，而作为余额宝的老东家阿里巴巴和余额宝的最大竞争对手理财通的老东家腾讯也的确被纳入了10家最早推进民营银行建设的民营企业发起人之列，但是毕竟传说中的阿里银行和腾讯银行还不是现实，更离铺遍全国、惠及全国人民还有十万八千里路。

在当前的形势下，任何投资资本要想进入余额宝等宝宝军团，根本不可能绕过银行的渠道。换而言之，作为宝宝们的资金进出的渠道，如果银行对资本的流动不施加任何限制，那么社会资本当然是可以自由地进出宝宝军团的，那么投资者就不会有任何的犹豫，当然会选择能够给自己带来最大回报的宝宝们了。可是银行要是收紧口子，把原本资本进出宝宝军团的高速道路变成崎岖山路，尽管宝宝军团不对资本的进出设置障碍，但是若银行扎紧口袋，不让资本进出得太流畅，无论资金进入宝宝军团，还是撤出宝宝军团，回归银行体系都得麻烦加上麻烦，在这样的情况下，很多资金使用比较频繁的投资者可能就会因为害怕麻烦，而不会选择把大量资本投入宝宝们，而是把它们留在银行体系，这当然就称了银行的心了。

自2014年3月开始，以中国工商银行为代表的诸多商业银行开始制定一系列措施，限制进出余额宝的资金规模。如中国工商银行限定每笔银行卡快捷转入余额宝的资金不得超过5 000元，每日不得超过20 000元，每月银行卡快捷转入余额宝的资金规模不得超过50 000元。同时，2014年3月，中国工商银行还宣布，改变支付宝快捷支付接口由中国工商银行多家分行管理的模式，而统一由支付宝所在地杭州分行管理，这也就把通过工行进行余额宝快捷支付的资金结算端口从原有的5家削减为1家，显然也就极大地削弱了工行对进出余额宝的资金结算的处理能力，达到限制余额宝发展的目的。

2014年3月23日，阿里巴巴集团董事局主席马云在网上发表了一篇名为《支付宝，请挺住!》的文章，公开指责各大银行是在打压支付宝，更是大打悲情牌，赢得了网民的一致同情。

尽管在互联网中，很多网民激进地把各大商业银行对余额宝的限制视为腐朽没落的金融统治阶级对于新兴的金融革命势力的封杀与镇压，然而，在当前的运作模式下，新兴的互联网金融势力仍然无法摆脱对于原有的金融统治势力的依赖，如果不能得到它们的积极配合，互联网金融的崛起仍然将会是一个漫长的过程。

互联网金融政策的不明朗

传统金融势力的不配合甚至故意制造障碍固然对当前中国的互联网金融的发展产生了极大的负面影响，然而真正制约它的发展的却是政策方面的不明朗。尽管在2014年“两会”期间，互联网金融已经成为“两会”代表热议的话题，而且很多相关监管部门和领导也表态将支持互联网金融的发展，甚至中国人民银行行长周小川关于“肯定不会取缔余额宝，还将鼓励和支持类似的创新”的表态一度被民众视为政策面对于互联网金融表示支持的集中体现，然而，此后的一系列政策的出台，仍然让众多投资者对于未来互联网金融的发展产生了深深的怀疑。

3月11日，中国人民银行发布《支付机构网络支付业务管理办法》征求意见稿，其中关于“个人支付账户转账单笔不得超过1 000元，年累计不得超过10 000元，个人单笔消费不得超过5 000元，月累计不得超过10 000元”的规定，更是被视为政策面对于余额宝集中打击的开端。毕竟在互联网经济日盛的今天，单笔转账1 000元和单笔消费5 000元的额度其实已经很难满足很多网购一族的基本消费需求了。这样的规定除了限制互联网经济的发展，特别是限制从银行进入支付宝的金额规模外，似乎并没有大的意义。

一波未平，一波又起。仅仅三天之后，3月14日，中国人民银行又以安全为理由，叫停了余额宝刚推出的二维码支付和虚拟信用卡支付的业务，由此开始了一系列针对支付宝的政策组合拳。对于互联网金融的政策监管，也从最初主要从支付宝的第三方支付职能角度加强管理，蔓延到针对余额宝理财等其他领域。

很长一段时间以来，为了争取货币基金的资金，银行针对货币基金的资金提供了很多普通消费者无法享受的政策红利，其中最为重要的一条就是“提前支取不罚息”。在这样的政策优惠下，货币基金完全可以把较大比例的资金以银行协议存款的方式，以高息供应给银行，从而享受到银行所提供的高额利息。即使在此期间，货币基金产品遇到了大规模的集中提现，它们也可以提前提取其未到期的协议存款，而银行却不会为此对其进行相应的经济惩罚，货币基金仍然可以按原来的利率获取利息。

可能很多朋友都有经验，如果我们选择把自己的钱存入定期账户，这笔钱就等于被冻结了。如果还没到期，但是由于我们发生了紧急事件，需要用这笔钱，那么当我们去银行申请把这笔没到期的钱提前支取出来时，哪怕离到期只差一天，也只能按活期利率计算利息，我们将损失一大笔利息。但是，对于银行而言，货币基金是它们的 VIP 大客户，能够笼络到它们，银行的资金供应就有了保障，因此，不同的商业银行为了追求货币基金庞大的资金供应，才想出这条提前支取不罚息的政策优惠。然而，商业银行永远不会想到，自己为了吸引货币基金所制定的这条优惠政策，恰恰给像余额宝这样的互联网理财产品提供了可资利用的空间，它们在吸收众多投资者的资金后，完全可以把绝大多数资金都以协议存款的方式存入银行，而只保留少量资金用于应对客户的提现需求，这就可以保证最大限度地获得银行的利息支付。即使遇到突发的大规模提现，反正提前支取也不罚息，那也无所谓，大不了向银行提出提前支取协议存款的申请就可以了。但是对银行来说，如果经常遇到货币基金提前支取协议存款，它们的资金供应就会更加紧张。

正是在众多商业银行的敦促之下，3 月 25 日，中国人民银行宣布不允许存在提前支取存款或提前终止服务而仍按原约定期限利率计息或按原收费标准收费等不合理的合同条款，明确叫停货币基金提前支取不罚息的政策优惠。央行发言人强调，叫停货币基金提前支取不罚息的政策优惠并不代表打击互联网金融的创新行为，既然互联网企业选择把线下金融业务搬到线上，就必须遵守线下现有的法律法规，必须遵守资本约束。这也意味着宝宝们若再想提前支取在银行的协议存款，就只能和我们普通老百姓一样拿到活期利息了，以前享受的 VIP 待遇被彻底取消了。

2014 年 5 月 4 日，中国人民银行调查统计司司长盛松在《中国金融》发表文章《什么是存款准备金管理》，指出余额宝等对应的货币市场基金存入银行的存款不缴纳存款准备金，而这部分存款的合约性质以及对货币创造的影响与一般企业和个人的存款并无不同，并据此提出余额宝等货币市场基金投资的银行存款应受存款准备金管理，其他非存款类金融机构投资的银行存款也应参照货币市场基金实施存款准备金管理。

在文章中，盛松指出，当前货币基金不用像商业银行一样交纳存款准备金是余额宝获得高收益的关键。如果余额宝投资银行协议存款的款项需缴存 20%的准备金，按照 6%的基金协议存款利率和中国统一的 1.62%的法定存款准备金利率计算，余额宝一年的收益率将下降约 1 个百分点。

盛松的文章由此也揭开了是否应该针对余额宝征收准备金的经济大讨论。一些学者认为他更多地是站在现有的商业银行的立场上，基于削弱余额宝的竞争优势而提出该观点，也有学者认同他的观点。这些政策变化，使得2014年火遍中国的货币基金的成长面临更大的政策不确定性。

从取消提前支取不罚息的政策红利，到拟对余额宝征收准备金，这一系列政策导向，使得民众对于众多互联网理财产品未来的发展打上了一个大大的问号。

第三章
野蛮生长：P2P 网贷

第一节 P2P 网贷的前世今生

P2P 概念的由来

自 2014 年以来，伴随着一大批国内 P2P 网贷公司的倒闭，越来越多的人开始接触到 P2P 这个看上去很专业、很陌生的名词，并开始关注起 P2P 网贷行业的发展与风险。可能很多没有接触过专业经济学或者计算机信息教育的人，只是大概明白 P2P 类似于一些通过网络手段向投资者许以高额回报的进行非法集资的经济活动，但是 P2P 的真实概念，以及它在互联网金融中的地位与作用，也许并不是很多人都能够清楚地说明白的。

P2P 的英文为"Peer to Peer"，它本是计算机通信领域的专有名词。如果直接翻译，一般被称为对等网络或者对等连接，指的是每个参与者都具有对等能力的通信模式。

在传统通信模式下，通常需要在局域网中设置服务器，由服务器连接起其他计算机主机。当各计算机需要发起对话时，往往需要把应用命令首先传导到服务器，再由服务器串联起其他计算机之间的对话和应用程序，因此，在这样的通信体系下，服务器与其他计算机主机并不具有对等地位。各计算机主机必须在服务器的串联下，才能够实现彼此之间的通信，因此往往处于从属的地位，而服务器则占据核心地位。

而在P2P通信模式下，不同计算机构成一个工作组，它们之间可以直接通信，共享资源，协同工作。在对等网络中，各台计算机都具有平等的功能与地位，并不存在主次之分，大家都可以扮演服务器的角色，选择发起对话，或者向其他计算机共享资源，却又都不固定扮演服务器的角色。通常情况下，在计算机数量相对较小的办公室或者机房，我们就可以利用这种模式，串联起集中空间内的多台计算机主机，实现彼此之间的信息沟通和资源共享。然而，也正由于缺乏固定的服务器，各台计算机都可以共享资源，这也导致网络安全管理的职责分散，从而会极大地影响网络数据和信息的保密性。

当然，我们讨论P2P网贷，并不是关注它们的技术原理和通信模式，通常所说的P2P网贷也并不是采用了P2P这种新式的通信技术。其实，它之所以被称为P2P网贷，更大的原因在于它的经营模式，类似不设服务器的P2P通信模式。在运营中，P2P网贷取消了原来需要扮演服务器角色的银行的中介服务功能，而通过互联网技术使得资金的供需双方直接对话，发起资金的合理流动。

P2P在网络信贷中的应用

大家都知道，传统的资本市场的资金供需是通过银行等金融机构串联起来的，金融机构扮演起很多金融交易的中介的角色，因此才通常会被称为金融中介。而P2P的特殊之处，就在于摆脱了金融中介机构的束缚，通过网络平台，直接串联起资金的供需双方的联系，实现社会资本的有序投向和高效的利用。值得注意的是，除了P2P网贷之外，在P2P网贷模式中所明显表现出来的这种脱媒性或者去中心化也同样是其他互联网金融领域的重要特点。

在日常生活中，很多拥有过剩资本的投资者，通常可以利用自己相对狭小的社交圈子，通过直接借贷的方式把自己的资金借给亲戚朋友，实现简单的一对一的资金供需交易。然而，由于社交圈子的限制，无论是拥有过剩资本的资金供应方，还是迫切需要借入资本的需求方，都没有太大的选择余地，特别是在社交领域，资金的供应更为有限的贷出资本一方往往会具有更多的话语权，由此可以主张更高的资金借贷收益，我们通常所说的高利贷也就由此而生了。我们可以从历史的发展中清楚地看到这样的规律，无论是西方的威尼斯商人夏洛克，还是中国更具传奇色彩的一代枭雄吕不韦，在他们的传说中都可以清楚地看到高利贷的运作模式。

随着资本主义经济的发展，银行等现代金融中介机构开始在东西方普遍建立。这个时候，人们发现自己可以把多余不用的资金存入银行，以获取稳定的利息收入，而需要借入资本的群体也可以向银行申请贷款，获得资本的供应。在这样的资本借贷模式中，银行其实就扮演了一个简单的中介角色，它们集中起众多储户的资金，积少成多，然后汇总起来，再将其贷给需要资本的贷款人，并从中获得存贷款的利息差，作为银行串联借贷资本供需的报酬。在这样的模式中，银行一端对接着为数众多的储户，而另一端又连接着同样数目惊人的贷款人，以此实现了以银行为核心的多对多的资本供需模式。银行也就成为整个社会资金供需和资金流动中最为重要的组织机构，其实也就扮演着类似局域网设置中的服务器的角色。

在传统的以银行为主体的信贷体系下，尽管我们每一个人都把资金存入银行，也清楚银行将会把众多储户的资金汇总起来，然后以发放贷款的方式投放出去，但是储户根本不可能知道银行到底把他们的钱贷给了哪个个人或者企业，也根本不用关心银行把他们的钱贷出去之后能否顺利收回本息。在整个资金流动过程中，储户仅仅按约定获得银行承诺支付给他们的微薄的利息收入。

然而，很多人都明白，作为独立核算的经营性单位，银行还是要追求利润的，因此，出于控制风险的考虑，它们往往更愿意把钱借给更有实力、更有偿还能力的贷款人，这就出现了经常被大家所诟病的银行往往愿意锦上添花，却不愿意雪中送炭的由来。大家都抱怨，当你财大气粗、根本不需要钱的时候，银行天天过来劝你贷点款，但是当你陷入经营困境、真的需要钱的时候，你再找银行贷款，却根本贷不到。这样的银行体系很难满足整个社会对于资金的需求，这才催生了 P2P 模式。

所谓的 P2P 其实就是跳过了中间银行的中介作用，直接通过互联网的方式，促成资金供需双方的对接。与传统的民间借贷方式相比，P2P 的交易模式和交易思路其实并没有什么特别的，唯一的创新之处就是通过引入互联网技术，它得以摆脱传统一对一的借贷行为对于个人社交圈子的依赖，扩大了资金借贷的地理范围，推动了资金在更为广泛的地理范围内的不同供需方之间的有效转移，进一步提高了借贷资本的使用效率。

P2P 网贷在国外的兴起与发展

2005 年，创立于英国的 ZOPA 是最早的互联网 P2P 借贷平台。借款人可以在这个网站上发布自己的借款需求，ZOPA 将根据借款人所提供的相关资料，对其进行信用等级的评价。ZOPA 网站的众多注册会员，也就是众多投资人在网站上可以看到众多借款人发布的借款信息，并根据网站对各个借款人所作出的信用评价，作出是否借款的决定。如果众多投资人决定向某一借款人提供借款，他们将参与贷款利率的竞标，利率更低者将获得向借款人提供资金的投资机会。

在国外的 P2P 运作过程中，P2P 网贷平台仅仅提供信息发布、信用评估和撮合交易的服务，并不直接参与双方的交易，只从中收取少量的中介服务费用。与传统通过银行进行资本借贷的资本投资活动不同，在 P2P 网贷平台中投资双方都能够得到对方的充分信息，资本可以直接在借贷双方之间流动，而不再需要通过金融服务中介进行汇总与重新分配，这样就有效地减少了资本流动的中间环节，节约了大量的成本费用。

只要保证 P2P 网贷平台借款信息的公开、透明和真实，每一个投资者总会关注自己的资本投资的安全性，因此会认真、细致地研究不同借款者的借款信息，从中选择资金投向最为安全、回报率最为丰厚的投资方向，并直接进行投资行为。这也极大地保证了资本利用效率提升，因此，这样的投资方式很快得到很多国外投资者的欢迎，从而风靡欧美国家。

正如一般的投资规律显示的那样，投资者的投资收益往往是和他们所承担的投资风险成正比的。对于一些风险更大的投资项目，如果融资人不能提供远高于其他投资项目的风险溢价，那么就根本不会有任何投资人会对他有投资兴趣。既然你要让别人为投资你的项目承担额外的风险，那么你当然就应该对他们的风险提供经济补偿。

次贷危机背后的 P2P 模式

引爆全球次贷危机的美国次级债券之所以能够得到美国投资者青睐的原因，能够为我们清楚地揭示这一规律。因为次级贷款针对的都是无法正常从银行获取贷款资格的贷款人士，因此它出现坏账风险的概率将会远大于正常的银行贷款。如果在像当前中国这样的传统银行借贷模式下，贷款的坏账风险将全部由发放贷款的银行承担，那么银行当然不愿意发放这些高风险贷款了。然而，正是因为这些贷款者不具有贷款资格，因此，他们如果要申请贷款，必然愿意承担更高的贷款利息，这样的高利息又对银行产生了致命的诱惑。

在高度发达的美国资本市场的支持下，美国的众多银行可以委托投资银行把自己的高风险次级贷款打包成类似理财产品或者投资工具，然后在资本市场上出售，这样就可以把次级贷款的坏账风险转嫁给众多购买次级债券的普通投资者。如果借款者无力偿还借款，那么所出现的所有损失都将由购买这些次级债券的投资者承担。

而对于美国众多普普通通的投资者来说，次级债券由于存在较高的坏账风险，因此预期的投资收益率必然高于其他投资产品。因为这些贷款基本都用来购买住房，所以只要美国的房价持续上涨，购房者就没有理由不归还房贷，而让银行收回价格持续增长的住房。因此，高房价就可以有效地控制住次级债券的信用风险。

而当美国经济出现危机、房价开始下跌后，购房者无力继续归还房贷，因此，银行所发出的次级贷款就沦为坏账，引起市场上次级债券的价格暴跌，使得投资者承受更大的损失，由此引发了席卷全球的次贷危机。在上述整个过程之中，恰恰体现了次级债券高收益背后的高风险。

在次贷危机之前，美国的银行业可以通过发行次级债券的方式，分散自己发放高风险贷款的风险。然而次贷危机后，可以想象，美国的银行业不再愿意向那些不具备稳定还款能力的借款人提供贷款，而把相当多的借款人排除在美国的信贷市场之外。为了获得资金支持，这些渴求获得资本支持的借款人其实是愿意向资金供应方支付更高的利息的，当然，也会给投资者带来极大的投资风险。这就推动了美国 P2P 市场的火爆发展。

次贷危机之后，出于刺激经济的需要，美国政府已经连续推出四轮量化宽松货币政策。这导致美国资本市场上银行利率基本保持在 1%之下，甚至很长一段时间，市场利率已经接近零。相比之下，P2P 网贷市场中，贷款利率介于 5.6%～35.8%之间、违约率介于 1.5%～10%之间的事实，使得众多拥有闲置资本的投资者纷纷抛弃传统的银行市场，而转向 P2P 市场。加入众多 P2P 网贷平台的注册会员和投资人，甚至转为一些 P2P 网贷公司的董事会成员，从而实现自有资产的最大限度增值。

而另一方面，在低利率金融市场中，虽然从美国传统的银行体系获取贷款的成本更低，但传统银行体系在审核贷款人资格时的程序非常烦琐，特别是很多客户由于缺乏足够的信用等级和资产保证而被排除在传统的银行信贷市场之外，这也迫使更多的借款人投入了 P2P 网贷市场。

特别是 2008 年次贷危机之后，为了抱团过冬，很多欧美国家的金融机构都纷纷收缩流动性，减少对外信贷的规模。不要说个体贷款人，就连很多大公司都很难从银行体系获得信贷支持。这也把更多的借款人推向了相对自由度更大的 P2P 市场，推动了 P2P 网贷在欧美国家的飞跃式增长。在美国，P2P 网贷更是实现了年增长率超过 100%的不可思议的飞速增长。其中，Lending Club 凭借发放贷款超过 30 亿美元、支付利息接近 3 亿美元的借贷规模成为美国最大的 P2P 借贷平台。而截至 2013 年，另一美国 P2P 巨头 Prosper 也已经拥有超过 190 万名注册会员，累计发放贷款超过 6.5 亿美元。

第二节　P2P 网贷在中国的发展

信用缺乏——中国 P2P 发展的阿喀琉斯之踵

与其他互联网金融产品一样，P2P 被引入中国后，也很快引起国内投资者的关注，进而受到极大的追捧。2007 年 8 月，我国第一家 P2P 网贷平台“拍拍贷”成立，从此揭开了中国 P2P 飞速发展的序幕。到 2011 年，我国的 P2P 网贷平台刚刚超过 30 家，而到了 2012 年，这个数量已经超过 200 家，而据一些媒体估计，到了 2013 年末，我国已经拥有超过 1 000 家 P2P 网贷平台，全行业的 P2P 网贷交易总规模已经超过 1 058 亿元，其发展速度足以令很多中小规模的银行感到汗颜。

援引一些媒体对于 90 家 P2P 网贷平台的交易数据的统计，截至 2013 年底，仅媒体关注的 90 家网贷平台的总成交量就达到了 490.22 亿元，总成交笔数为 561 491 笔，综合利率大概在 19.67%，平均借款期限约为 4.73 个月，借款总人数达到 14.93 万人，借出资金的投资人总数超过 20 万。作为中国 P2P 的主要代表，网贷平台“人人贷”2013 年的年报也显示，其 2013 年的网站成交总金额为 15.7 亿元，同比增长 342%。一系列闪亮的数据足以亮瞎众多传统金融企业的眼睛，使其他金融机构羞愧不已。

然而，自 2014 年以来，一系列 P2P 网站关停，P2P 投资遭遇诈骗的新闻不时闯入我们的眼帘，似乎中国的 P2P 在 2014 年骤然遭遇了寒冬，甚至很多媒体都把 P2P 视为洪水猛兽，将其直接等同于网络诈骗而大肆批评。

为什么在欧美国家发展得很顺利的 P2P 在我国却举步维艰，甚至沦为众多诈骗分子欺骗中小投资者的诈骗工具？为什么在国外违约率相当低下、能够被视为一种理想的投资方式的 P2P，在我们国家却演变成为一桩麦氏骗局，沦为一个击鼓传花的投资陷阱？也许，需要对 P2P 在中国的发展与演化作更为深层的思考。

无论在欧美国家还是在中国，P2P 网贷能够取得成功的关键就在于能够有效地控制投资风险。只要控制住网贷项目的违约率，那么收益更高的 P2P 网贷投资项目当然就能够更容易取得投资者的青睐了。而欧美国家极为完备的个人信用评价体系，恰恰为众多 P2P 网贷平台降低借款项目信用评价成本、控制借款项目违约风险提供了最为基础、也最为重要的条件。

长期以来，在欧美国家已经建立起了一整套完备的个人信用评价体系。在西方的信用社会，缺乏个人信用简直寸步难行。哪怕你在生活中作出了诸如考试作弊、坐车逃票等不讲信用的行为，也会被立即记入你的信用评价体系中。此后，你会发现，由于个人信用不佳，你将很难找到工作，申请不到学校，难以得到银行的贷款，甚至自己开公司都不会有人愿意和你这个不讲信用的人谈生意。因此，在西方社会中，民众知道，如果自己违约，不遵守合同，也许可以在短时间内获得一定的经济收益，但是从长远来看，由于自己的信用评价受到影响，自己将终生承担巨大的额外成本，而如此巨大的成本是任何一个人都不愿意承担的。也正因为此，在西方社会中，即使通过网络这样的虚幻媒介达成的经济合约，对于任何一个交易者而言，也是极具约束力的，他们会严格履行相关合约。这也保证了P2P在西方国家的低违约率和低风险。

与欧美国家不同，在我国，并没有完整的信用评价体系。即使在银行体系中已经初步建立起了个人信用评价，但这样的信用评价也只是基于相关人员与银行的各项经济交易的履行情况而确定的，所考核的因素更窄，也就很难全面地反映个人的信用水平。

在日常生活之中，当需要和陌生人进行经济交易时，为了防止交易风险，我们也希望能够调看交易对手在银行体系内的信用记录。然而，长期以来，即使是这种源于银行的、粗略的信用评价体系，也不会对社会公开，只有众多银行有资格查阅个人信用评价记录。银行通常只在客户申请贷款或者申请信用卡时，才会调阅客户的个人信用评价记录，在其他时间，每个人的信用记录只能深深地藏在银行的信用体系之中。其他经济主体即使想向银行申请调看他人的信用记录，通常也很难获准。

正是由于中国的信用档案封闭、不公开，才导致了它在中国当前经济中的作用有限。在日常的经济交易中，没有人能够轻易地参考他人此前的信用记录，当然，即使想参考，也无处可参考，从而导致个人信用在当前中国的经济运行中的作用难以得到充分发挥。

更为重要的是，改革开放以来，坚持以经济建设为中心、发展社会主义市场经济的发展思路，的确极大地提升了中国的经济发展活力，保证了中国经济连续30多年的高速增长。然而，在长期追求经济利益的发展理念引导下，越来越多的中国人在日常生活和经济交易中把经济利益作为评价自己行为选择的最为重要甚至是唯一的标准。缺乏商业伦理和道德沦丧已经成为很多中国人所厌恶却又不得不为的行为选择。无论是工业生产中的偷工减料、以次充好、假冒伪劣，还是食品生产中大量使用对人体有害的非法添加剂，都是人人得而诛之的丑恶现象。然而，在生活中遇到社会丑恶现象时，事不关己、高高挂起、见死不救已成为一些人的选择。甚至可以说在市场经济的浪潮下，中国人 5 000 年历史所建立起来的道德与文明遭受了前所未有的冲击。在劣币驱逐良币的市场机制下，中国的商业信用更是被无情地摧毁。

而实际上，如果拥有发达的信用体系，现代中国社会的很多不文明现象其实都可以被纳入每一个人的信用记录。当这一信用记录能够与他们一生的生活和经济交易紧密地挂钩时，这种道德上的肆无忌惮也许根本不会像现代这样的严重。

然而，对于建立于虚拟的网络世界的 P2P 借贷，如果没有良好的社会信用体系的支持，就很容易出现借款人虚构借款信息，空许投资人以高额的投资回报，在获得投资人的资本之后人间蒸发，致使投资人的巨额投资化为水漂的现象。

事实上，2010 年建立于英国的 P2P 网贷平台 Quakle，为了吸引客户，曾经尝试降低对于借贷信息的信用评价标准，不再使用经济体系中常用的个人信用评价结论，而转而使用类似于淘宝购物交易中的客户评价机制来简单反映客户的信用水平。然而，这样的创意却并没有收到好的结果。在没有信用约束的情况下，几乎 100%的借款人都选择了违约，而不会按借款前所承诺的利率向投资者支付利息。在违约率接近 100%的奇葩纪录下，仅仅 1 年的时间，Quakle 就以宣布破产的方式，结束了自己并不光彩的生涯。

南橘北枳——中国式的 P2P

由于中国商界普遍的信用缺失，如果完全套用欧美国家通行的 P2P 网贷模式，网贷平台仅仅承担资本借贷交易的信息发布、信用评估和撮合交易的职能，并从中收取佣金，网贷平台将会发现，科学、准确、便捷、经济地对借款人的借款信息作出信用评价，基本是一项不可能完成的任务。

可以想象，当前国内 P2P 平台普遍在 20%左右的年利率是远高于银行的贷款利率的。如果借款人具有极为优异的信用状况，他们完全可以向商业银行申请商业贷款，这样所需承担的利息压力会小很多。众多的借款人之所以选择 P2P 网贷，恰恰是由于自己的信用水平偏低，担保资本缺乏，还款能力低下，才无法获得正规的银行贷款，只能寻求进入门槛更低的 P2P 网贷，并通过提供更高的利息水平，补偿投资人向自己借款的高风险。

正因为 P2P 网贷平台上几乎所有借款人的信用水平与还款能力都偏低，因此，如果 P2P 平台对他们的借款信息作出较高的信用评价，最终导致投资人血本无归，显然平台应对自己错误的信用评价承担一定的法律责任，甚至应承担赔偿投资人一部分损失的法律责任。这些赔偿支出也许将远大于 P2P 网贷平台从网贷项目中能够获得的中介费用。

然而，如果P2P网贷平台像银行一样，严格审核借款人的信用水平，并严格要求每一笔借款都必须有真实的抵押资产，那么这又将会把几乎所有的P2P网贷平台中的借款人排除在外，P2P网贷也同样根本无法运作下去。

特别是，在像当前的中国这样信用缺乏的情况下，P2P平台如果还是沿用欧美的P2P模式，仅仅充当借贷活动的中介，要么就会因为借款审核过严而导致借款交易寥寥无几，从而影响自身交易规模的扩大和经营利润的增加，要么会由于对于借款人信用审核过松，最终导致借款违约持续增加，投资人借出的资本血本无归，进而产生对P2P网贷平台的法律诉讼。

正是出于以上考虑，P2P引入中国之后，经过数年的发展与演进，逐渐形成了一种特有的运营模式。不再由借款人和投资人直接联系，通过签订债权债务合同的方式直接完成资本的对接，而是引入专业放贷人，先把相应的借款资金借给借款人，再把借款的债权打包为理财产品，以约定的利率水平出售给自己的P2P平台中的诸多会员，也就是众多的投资人。

细心的朋友应该可以看出来了，中国式的P2P模式其实就是前面介绍的美国的次级债券的翻版。在次级债中，银行先向高风险客户提供贷款，然后再通过投资银行把这些违约风险更大的次级贷款打包为投资产品次级债券，向证券交易市场中的诸多投资者销售。如果银行所发放的贷款可以按期收回，那么，它就可以从中拿出一部分让购买次级债券的投资者分享它的利息收入。如果银行发放的次级贷款成为坏账，无法收回，那么全部损失也将由购买次级债券的众多投资人承担。

同样的道理，在中国式的P2P网贷机构中，专业放贷人其实就扮演了美国次债危机中的银行的角色，而P2P网贷企业则充当了设计次级债券的投资银行的角色。在众多P2P网贷平台的投资人看来，他们购买的是P2P网贷平台上销售的理财产品，可他们无从知道，他们的资金其实投向的是一些高风险的借贷活动，更无从知道，一旦这些高风险借贷活动产生违约，自己在P2P网贷平台中所购买的理财产品不但不可能兑现承诺的高收益，甚至会造成自己的资金的全部损失。

更为恶劣的是，由于P2P网贷风险的持续积累，一些不正规的P2P网贷企业的运营者觉得，反正自己借出去的钱绝大多数都将变为坏账，根本无法收回，那么与其让其他借款人把钱都借去，白白占了大便宜，还不如自己来占这个大便宜。于是一些无良的P2P网贷机构，干脆虚构借款人和借款条件，发布虚假的借款信息，并向投资人许以极高的投资回报率，以吸引更多的投资人的投资，而把P2P这种在国外运作还算正常、还算规范的金融创新模式，在中国直接演化为网络传销与网络诈骗的一种变种形式，中国的 P2P 网贷事业也陷入深深的迷雾之中。

庞氏骗局与麦氏骗局

正是由于看中 P2P 网贷模式对于投资人的巨大吸引力，自 2013 年以来，P2P 网贷或者所谓的 P2P 网络理财就如雨后春笋般在神州大地遍地开花。到了 2013 年底，我国甚至已经拥有了超过 1 000 家大大小小、真真假假的 P2P 网贷机构，如此巨大的数字足以令很多业内人士闻之而咂舌。

正如前面所介绍的那样，由于缺乏对 P2P 机构的监管，特别是对 P2P 网贷过程中的中间资金监管的缺失更造成了中国的 P2P 市场乱象丛生。按 P2P 模式在国外产生时的制度设计，P2P 网贷平台应该只是充当资金供需双方资金流动的中介，而仅仅收取中介费用，投资人会根据 P2P 平台上的借款信息，自己决定是否对借款投资，并直接与心仪的借款人达成借款协议，直接进行资本的投资。在这个过程中，资本是直接从投资人流向借款人。作为中介的 P2P 网贷机构，仅仅通过发布信息和进行信用评估，帮助双方撮合交易，而根本不会沾手相关的投资资本。

而在中国的 P2P 网贷模式下，P2P 网贷平台选择借款项目后，再把整个借款合同打包分拆为投资理财产品，出售给网贷平台的众多注册会员，从注册会员处获得资本，再供应给相应的借款者。在这个过程中，P2P 平台不仅能够接触到相应的资本，而且直接支配这笔巨额资本的投向。而 P2P 平台对于资本的使用和结算却根本不会受到任何监督与管理。这样的监管真空，为 P2P 网贷诈骗提供了生存的土壤。

想必很多熟悉金融的朋友都听说过庞氏骗局与麦氏骗局的概念。1919 年，在第一次世界大战刚刚结束的时候，很多美国人忽然听到了一个发财的绝妙好办法。一个叫查尔斯·庞兹的意大利裔投资家可以利用战后经济局势的混乱，从欧洲倒卖一些金融资产到美国，利用欧洲与美国之间的汇率与利率的不平衡，从中套取极为丰厚的利润。据庞兹介绍，通过他所掌握的金融操作方法，可以在短短 45 天之内获得超过 50%的收益。

一些投资人尝试着给庞兹投资了一些钱，结果果然能够在短短 3 个月内获得接近 50%的收益。这下半个美国都沸腾了，大家都争着抢着要把钱投资给伟大的庞兹先生。庞兹甚至和发现美洲的哥伦布、发现无线电的马尔孔尼一起被当时的美国人称为有史以来最伟大的意大利人，因为庞兹先生发现了钱。

然而，伟大的庞兹先生的投资事业并没能持续太久。到 1920 年 8 月，庞兹宣布破产，所有投资给他的投资者都血本无归。这时大家才知道，前面庞兹支付给投资者的投资收益，其实都来源于其后其他投资者所投入的资本。庞兹先生并没有在欧美之间进行套利的秘诀，他所掌握的就是类似的金字塔式的非法集资的秘诀。只要向投资人许以高额回报，然后用后面的人投入的资本去支付需要支付给前面的人的收益，那么，这样的骗局就可以维持下去。而尝到甜头的前面的投资人，出于贪婪，在获得投资收益之后，也会连本带利地把所有资本再次投入这样的骗局，最终导致金字塔的根基持续扩大。当发起人无力支付所有人的利息的时候，这样的融资骗局就会宣告破产，几乎所有参与其中的投资人都会遭受惨痛的损失。

在庞氏骗局中，大约有 4 万名美国人被卷入其中，所有投资人被骗的总金额高达 1 500 万美元。要知道这可是 100 年前的数字，放到今天，这将是一个令人咂舌的天文数字。最终庞兹被判入狱 5 年，出狱后，他返回故乡意大利，死于饥寒交迫之中。

在很多人看来，之所以会有如此众多的人陷入庞兹的并不巧妙的陷阱，那是因为他们没有头脑，没有经济学知识。然而，2008 年，次贷危机爆发后，一场现代版的庞氏骗局再次震惊世界。伯纳德·麦道夫是美国纳斯达克股票市场公司董事会前主席，也是华尔街上最受人尊敬的投资银行家。作为一名在华尔街摸爬滚打了超过 50 年的优秀的投资银行家，麦道夫所管理的基金被认为和美国财政部发行的国债一样真实可靠。就连麦道夫的客户也都是美国最具声望的人。如果没有名人介绍，你就是有钱，也休想让麦道夫接受自己的投资。在很多人看来，把钱投给麦道夫，担心的不是损失金钱，而是损失赚钱的机会。把钱投给麦道夫，甚至在美国很多俱乐部被视为身份的象征。

然而，就是这样一个华尔街中的狠角色，当次贷危机到来、自己面临巨大的资金赎回压力之际，终于向媒体公开，自己其实一直是在运用庞氏骗局的方式，用自己的资金，向投资者许以较高的投资回报率，然后再用后面的投资者的投资偿付前面的投资者的收益，自己的投资其实就是一个大骗局。

当麦道夫骗局被公开后，全美国哗然，包括好莱坞大导演斯皮尔伯格、欧莱雅集团继承人莉莉安娜·贝当古、西班牙女首富阿莉西亚·科普洛维茨在内的数百名个人投资者，以及众多的对冲基金、证券公司、银行都是麦道夫的客户，所有投资人的总损失超过 500 亿美元。

当然，作为一名投资银行家，麦道夫向客户支付的收益，完全不像庞兹那么不靠谱，仅仅为 8%～10%，然而连续十多年 10%左右的投资回报率，这绝对是顶级投资银行家才能够达到的神迹，而即使是专业人士也认为，这样的成果也完全是真实可以达到的，因此才会导致众多的专业投资机构和经济学家也深陷其中。

如果对比上述庞氏骗局和麦氏骗局，大家应该可以发现，尽管戏法人人会，招数各不同，但是基本的思想就是拆东墙补西墙，先向投资人许以有足够吸引力的投资回报率，然后通过用后人的投资拆补前人的收益的方式，把自己的投资游戏延续下去，最终吸引更多的投资者加入，获得更为丰富的投资资本，然后携款一走了之，或者宣布破产，导致投资人的投资化为乌有。

P2P 在中国的危机

与上述两次外国金融市场发展过程中著名的金融骗局相比，当前国内的很多 P2P 网贷平台也是完全遵循着类似的游戏规则，它们通过向投资者许以没有安全保障的高回报预期，吸引投资者把资金投入自己的网贷项目。由于普遍缺乏对于网贷项目的完善而准确的资信评估，甚至很多 P2P 网贷完全成为中国式的民间非法集资的网络升级版，这也使得我国的 P2P 网贷逐渐成为过街老鼠，人人喊打。

也许很多人在很多商业中心经常可以看到一些 P2P 网贷的宣传，它们往往强调投资的预期高收益。然而，如果没有对于资金运营的有效监督，没有对资金使用方的资信的合理评估，这种预期的高收益并没有办法变成现实，更多只是镜中月、水中花般虚无缥缈，这在很大程度上也验证了 P2P 在中国发展的困境。

正是由于制约中国 P2P 网贷发展的更多是其信用状况，以及资金使用的安全性，因此，2014 年出现 P2P 网贷跑路潮后，一方面民众对于 P2P 网贷的投资也更为谨慎，而另一方面，幸存的 P2P 网贷平台更多强化了与银行、保险等金融实体的合作，希望通过这些民众信任度更高的金融实体，帮助投资者消除对于 P2P 投资的风险的顾虑。从某种意义上而言，这些银行或保险公司在利用自身的信誉为与之合作的 P2P 网贷提供背书和担保。

然而，P2P 在融资方面的优势，正在于其相较于实体金融机构，在借款资格审核方面更为宽松，一方面可以保证由于信用不足或者缺乏实物资产担保而无法从银行金融机构获得融资的个人或企业，能够从 P2P 借款项目中获得资本，而另一方面，相对简化的借款手续，对于一些即使能够获得银行贷款的客户来说，在进行短期或者小额的流动性资本周转时，P2P 借款也远较烦琐的银行贷款有吸引力。因此，如果过于强调 P2P 与银行的合作，让银行等正规军实现对 P2P 这类游击队的收编之后，那么 P2P 也就完全丧失了自己灵活、便捷的优势，转而在传统的吸收存款、发放贷款领域与银行竞争，这完全是以己之短，攻敌之长，其失败的结局，则早已注定。

对于 P2P 网贷而言，2014 年是一个关键的年份。P2P 网贷也是规模经济最为明显的产业部门。在市场竞争中，显然经营规模越大的 P2P 企业，越容易赢得投资者的信赖，也更加能够建立起规范化运营的管理制度。即使是中国如此庞大的市场，也绝对不可能容纳数千家 P2P 网贷企业。通过大浪淘沙，淘汰众多不规范运营的 P2P 企业，保留数十家真正拥有科学的运营规范和完善的管理制度的 P2P 领导企业，从实践中摸索出既能保证资本运营的安全性，又能维持资金运作的灵活性的科学发展道路，才是中国 P2P 未来的发展之路。

第三节　众筹在中国的尝试

何谓众筹?

P2P 主要通过网络渠道，汇集众多网络投资者的资本，为借款者提供自身发展所急需的资本。而在互联网金融中，还有一个与之运营理念极为类似的融资方式，那就是众筹。从某种意义来说，众筹更像互联网金融中的项目融资，只不过与传统的项目融资是由单一银行或由多家银行所组成的银团为特定发展项目的推行者提供资金支持不同，众筹强调的是众人拾柴火焰高，往往会汇集多人的投资，为实现某一个人或者企业的运营项目提供资金支持。

其实在金融市场发达的欧美国家，针对一些创新性科技成果、初创企业、创意项目、科学研究以及文化项目提供初始资金，成为风险投资者或者天使投资者的创新投资模式已经经过了多年的发展，相对成熟。无论是投资双方的磋商、创新企业股权的分配，还是创业投资股权在二级市场上的转让与流通，都已经实现了规范化的运营。然而，这些通常意义上的风险投资和天使投资，尽管与一般的项目融资相比，规模相对有限，但其总体规模仍然超出普通人的接受能力，而且其磋商与投资的达成，也通常通过传统的商业协作或者社交网络而最终实现。

2000 年，一家名为 ArtistShare 的网站的建立，被认为是现代意义的众筹模式在现实经济中的最早尝试。ArtistShare 自诩为“为富于创造力的艺术家服务的全新商业模式”，而实际上，它的确是针对一些富于创造力的艺术家录制新的唱片、发行新的专辑、推出新的歌曲提供直接的资金支持。在 ArtistShare 上的投资者，往往是众多艺术家的粉丝，他们乐意拿出其微薄的资金，支持自己的偶像的创作活动。在整个商业流程中，通过 ArtistShare，众多的粉丝各自拿出一部分资金来支持艺术家们的创作活动，并获得参与偶像的商业活动的资格，比如，有机会提前获得艺术家们只在互联网上销售的新的歌曲专辑。通过 ArtistShare 的汇少成多，聚沙成塔，艺术家们也能够获得足够的资金支持，进一步推动自己的艺术创作，为粉丝们，或者说，为投资者们，提供更多更优秀的文艺作品。

2005 年，ArtistShare 的首个粉丝筹资项目，美国作曲家玛利亚·施奈德凭借粉丝们在 ArtistShare 上的投资发行的艺术专辑“Concert in the Garden”，获得了格莱美的四项提名，并最终获得了当年格莱美“最佳爵士乐团专辑”大奖。这也是格莱美历史上首张没有经过零售店，而只是通过网络销售的艺术专辑，这也宣布了 ArtistShare 模式的极大成功。

在 ArtistShare 的鼓励下，2005 年之后，一大批众筹网站如雨后春笋般在美国遍地开花，推动了众筹模式在美国的火爆发展。一般来说，众筹模式是指针对一些创意项目的网络融资，它所涉及的投资项目主要涉及艺术、动漫、戏剧、设计、音乐、摄影、出版、时尚等文艺领域，也包括一些创意性的发明创造的批量生产、推广。当筹资者拥有一个足够有创意、有市场价值的创新项目时，他们可以在众筹融资平台上发布信息，解释自己的创意，并设置预计的筹资规模和筹资周期、投资的预期回报方式和时间。当众筹网站的众多注册会员在众筹网站中看到某一众筹项目之后，可以根据网站所发布的具体项目介绍，决定是否投资该项目，并最终决定自己的投资额、预期的回报，完成最终的投资。

众筹的游戏规则

通常而言，筹资者在发起一个众筹项目时，往往会规定一个最基本的融资规模。如果在设定的发行周期内，筹资者成功地募集到了所需要的所有筹资资本，那么网络的众筹平台将扣除一定的手续费，通常为总融资规模的 5%，而把剩下的资金交给筹资者，由其利用这笔资金发起自己的创意项目。但是如果在规定的筹资期限内并没有足够的投资人向筹资人投资，其筹资规模未达到设定的规模，该众筹融资项目则宣告失败，众筹网站将会把筹到的全部资金归还投资人，创意人也将不能得到任何投资。

从整个众筹的流程来看，它与早期的 P2P 融资有相类似的地方。两者都摆脱了传统的金融融资过程及对于金融中介机构的依赖，最终通过网络交易平台实现了众多投资者对于某一资金需求方的资金的供给，因此众筹甚至可以看作 P2P 的一种变形。

然而，与传统 P2P 主打高投资回报的发展模式不同，众筹更多地强调投资人对于筹资人的创意活动的精神支持，其投资活动尽管也会附带一定的投资回报，但这些回报往往并不是经济性的，不以高额利息、股权等直接的经济回报方式存在，而更多地以筹资方的创意性实物产品（一般不超过 10 个）、创意性文艺作品的网络下载权或者免费观赏权作为回报。

正因为众筹项目往往建立于一个创意性的投资项目之上，它的融资其实也是具有极高的风险的。很多时候，如果众筹项目筹资人的创意项目失败，投资人的投资将根本无法获得任何回报。而且作为创意项目，这种失败的概率往往是极大的。单纯从投资来看，众筹投资人的投资回报极小，而风险却是极大的。因此，从这方面来看，在众筹项目的发展过程中，它往往更具有公益性含义，体现投资人对于更具创意的经济项目的风险投资或者无偿捐助。

在 2014 年 7 月，英国的《每日邮报》报道，一位牛津大学女生艾米丽·罗斯·伊斯托普在求职遭拒 200 多次后，在互联网上建立起众筹账户，为自己筹集读完硕士的学费。通过在 Facebook 等网络媒体的宣传，在很短时间内就收到超过 200 名捐助者的捐助，筹资总额达到 1.4 万英镑，大约相当于 15 万元人民币。在此事被媒体曝光后，尽管引起了众多的社会非议，然而牛津大学发言人也坦承，尽管牛津大学为学生提供超过 1 000 项全额奖学金，然而不可能覆盖所有学生，因此没有取得奖学金的学生，可能会遭受筹集学费的困难。他们也欢迎通过众筹模式，发动社会力量，保证学生的学习机会。而事实上，对于艾米丽的学费筹集的捐助尽管是一个典型的众筹项目，但是众多参与者收获的仅仅是帮助艾米丽的成就感，而无法从中获得真实的经济价值，其公益性意味远大于经济性价值。这在很大程度上也代表着众筹与传统的 P2P 筹资之间的区别。

尽管从经济角度来看，众筹融资的投资回报并不高，但是在鼓励创新、讲求个性发展的欧美国家却拥有着良好的创新土壤。社会对于任何有创意的经济活动，乃至公益活动，都更有着更大的宽容性和热情。特别是对于众多文艺作品的爱好者而言，通过自己的支持，帮助自己喜欢的明星或者自己认为有潜质的文艺新人，推出高品质的文艺作品，从而获得慧眼识英雄的成就感，以及与明星面对面的交流机会，也具有极大的成就感，因此，众筹模式仍然得到社会的极大追捧。

2008 年，IndieGoGo 的成立，更进一步深化了众筹模式在现代经济中的应用，其口号“全世界的筹资平台，一切皆可筹资”也鲜明地代表着这种转变。这一众筹平台上的筹资已经不再仅仅局限于更为高端大气上档次的创意项目，哪怕你想帮助生活困苦的朋友，给自己的学校足球队购买球服，任何有资金需求的人，都可以在 IndieGoGo 上发起任何需要筹资的项目。无论是何等稀奇古怪的众筹项目都可以在 IndieGoGo 上发起，这也极大地提高了众筹的开放性和适应程度。而且众多筹资者的众筹项目，也不再必须设置最低规模限制，即使达不到规定的规模，筹资者也能够得到相应投资者的投资资金，只是必须向 IndieGoGo 众筹平台交纳更多的手续费而已。正因为此，IndieGoGo 上的很多众筹项目其实已经不再着眼于鼓励创新，而更多基于慈善或者公益捐助，这也极大地改变了众筹的游戏规则。

众筹在中国的发展

2011 年 4 月，点名时间的成立，代表着众筹这种新型的商业模式开始登陆中国。它延用国外的众筹模式，通过发起一些创意项目，如漫画创作、摄影作品、文学创作、创意产品开发等，让发起人可以在点名时间的平台上寻找到一些志同道合的粉丝。投资人不会在意发起人发起的创意项目是否能够成功，更不期望从发起人的创意项目中获得巨大的经济利益，众多的投资人更多地希望从投资中获得参与一些创意作品的参与感与慧眼识英雄的成就感。

点名时间强调资金支持与获取回报。一方面，投资人通过提供少量资金，参与发起人的创意活动，通过积少成多、聚沙成塔，实现对发起人的资金支持；另一方面，也要求项目发起人对众多投资人提供相应的回报，当然所涉及的回报，往往并不是指股权、股份、投资分红或者固定收益等经济回报，而是以参与艺术作品或者获得创意产品试用权的方式，获得精神上的回报。

2014 年，国外最大的电子商务网站之一京东商城也上线了京东众筹，使得众筹新颖的互联网金融模式开始为更多的国内投资者所关注。然而，即使如此，由于在通行模式下，投资人仅仅享受参与众筹创意项目成功的成就感，而难以从中直接获取经济利益，在社会主义市场经济发展中日益强调经济利润的今天，众筹越来越难以赢得普通民众的认可。

而与此同时，推动国外众筹发展的鼓励创新、倡导个性发展的社会风气，也并没有在中国得到广泛的认可，这也使得中国的众筹的发展一直处于叫好不叫座的小众化发展状态之中。在很多众筹网站中，即使得以成功筹资的众筹项目，绝大多数的融资额也仅在数万元，甚至仅数千元，筹资额的有限又进一步制约了好的创意项目的产生。

作为中国互联网金融的有力的力行者和推动者，马云的阿里巴巴在包括第三方支付、网络理财在内的互联网金融多个领域都作出了很多卓有成效的尝试。2014 年 3 月 26 日，阿里巴巴联合国华人寿共同推出了“娱乐宝”理财与增值服务。首期的投资项目对接影视作品《小时代 3》、《小时代 4》、《狼图腾》、《非法操作》和一款游戏《魔范学院》，总投资额为 7 300 万元人民币，用户可以在手机淘宝客户端预约购买娱乐宝，其中影视剧项目的投资额为 100 元/份，游戏项目的投资额为 50 元/份，每个项目、每个投资人限购两份。

阿里巴巴宣布，娱乐宝对接国华人寿旗下的国华华瑞 1 号终身寿险 A 款，不保本也不保证收益。但是其预期年化收益率可以达到 7%，投资人购买了娱乐宝产品后，不仅可以获得其投资理财的收益，而且可以享受影视剧主创见面会、电影点映会、明星签名照、剧组探班、明星见面等娱乐权益，而他们购买娱乐宝的资金又将被投入相应的文化产业的开发。正因为此，在广告宣传中，阿里巴巴公司把购买娱乐宝称为“100 元能当制作人”、“100 元可以投资拍电影”。

在娱乐宝的宣传与推广之中，阿里巴巴公司还特别强调，这种模式并不是通行的众筹模式，毕竟在通行的众筹模式下，投资项目不能以股权或者收益作为对投资人的投资回报，项目的发起人也不能向支持者许诺任何资金上的收益，与能够提供预期资金收益的娱乐宝这种保险理财产品有着本质上的区别。

然而，如果细分比较娱乐宝与支付宝等理财产品或者传统的众筹模式，我们会发现，你很难直接把娱乐宝归入网络理财或是众筹，它更像网络理财与众筹的一种对接，一方面汲取了众筹基于创新型投资项目，通过网络渠道积少成多、筹集资金的便捷的优点，而另一方面，又通过直接的预期投资收益补偿了众筹由于不能许诺回报而造成的投资吸引力不足、筹资规模不大的弊端。在缺乏慈善捐助和扶持创新土壤的中国，纯粹的公益意义上的众筹项目始终叫好不叫座的发展经历其实也提示了我们，像阿里巴巴的娱乐宝这样的混搭式对接，也许才是更适合中国国情的众筹融资模式。

冰桶挑战背后的众筹思维

值得特别指出的是，在 2014 年暑期，风靡全球的“ALS 冰桶挑战”其实也是一种变种的众筹模式。在这次活动中，每一位参与者被要求在网络上发布自己被一大桶冰水自头浇下、淋湿全身的视频，然后，该参与者可以点名要求其他参与者前来参加这一活动。活动规定，一旦被其他人点名挑战，被邀请者要么在 24 小时内接受挑战，接受冰水浇头的刺激，要么就选择为对抗“肌肉萎缩性侧索硬化症”捐出 100 美元。

冰桶挑战活动本来只是在美国的一些学校以及运动领域内小范围流行。而当一名前美国职业橄榄球联盟球员点名挑战了微软现任 CEO 纳德拉后，这一活动很快延伸至科技领域，包括比尔·盖茨、斯蒂夫·鲍尔默、Facebook 创始人扎克伯格、亚马逊 CEO 贝索斯、苹果 CEO 库克、谷歌联合创始人拉里·佩奇等人很快都被卷入其中，并接受挑战。

随着冰桶挑战的不断发展，就连美国前总统小布什也接受了冰桶挑战，甘愿当着全世界人民的面，承受一桶冰水当头淋下的囧境，而当现任美国总统奥巴马宣布选择捐款而不是继续冰桶挑战的游戏时，居然遭到美国媒体的一致批评。除此之外，俄罗斯总统普京、中国台湾的马英九等政要都因被其他冰桶挑战者点名挑战而卷入其中。

在冰桶挑战传入我国之初，也基本是在科技领域与文体娱乐圈内广受欢迎。包括奇虎360CEO周鸿祎、腾讯CEO马化腾、小米科技雷军、百度李彦宏、刘德华、李连杰、赵薇、姚明等名人纷纷接受冰桶挑战，并将其演变为一场全民娱乐游戏。

事实上，想必很多朋友都关注过冰桶挑战的新闻，也应该听闻过对其的种种非议。尽管冰桶挑战已经逐渐丧失了其产生时的初衷，而演化为一种全民狂欢的游戏项目，然而，事实上，它在本质上仍然在于为“肌肉萎缩性侧索硬化症”等罕见疾病捐款。对于病人而言，众多名人接受冰桶挑战，感受病人身体僵化的痛苦，固然很重要，但是更为重要的是希望引起全社会对于罕见病的关注和帮助。从这方面而言，没有接受冰桶挑战，却选择捐款的奥巴马和马英九所受到的媒体的批评是完全不公平的。毕竟比起那些仅仅把冰桶挑战作为一场游戏，而未捐一分钱的游戏者，他们真金白银的捐款对于病人的帮助更大。

尽管冰桶挑战已经演化为一场游戏，然而，从其基本的思想来看，它仍然是汇结众多参与者的资金，为“肌肉萎缩性侧索硬化症”病人筹集资金，其实质仍然是一个公益性十足的众筹项目。也许从这个众筹项目中，我们才可以真正地认识到，在互联网的帮助之下，形成一种全民参与的氛围，对于一个众筹项目的成功是如此的重要。而如果没有互联网的普及，没有众多国内外企业巨头的踊跃参与，像冰桶挑战这样的简单设计，要想在很短的时间之内风靡全球，几乎是完全无法想象的。

第四章
横空出世：比特币

第一节　从网上银行到虚拟货币

产生于网络支付的虚拟货币

如果要问起，在互联网时代什么货币最吸引人的眼球？答案既不是通行世界、领导全球经济的美元，不是畅通欧洲、历经欧债危机而始终屹立不倒的欧元，更不是我们生活中所熟悉的人民币，而是一种没有任何一个国家、不由任何一个国家货币发行当局所发行的虚拟的货币——比特币（Bitcoin）。

其实，自从互联网诞生以来，类似电子货币和数字货币的提法就屡见诸网络。最早，很多人倡导通过互联网进行货币资金的划拨，乃至跨国流动，这也引起了网上银行的兴起与发展。随着银行的电子化、信息化的推进，很多资金的跨国流动，只需要轻点鼠标，仅仅通过互联网就可以在银行之间或者直接在用户之间实现，而互联网经济最早的代表，第三方支付，其实也是源于这个思想。

然而，传统的银行之间通过网上银行实现的资金划转，仍然需要通过银行的交易平台，并支付给银行一定的手续费来实现。在此过程中，资金在不同所有人之间的流动都是可以追溯的，这在很大程度上难以迎合互联网经济的便利性、免费性、私密性的游戏规则。随着第三方支付的兴起，网上银行也开始面临着日益激烈的冲击。

以支付宝为代表的第三方支付的兴起，也体现了通过第三方支付的网络媒介，仅仅通过手机客户端或者 PC 客户端，通过简单的应用程序，或者手机 APP，就可以轻松地实现资金的划转。而且为了吸引客户，即使到了今天，很多第三方支付的网络付款、信用卡还款、生活服务缴费也仍然是免交手续费的，这更是极大地吸引了众多网民群体，使得第三方支付公司轻松实现了运营规模的飞速扩张。

值得注意的是，无论是传统的网上银行，还是第三方支付，不同客户之间流转的主体，仍然是实实在在的货币，它的资金规模仍然是由每一个国家的货币发行当局所决定的。随着自由的互联网经济的兴起，很多互联网企业开始寻求推出一些虚拟货币，在一定的应用层面上，用来替代真实货币的流通，以此摆脱对于传统货币的依赖。

虚拟货币的产生

对于虚拟货币，想必很多老资格的互联网玩家并不陌生。在像魔兽世界（WOW）这样的大型互联网游戏中，很多玩家需要通过打工、挖矿等方式获得在游戏中通用的金币，而这些金币可以用来购买、升级玩家的游戏装备，增强游戏角色的战斗能力。尽管推出魔兽世界的暴雪娱乐严格禁止玩家之间的金币交易，然而，既然在 WOW 游戏中金币具有一定的应用价值，而且具有稀缺性，它也自然被附带上一定的经济价值，这些导致玩家之间 WOW 金币的现金交易成为一项公开的秘密。

既然 WOW 游戏金币的数量是由游戏公司自行确定而向众多游戏玩家发放的，而它也能够代表用真实的金钱所代表的经济价值，那么游戏公司如果向玩家公开发售游戏金币，岂不也为一项重要的盈利来源吗？随着更多的游戏公司推出虚拟游戏金币产品，由游戏公司直接向玩家发售游戏金币，更成为很多游戏公司实现盈利的重要手段。

既然互联网游戏企业可以通过发行虚拟货币的方式，从客户处获得直接的经济利益，那么其他互联网企业当然也可以采取相同的经营策略。此后，一些网络服务企业或者门户网站公司，也纷纷杀入网络虚拟货币领域。百度公司的百度币、新浪公司的微币，特别是腾讯公司发行的 Q 币，更已经成为互联网经济中众多网民认可的货币财富。网民通过购买相应互联网企业的货币，以此取得在互联网经济中的特定权利，或者用这种虚拟货币可以换取相应互联网企业的增值服务，如腾讯的QQ秀、新浪读书的阅读权限等等。

随着虚拟货币在现代网络经济中的应用日益广泛，虚拟货币所代表的经济价值已经成为现代经济所不容忽视的力量。由于在网络中各种虚拟货币可以替代现实货币用来购买相应的虚拟产品或服务，因此，这些虚拟货币在本质上与现实货币并没有差别。从某种程度来说，一旦某些互联网企业出于追求利润考虑，持续增加自己企业的虚拟货币的投放量，那么相应的虚拟货币所代表的经济价值就会持续扩张，在引起虚拟货币实际经济价值降低，也就是虚拟货币的通货膨胀的同时，也使得实际经济中的货币流通量增加，在很大程度上，也会极大地冲击现实经济的货币流通与发行。

更令很多学者担忧的是，如果不同互联网企业之间形成了统一的市场，不同的虚拟货币可以按确定的兑换比率实现互通互兑，甚至像欧盟统一欧洲各国的货币一样，在不同的互联网企业之间形成统一的虚拟货币，这种统一的虚拟货币可以在整个互联网经济之中进行流通、交换，其实就是扮演着真实的货币的角色。然而，它们的发行却是由多个单独的互联网企业执行的，不受各国货币管理当局的约束，由此带来的虚拟货币从虚拟世界向现实世界的渗透与冲击，将是每一个国家的货币管理当局所不敢想象的。因此，如何规范、管理互联网虚拟货币的发行与流通早已成为包括我国在内的很多国家金融监管部门长期以来思考的现实问题。

2008年10月29日，国家税务总局发布《关于个人通过网络买卖虚拟货币取得收入征收个人所得税问题的批复》，规定自次日起，互联网玩家通过网络收购他人的虚拟货币，再加价后向他人出售取得的收入，也应该被纳入个人应税所得额，必须按照财产转让所得项目计算缴纳个人所得税，其税率被固定为20%。这也揭开了我国政府相关部门关注互联网虚拟货币并加强管制的序幕。

2009年6月28日，文化部、商务部联合下发《关于加强网络游戏虚拟货币管理工作的通知》，明确虚拟货币表现为网络游戏的预付充值卡、预付金额或点数等形式，但不包括游戏活动中获得的游戏道具，虚拟货币不得用于支付、购买实物产品或兑换其他企业的任何产品和服务。并特别强调各地应按照公安部、文化部下达的《关于规范网络游戏经营秩序查禁利用网络游戏赌博的通知》，配合公安机关从严整治带有赌博色彩的网络游戏，严厉打击利用网络游戏虚拟货币从事赌博的违法犯罪行为。

一系列强有力的政策规定的出台，使得虚拟货币在我国的发行与流通变得更加规范，涉及互联网虚拟货币的违法犯罪受到查处，互联网虚拟货币对于真实经济的冲击被有效地限制在可控的范围之内。

第二节　看不懂的比特币

比特币的横空出世

很多人没有想到，2013年欧债危机肆虐全球经济之时，一种很多人闻所未闻的互联网虚拟货币——比特币，却利用欧元、美元等国际关键货币在危机中信用受损的契机横空出世，价格扶摇直上，更成为包括中国大妈在内的很多国际投资者所追捧的目标。

尽管2013年以来，各大媒体上铺天盖地地充斥着关于比特币的新闻报道，但是可能还有很多人都不了解比特币到底是种什么样的货币。它是如何产生、如何流通的？它的价值又是由什么来决定的？

2008年11月1日，一个自称中本聪的人在metzdowd.com的密码学讨论组上发布了一篇题为《比特币：一个点对点的电子现金体系》的论文，提出可以建立一个基于密码学原理，而不是基于信用，使得任何达成一致的双方都能够直接进行支付，从而不需要第三方中介的参与的电子支付体系。他认为通过应用密码学原理和P2P思想，可以完美地解决数字货币的防伪造和防重复支付的问题，以此建立起一个绕过银行体系的数字货币流通体系。

2009年1月3日，中本聪在网络上发布了第一版比特币客户端，并创造了第一批50枚比特币，这也成为比特币进入互联网流通的起源。特别是按中本聪所设计的比特币的流通规则，“对每个区块的第一笔交易进行特殊化处理，该交易产生一定数量的、归该区块创造者（也就是第一个对交易进行成功验证的人）拥有的电子货币”，这其实就是在已有的比特币交易过程中，创造并产生新的电子货币。从这个方面来看，现代全球经济中所流通的所有比特币其实都来源于这最早的50枚比特币的流通与交易。

比特币的运行原理

比特币是一种没有物理形态的虚拟货币，或者说加密货币。它通常被匿名收藏在一个包含着若干个收款地址的电子钱包之中。这些电子钱包可以自动生成多个收款地址，而每一个收款地址则是由一串包含了33个字节的字母或者数字的加密密码字符构成。

比特币还是一种无需第三方介入的、防伪造、防重复支付的数字货币体系。在每一次比特币的交易中，比特币将通过点对点的互联网网络，从一个电子钱包发向另一个电子钱包，并在比特币代码中注册记录钱包之间的经济交易。准确地说，比特币体系都将追溯参与交易的每一枚比特币的来源，一直追踪到每一个货币被创造出来的时刻，每进行一笔交易都会再多记录一次比特币的流通信息，并在点对点的网络上进行广播，使得整个网络空间中每一台使用比特币的计算机都能够获得所有比特币的流通信息。在任何时间，只要通过计算机网络的电子交易记录，我们就可以明确地界定每一个比特币的所有者，以避免可能出现比特币的所有权争议。

即使有人能够从功能上仿造出假的比特币，然而由于不可能在网络上伪造出这些虚假的比特币自产生到交易过程中的所有交易记录，无法通过网络的验证，那么就很容易被判断出伪造，这也就从根源上杜绝了伪造比特币的可能性，保证了比特币交易的安全性。

从另一个方面来看，正因为每一次比特币的交易都需要向整个网络广播其具体的交易内容，如果出现了在传统的电子商务交易或第三方支付中经常出现的重复支付，那就意味着重复支付的交易需要向网络多次广播同一枚比特币的交易，通过追溯比特币此前的所有经济交易，形成了多条包含有相应比特币交易信息的区块链。而比特币的流通规则只会默认最长的一条区块链才是真正确定有效的经济交易，而其他区块链由于包含的信息量不足，区块链更短，就被比特币交易体系自动识别为无效交易而废弃。这样，无论一枚比特币被重新交易了几次，向网络广播了几次交易信息，其中只能有一笔交易被确认有效，这也就有效地解决了重新交易的问题。

正是因为每一笔比特币的交易都必须向整个互联网广播其交易信息，并把所有比特币的历史交易纪录都以网络信息的方式保存于广袤的互联网之中，这就意味着把整个比特币的发行与流通都交给了全体互联网成员。伪造比特币或者采取虚假交易，就意味着必须修改整个比特币流通体系中的每一枚比特币的交易信息，这更意味着是个人对抗整个互联网所有比特币用户，哪怕你拥有更为精巧的互联网技术，但是以个人之力对抗整个互联网所有用户，也是螳臂挡车，无济于事。这恰恰是比特币交易的最为突出的特点，保证了比特币成为依赖于整个互联网经济却无需第三方监管的最为安全的电子支付货币。

可能很多人看新闻时也注意到，通常的比特币交易并不依照整数数量进行，比特币可以被分拆为极为微小的交易单位。理论上，最小的比特币交易单位可以达到一亿分之一枚比特币。那么，即使是在比特币价格飙涨的2013年和2014年，哪怕一些极为微小的经济交易，仍然可以通过比特币的交易来实现。

在实际操作中，在比特币交易过程中，整个互联网上的用户的计算机都可利用自己的CPU运算能力，运作特别的软件参与交易的比特币的验证工作。在验证过程中，会随着交易的出现而引出互联网中的区块链，随着交易在区块链中的验证完成，最早完成验证工作的计算机所有者将获得50枚比特币的奖励，也就是从比特币的交易中创造出新的比特币。然而，随着交易的增多、区块链的不断延长、参与验证的计算机硬件系统的增加，通过验证交易的方式获得比特币会变得更加困难。

在比特币交易验证的过程中，一些网民通过具有强大计算能力的计算机，利用所谓的挖矿软件，参与到互联网中现有比特币交易的验证过程，从而可以创造出属于自己的新的比特币。这个过程也就被众多比特币玩家戏称为挖矿，而参与挖矿的众多比特币玩家也就自然成为所谓的矿工。他们所挖的不再是传统的自然资源，而是以电子代码方式存在的新的比特币。

也许也有人会怀疑，既然在比特币的交易过程中会自然地创造出新的比特币，那么是不是意味着比特币的流通规模将能够无限增长？可以想象，如果比特币的规模真的如大家所想象的那样可以永远增长下去，那么，比特币也就不会引起整个互联网世界的关注，更不可能保持现实生活中那么高的经济价值了。

为了防止比特币像很多现实生活中的货币一样，出现普遍的通货膨胀，中本聪在设计比特币的时候，把它的发行规模设计为1 000万枚。尽管在比特币的交易验证过程中会自然产生新的比特币，从而产生一种滚雪球效应，导致比特币规模的增长，然而，在比特币算法中特别规定，每4年产生的比特币的数值会减半，这将导致比特币的规模不可能持续增长下去，而最终趋近于2 100万枚的最终规模。

比特币的特殊算法，导致在比特币推出早期，验证过程中新创比特币的能力较强，而参与挖矿的矿工又比较少，这也导致挖矿相对简单。比特币的早期玩家哈尔·芬尼在几周内就可以轻松地挖到数千枚比特币。然而，随着比特币的创造进入半衰周期，特别是越来越多的比特币玩家看中比特币的价值，投入挖矿工作，哪怕是不断更新，投入最先进、最具高超算法的矿机，现代比特币市场中最先进的矿机，一天也很难挖到半枚比特币。

据统计，即使在比特币异常火爆的今天，目前被挖掘出来的比特币的总规模也只有1 000万枚，仅为理论规模的一半，而2 100万枚的最终规模，预期将在2140年达到，这已经是非常遥远的未来了。

第三节　火爆的比特币市场

比特币的流通

比特币在诞生以后相当长一段时间内，只是在密码学研究的圈子内作为一种高端玩具而私下流传。直到 2010 年 5 月的一次具有历史意义的交易，美国佛罗里达州的程序员拉斯洛·汉耶兹把 10 000 枚比特币发给了英国的一名爱好者，作为交换，这名爱好者用自己的信用卡为他从一家比萨零售店购买了两个比萨，比特币才第一次与实物交换联系起来。当然，在现代人看来，这只是两个计算机爱好者之间为了交换某种虚拟的计算机代码而进行的一次小的交换而已，但这却是比特币第一次与实物价值联系起来。当然，考虑到仅仅四年后，比特币的价格已经被炒到每枚超过 1 000 美元，汉耶兹先生的这两个比萨的价格的确是相当昂贵的。

2011 年春天，著名的财经杂志《福布斯》对于比特币的介绍，使得很多普普通通的民众也开始第一次听说了比特币这种神奇的虚拟货币。此后，在众多爱好者之间的交易市场上，比特币的交易价格开始一路走高。而 2011 年 6 月 1 日科技网站 Gawker 对比特币的介绍，更是使其价格在短短一周内飙升 3 倍。

危机之中疯狂的比特币

2013 年初，欧债危机再度激化，作为本次危机的中心的塞浦路斯甚至选择对储户存在银行的存款进行征税，千千万万的人才真实地感受到，原来他们所长期信赖的真实存在的金融体系并不能保证自己资产的安全，哪怕是一直以来被认为最安全的存入银行的资金，也可能不再属于自己，无论是美元还是欧元的价值都会受困于危机中各国金融机构的量化宽松的货币政策或者说银行紧急注资计划。当他们对自己资产的安全性产生怀疑时，比特币以其无可比拟的安全性开始赢得更多投资者的心。当人们把资金以比特币的方式存放时，他们将不用再担心自己的资产会因政府发行的钞票过多而贬值，不用再担心政府冻结自己的账户，更不用担心政府将自己辛辛苦苦积攒的资产充公没收。

2013 年初，比特币的价格仅仅是区区 13 美元，也正是自塞浦路斯债务危机开始，从 2013 年 3 月下旬至 4 月 10 日，仅仅 3 周时间，比特币的价格就从 65

美元/枚，直接飙升至266美元/枚，增幅超过300%。更令人难以想象的是，就在2013年4月10日这天，比特币的市场价格却突然逆转，从前一天的266美元/枚断崖跳水般地跌至105美元/枚，一天的跌幅超过60%。一周内，比特币的价格又一度跌至50美元/枚，并长期在100美元/枚的水平上波动。

2013年4月至5月，伴随着比特币的市场行情的逐步展开，Coinbase，BitPay，Coinsetter等多家比特币服务公司纷纷获得巨额的风险投资，后市新一轮比特币行情呼之欲出。特别是2013年6月与8月，比特币相继被德国财政部和美国得克萨斯法院认可为一种合法的货币单位，进一步催生了比特币的投资热潮。

2013年7月，比特币又重启一轮新的涨势，在极短的时间内，价格又从200美元直涨至400美元。而到了2013年11月10日，在我国国内的一些比特币交易平台上，比特币的价格一度达到6 989元人民币/枚的历史高价，比特币的疯狂也到达了顶峰。此后的11月28日，在国际交易市场中，比特币的价格跌破了1 000美元，比特币的市场价格的振荡使得无数交易者为之而疯狂。

由于媒体的大肆宣传，在2013年出尽风头的中国大妈也毫不犹豫且毅然决然地杀入了比特币的交易市场中。在没有搞清楚比特币是什么东西，更不明白比特币的价格是如何构成的情况下，众多财大气粗的中国大妈就果断地杀入比特币的交易市场，纷纷出手购买比特币。这也导致在2013年下半年，在淘宝等国内网络交易平台中，比特币早已取代传统的商品，而成为关注最多、交易金额最大、也最受交易者欢迎的商品之一。

然而进入2014年以来，比特币的热潮早已风光不再。不但价格大多维持在五六百美元，根本无法再保持在1 000美元以上的高位，更为引人关注的是一场场比特币偷盗新闻一次又一次地拷打着比特币的交易机制，比特币也深深地陷入了一场安全危机。

比特币交易背后的货币理论

货币事实上就是一种充当交易媒介的价值标准。在遥远的古代，由于经济发展水平的限制，社会经济对于货币的需求数量并不大，因此，充当货币的往往是具有真实经济价值的物品，比如贝壳、明珠、盐巴等等。伴随着现代经济的发展，价值相对固定、物理形态容易分割的金属最终战胜了其他一度充当货币的物品，而在世界各地都成为货币的首要选择。

早期货币的价值往往由其所包含的金属货币的重量所决定，这也是我们在古装影视剧中看到一两银子的银锭往往恰恰就重一两的原因。在交易的时候，只要用秤称一下金属货币的重量，双方就可以确定金属货币的价值，达成交易。随着经济的发展，即使最大限度地增加金银等矿藏的开采量，也无法满足社会财富的极大增长对于货币需求的增长，因此，不足值的金属货币开始产生。

在金属货币还是足值货币的时期，货币的价值完全由铸造它的金属的价值所决定，因此到底由谁来承担铸造货币的职能并不重要。但是，随着不足值货币取代足值货币，金属货币所代表的经济价值与它自然的实际价值之间就出现了明显的背离，这就是经济学上通常所说的铸币税。如果还可以允许民众随意地铸造货币，那么出于追求铸币税的考虑，铸造者总会持续扩大自己的货币铸造规模，直到货币所代表的价值又重新等同于其实际价值，再度保证货币回归于足值货币，这又违背了不足值货币产生的初衷。因此，在不足值货币时期，每一个国家都开始利用自己的政府的强制力，垄断货币的发行权，保证铸造或者发行货币的权力总是掌握在政府之手。从金属货币发展到更没有经济价值的纸币，这样的游戏规则始终在货币的发行与流通中通行。

然而，伴随着比特币的诞生，传统的货币发行与流通的规则被彻底打破。作为一种计算机代码，从类型上来看，比特币与传统的货币形态是八竿子也打不着的关系，它没有具体的物理形态，没有统一的发行单位，甚至没有作为货币最基本的属性——经济价值。从货币的产生来看，从最早的贝壳、金属，再到最后的纸币，货币总是一种固定充当交易媒介的特殊商品。既然是商品的一种，它就自然会拥有一定的经济价值。然而，在今天的比特币身上，我们看不出任何应用价值或经济价值，然而，它却能够得到全世界的认可，而被认为是最有可能取代现实货币的未来货币形态。如果沿用现有的货币经济理论，我们是很难理解互联网金融对于货币的这种冲击力量的。

然而，长期以来，被政府所垄断发行的货币却并不像众多学者所想象的那样稳定。由于在现代社会中，每一个国家的政府总有利用货币发行的权力，执行一定的货币政策，维持本国经济稳定运行的内在需要，因此，哪怕自诩为经济自由主义国家的美国，在面临次贷危机的冲击时，也会选择连续四轮的量化宽松的货币政策，向实体经济注入货币，刺激经济的发展。而新世纪以来，非洲的传统经济强国津巴布韦陷入恶性通货膨胀的事实，更再一次警醒人们警惕政府的过度货币扩张。毕竟像津巴布韦这样发行出 100 亿面值的钞票，却连一个小小的面包也不能换取的现实，是任何一个国家、任何一个人都不愿意面对的噩梦。

哪怕货币主义者倡导政府制定严格的货币法，按照固定不变的货币增长率维持货币数量的稳定，这样的设想也很难适应国民经济的发展需要而被各国政府所接受。这也就决定了，只要是由人所决定的货币发行，被政府垄断发行的结果，就只会是货币发行的不断增加和货币价值的不足及缩水。

1976 年，著名的奥地利学派学者哈耶克在他所出版的《货币的非国家化》一书中，开始打破货币就应该由政府垄断发行的传统观点，倡导允许私人银行竞争性地在各国货币流通市场中发行货币。在市场竞争机制下，价值相对稳定的货币将淘汰其他价值不稳定的货币，从而通过优胜劣汰机制，保证最为高效的货币才能在市场流通中得到最多的民众的认可，以此保证货币价值的稳定。这其实就为比特币的诞生奠定了最为根本的理论基础。

比特币的成功奥秘

从某种意义来说，比特币之所以能够得到市场如此的重视，很大原因就在于它特殊的设计，它去中心化的设计思想保证了比特币的流通数量不再受任何一个国家的货币管理当局的政策干预，而通过一种自平衡的机制，自发地调节比特币的流通规模。2 100 万枚的理论上的发行总量上限更是保证了它的价值的相对稳定，绝对不可能会由于新的比特币的持续出现，而导致比特币的购买力下降，从而给持有比特币的所有人带来损失。相反，绝对的流通上限，更是使得很多投资者产生持有比特币、待价而沽的想法，这反而更进一步推高了比特币的市场价格。

实际上，比特币也好，纸币也好，它们都只是一种被民众认可的交换媒介，无论它们有无真实的经济价值，也无论它们的真实价值为多高，它们在实际流通过程中所扮演的，只是众多民众所认可的一种心理价值。这种价值更多地来源于民众对它们的心理预期，或者说民众对于这些货币能够保证货币购买力稳定的信心。当民众丧失这种信心时，这些货币将会变成不名一文的废物，津巴布韦币以及其他所有曾经遭遇过恶性通货膨胀的货币的经历都已经向我们充分地证明了这一点。

从上述意义来说，在传统机制之下，民众对于货币的信心，来源于对发行这些货币的政府的信心，也是源于对政府保证这些货币价值稳定的信心。而在比特币的流通机制下，民众对于比特币的价值的信心就是对于其自身机制的信心，是对于其 2 100 万枚的流通上限的信心。

对于比特币的价值的认可，正如我们看到的像毕加索、梵高等画家的作品的价格在现代艺术品市场中始终居高不下，其原因就在于存世量的有限。而对于一些仍然在世的艺术家，由于他还在世，他的艺术作品仍然有持续增加的可能性，即使他的作品的艺术造诣极高，对于其作品的定价，也不可能达到像毕加索等已逝世的艺术家的水平。如果某一名计算机牛人能够从源文件中破译比特币的奥秘，并且能够使得自己源源不断地创造新的比特币，那么比特币的市场价值自然也就无法维持了。

从上述分析来看，比特币与任何一个存在着绝对的数量限制的商品一样，它们都可以像古代的金银一样充当我们在经济生活中的交换媒介与价值尺度，它们的价值都只是源于它们本身的稀缺性而已。

当然，除了比特币之外，我们也见证了诸如莱特币、夸克币、泽塔币等多种不同类型的数字货币。然而，真正能够挑战传统货币的垄断地位的，却只有比特币，这也源于比特币自身所特有的一些属性。例如，几乎可以无限分拆到 1 亿分之 1 单位比特币，这方便了很多小额交易的进行；交易的匿名性几乎无法被政府所监管，这鼓励了比特币在很多黑市交易如洗钱、赌博等非法交易中的广泛应用；完全依赖 P2P 网络，这从根源上杜绝了伪造的可能性，更保证了比特币跨国流通的便捷和低成本。这些优点都是吸引民众选择使用比特币的重要原因。

当然，比特币的运营固然是安全的，但是现有的比特币交易平台，却极容易受到黑客的进攻，从而使市场中的交易蒙受巨大的损失，特别是自 2014 年以来，连续爆出的几起比特币盗窃事件，更给众多比特币爱好者敲响了警钟。如何保证比特币在现代互联网经济中扮演起更为重要的角色，这不仅需要众多交易者的努力，也需要各国政府从制度上进一步完善数字货币在互联网金融中的作用的发挥。

在现代互联网经济的迅猛发展中克服了现有交易过程中的一些不安全、不稳定因素，以及有效抑制了比特币在非法经济中的应用之后，比特币必将迎来更为光明的发展前程。

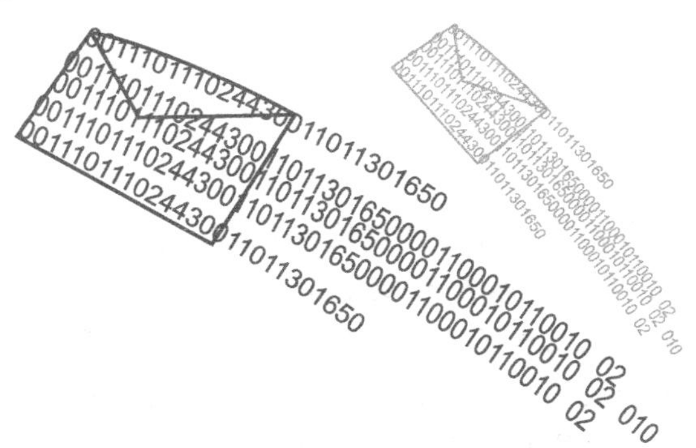

第二篇　亦敌亦友

互联网金融中的金融机构与互联网企业

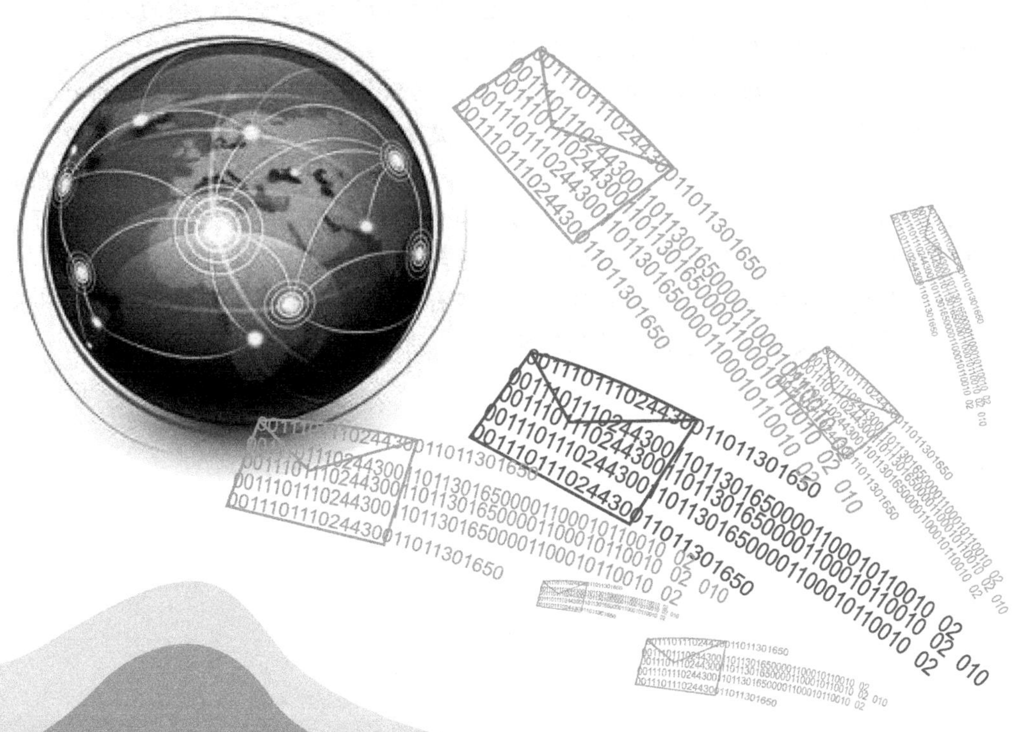

篇前语：

互联网金融绝不是像从石头里蹦出来的孙悟空一样，可以凭空产生，它必须强烈地依赖于现代科学技术，特别是计算机通信技术与无线通信技术的极大发展。它从技术上改变了现代经济的运行规则，也创造了民众新的需求。然而，无论是以银行、证券公司和基金公司为代表的传统的金融机构，还是一般意义上的互联网企业，都无法完全依靠自身的力量去满足民众的新需求，只有在不断的合作与竞争中，才形成了今天我们所看到的互联网金融的新格局。

在金融业的发展历史中，以银行为代表的传统金融机构适应了机械化大生产的生产需要，从而得以产生与发展。然而互联网经济的兴起，使得很多草根阶层得以崛起，这些被传统金融机构所长期忽视的广大群体，借助互联网的力量，实现了力的叠加，成为一支不容忽视的力量，他们也将成为传统金融机构在互联网时代开始关注的新群体。

另一方面，随着现代信息技术的发展，金融机构也摆脱了算盘和账本的传统运营模式，计算机技术开始在金融行业中广泛应用，特别是运用一些计算机工具实现了金融机构不同业务活动的集成，更进一步推动了传统金融机构的触网，互联网化已经成为现代经济中金融机构的不二选择。

与之相对，作为技术派代表的互联网企业固然推动了现代互联网经济的发展，从本质上改变了现代经济的运行规律，但是由于缺乏专业金融素质，它们更多选择通过与金融机构合作进入互联网金融领域的方式。而它们的兴起又对传统金融机构的业务产生了巨大的冲击，反而引起曾经的合作伙伴即金融机构走向了互联网企业的对立面，形成了激烈的市场斗争和争论。

恰恰是借助于传统金融机构与现代互联网企业在现代互联网经济中的协作与斗争，才最终形成了现代意义上的互联网金融。

第五章

网络掘金：金融机构的互联网化

第一节　从钱庄到银行

钱庄——传统意义上的银行的产生

不知道有多少朋友参观过山西平遥古城的票号、钱庄，它简直是中国金融业发展史的一个承载者。当然，包括看过诸如《乔家大院》、《白银帝国》等反映票号、钱庄的古装影视作品的很多朋友，都会对古代的钱庄或者说最为原始状态的银行的运营方式有一个粗浅的认识。

在仅仅一二百年前的中国，当时的中国人还在使用白银作为流通货币，人们如果要选择跨越广袤的中华大地去异地做生意，就可能需要携带极为沉重的白银踏上旅途，不方便且不说，如果遇上梁山好汉之类的绿林人士，不仅钱财难保，可能连自己的生命都难以保证。如何廉价、安全地远途携带钱财，已经成为困扰很多当时的商人的头号难题了。

精明的山西商人敏锐地发现了巨大的商机，他们开始在中华大地的各大商业城市建立票号、钱庄。当很多生意人拿着沉重的黄金、白银来到钱庄时，他们会给这些生意人开出具有票号独有标志的银票。比如，当一个人在一个钱庄的北京分号存入了一万两白花花的雪花银，就拿到了一张代表一万两银子的银票。如果他选择去广州做生意，这下就不用推着一车的银子踏上漫长的南下之路，而只需要带一张纸，这种纸质的银票可以夹在书里，塞在鞋底，或者放在任何一个别人想不到的地方。这样，拥有一万两银子的这位有钱人，就可以不显山不露水地把巨额财富带到遥远的广州了。到了广州后，他再拿出银票，到他存入白银的钱庄的广州分号，就又可以取出那一万两属于自己的白银了。当然，按当时的钱庄的运行规则，因为钱庄为客户提供了远途汇款的服务，它就必须从这一万两银子中抽取一定比例的汇水，作为钱庄自身的收益。

当然，现代的银行存款除了有类似银票或者现代的存折、银行卡之类的存款凭证外，还拥有密码，在古代可只有银票一样凭证，如果银票被偷了，那么岂不意味着银票代表的财富也就丢了？放心，古代的钱庄经营者没有那么傻。他们交给客户的银票尽管标有钱庄的标志，但是其他的信息，比如客户的名称、银票的价值都是用密码写的。如果不熟悉钱庄特有的密码，外行人就是捡到了银票，他也仅仅知道这是某某钱庄的银票，可是其他所有的信息都不知道，如果他敢去冒领，那么钱庄随便一问，他就肯定会露馅，银票所代表的财富也就不会那么容易被冒领。这就是古代的钱庄最为原始的保护客户账户安全的方法，它的效果不亚于现代银行所推出的网银 U 盾。

当然，在客户的银子跨地支取的过程中，其实钱庄并不需要真的把客户的银子从一个城市转运到另一个城市。毕竟，可能有客户从北京存入银子，从广州支取，也有可能会有客户从广州存入，从北京支取。当然，并不一定就只有这两个城市，也许这家钱庄在十几个城市都拥有分号，那么可能在不同分号存入的银子和支取的银子都差不多，所以只要钱庄在各个分号都拥有一定的自有资金，那么除非有特殊情况，基本上各个城市的分号存取银子的数量是相当的，也就用不着真的把白银从一个城市的分号转到另一个城市的分号。

最早的时候，钱庄只是经营银子的跨地支取，赚取少量的汇水，但是钱庄慢慢就发现，并不是所有客户都会很快过来提取本来就属于自己的银子，而只是选择把银子暂时安全地存放在钱庄的金库之中，在自己需要的时候才支取银票。既然随时都有大量的白银沉淀在银庄的金库之中，那么钱庄就可以把一部分银子拿出去放贷，再为自己换得一部分放贷的利息。由此，现代银行中最为常见的存贷款业务就产生了。

然而，很多人也知道就在一百多年以前，当八国联军进入中国时，所有人都恨不得拿着自己的财产跑得越远越好，大家都跑到钱庄想拿回属于自己的钱。当所有人都到钱庄提钱时，钱庄才发现，它们已经把一部分本来属于客户的钱放贷出去了。它们没有足够的钱来应付所有储户的提现要求，于是中国传统银行的一次梦魇降临了，几乎所有的山西票号、钱庄，都在一夜之间因被客户挤兑而破产，银行业的经营安全开始第一次为众人所关注。

现代银行制度的建立

钱庄和银票是很多人所没有想到的中国的又一伟大发明。早在北宋时期，在中国四川流通的交子，就是人类历史上最早的纸币，也正是从宋朝以后，钱庄和银票等原始的金融形态开始在中国形成并逐渐被广泛使用。正是通过对中国的侵略，外国人也逐渐掌握了中国钱庄的运营模式，银行也开始在西方国家普遍建立。当然，在很长一段时间，西方的银行也和中国的钱庄一样，都是由个人出资设立的，维持银行的运营安全的也只能是创建者自己的自有财产。当 1928 年席卷西方世界的大萧条到来之际，西方国家也出现了普遍的挤兑，大量的银行破产倒闭，西方早期的金融业的发展也面临着生死存亡的关键时期。

为了拯救处于危机中的银行业，美国的富兰克林·罗斯福总统推出了两条极为重要的金融政策。首先，之所以有那么多私人所有制的银行处于破产的边缘，就是因为它们过多地把吸收进来的资金都发放贷款了。罗斯福总统因此特别规定了银行的法定存款准备金率，也就是说，银行吸收进存款之后，必须把法律规定比例的资金存放在中央银行，以备储户过来提现。在此之前，银行可以自己决定留下多少存款来应对提现需要。在追求利润的前提下，银行当然希望把更多的资金以贷款的形式发放出去，以赚得更多的贷款利息。现在不行了，美联储，也就是美国的央行，现在规定了银行留存的存款比例的最低下限。这也就最大限度地保证了银行运营的安全性。银行必须向央行交纳一定比例的存款准备金，从此也就成为全球银行通行的共同规则了。

其次，银行之所以遇到严重的挤兑，原因就在于储户对银行不放心，担心银行倒闭之后自己存在银行的钱会打了水漂，所以一旦社会上有哪个银行破产了，陷入困境了，大家就担心自己的银行也会有问题，就干脆也跑去提自己的存款。可是当所有人都想提取银行的存款时，哪家银行都应对不了，肯定也就剩下倒闭一条路了。于是罗斯福总统创造性地设立了联邦存款保险公司，告诉大家，放心，就算是银行破产了、倒闭了，你们的存款也不会就这样没了，保险公司会赔你们钱的。于是大家都放心了，既然有保险公司替我们做主，我们就不用着急去银行提钱了，因此银行的运行也就更稳定了。

可以说，正是从大萧条后美国的金融业改革开始，我们现代意义上的银行体系和银行运营方式才最终得以建立。而作为银行的故乡——中国也自洋务运动以后逐渐引入了西化了的银行体系，中国的银行业也开始了新的发展。

第二节　银行业的传统业务内涵

银行的业务类型

可能一些年龄稍大的人还记得，现代我们所看到的国内的银行业的发展与二三十年前的中国银行业发展相比，已经有了翻天覆地的变化。然而，与之相对，可能很多人不愿意承认的事实却是，直到20世纪80年代末，我国的银行业的发展与一百多年前的钱庄、票号时期，并没有本质上的差别。

也许马上就有人跳出来反驳我，不可能啊，在一百多年前的钱庄、票号时期，所有的钱庄、票号都是由个人开设的，是以一种相对自由放任的态势自然发展的。而至少在20世纪80年代，我们所看到的银行，可都是国有银行，都是由我们国家、政府所设立的，这些银行的经营当然不会像纯粹的私有企业那样，完全地追逐利润，而会以一定的政府政策目标为基础。而且，从信誉上看，老百姓当然也会更信赖拥有国家背景的国有银行，而不是个人运营的私人钱庄，这样看来，它们二者似乎应该是有本质的区别的。

的确，如果仔细研究中国早期的银行业的发展，我们会发现，它们在经营业务内容和运营方式方面，与传统的钱庄的确有很大的区别。作为社会主义国家，在建立以后很长一段时间，我们其实是没有真正意义上的银行的。只是由我们的央行，也就是中国人民银行向社会提供少量的存贷款业务，也就是由央行同时兼任中央银行和商业银行的双重职能，这也就造成了中国的金融机构的职能错位。而央行既当运动员，又当裁判员的制度设计，更是极大地影响了中国金融业的发展。

直到改革开放后，我们国家才从中国人民银行的商业银行业务之中分拆出一些职能，组建了我们现代所熟悉的四大国有银行，因此，尽管现代已经贵为全球规模最大的银行，但是我们生活中的这几个巨无霸国有银行的发展历史，却并不像很多人想象的那么久远。

正是由于直到20世纪80年代中期才陆续组建，中国的这几大银行在建立之初的业务内容并不是特别清晰，并不是像在组建之初所设想的那样，比如中国银行只管对外经贸活动的资金的结算与外汇的兑换，中国农业银行则主要负责农业或农村地区的建设资金支持等等，而是不同银行的业务内容有着极大的相似和交义。由于不知道自己的银行应该做什么，又到底应该怎么做，很多银行只能按照老思想，也就是最为传统的钱庄、票号式的运营模式，推动着自己的业务选择。

可能很多人都还记得，在很长一段时间内，我们记忆中的银行似乎就是简单地执行吸收存款、发放贷款的业务，存贷款的利差也成为中国各大银行的运营利润的核心组成部分。要知道，随着第二次世界大战以后国际金融的飞速发展，我们所熟悉的存贷款业务在西方银行体系中的地位已经极大地降低了，而相关的理财、信托、资本运营等银行表外业务的利润早已超过了传统的存贷款利差。而至少在 20 世纪 90 年代，中国的银行业至少九成以上的利润，仍然是来源于最没有技术含量、也最为简单的存贷款业务。这一点和钱庄、票号时代的原始金融机构并没有本质上的区别。

通过前文的介绍，我们知道，钱庄和票号的一个重要的利润来源是远途的资金汇付的汇水。而在很长一段时间内，国内由于割资本主义尾巴，严厉打击市场经济活动，这也导致国内不同经济主体的资金往来并不频繁，上述的资金跨地转移的规模和频率都并不高。但是，在计划经济体制下，包括资金在内的经济资源都是由政府通过行政命令的方式直接调拨，不同企业之间的资金结算与资金划转，其实也是银行在计划经济体制下所承接的重要的工作内容。

正由于此，直到 20 世纪末，在我国的很多银行，传统的存贷款业务与企业之间的资金结算和划拨，往往是众多国有背景的银行最为核心、也最为基础的业务内容，而这些业务内容与封建社会中的钱庄并没有本质上的差别。

商业银行的运营方式

从对于中国银行业的发展历程的考察中，我们也注意到，在很长一段时间内，银行等金融机构的运营方式，也是采用传统的钱庄式的记账模式。可能一些年龄比较大的朋友还记得，在 20 世纪八九十年代，当我们到银行办理最普通的存贷款业务时，银行的工作人员往往是以手工记账的方式，为客户记录进行了什么样的业务操作，并在后面签名确认，同时在银行的大账簿内，也记入同样的业务操作内容。

当顾客再次来办理业务时，就需要在银行众多的厚厚的大账本中找到此前的相关业务内容的记录，才能继续进行其他相关交易的操作，所有的记录或者调取历史记录、业务办理都是由银行工作人员手工完成。这种传统的交易模式，一方面效率极低，另一方面，由于工作人员自身的疏忽大意，导致记录错误或者历史记录丢失，都会给客户前来办理相关业务活动带来极大的不便。

一些老储户在银行的储蓄可能会由于当事人的去世或者遗忘，而长久没有使用相应的储蓄账户的资金，可是，如果后人或本人在收拾东西的时候，无意中发现了二三十年前甚至更久远的储蓄证明，再到银行办理取款手续时，由于在开立这些储蓄账户时，往往还是使用人工登记的方式，如果银行不能及时找到相应的储蓄证明，就有可能会出现老储蓄账户里的资金被银行拒付的现象。近些年，经常有一些国内媒体报道，一些家庭拿着数十年前的储蓄存折或存单向银行要求提现但被拒绝付款的新闻。事实上，在现代信息化的机制下，这些由于历史久远而无法找到相关存款证明的困难也就完全不是个问题了。

同一时期，银行工作人员还有一件必不可少的法宝，那就是算盘。可能现代的很多年轻的小朋友都已经不知道如何操作算盘了，甚至估计有些小学生连见都没见过算盘，但是出生于 20 世纪 60 年代和 70 年代的朋友应该都很熟悉算盘的用法。

对于古代的中国人而言，算盘就是最传统意义上的计算机，甚至现代还有很多教小学生速算的学习班，还是使用算盘培养小朋友的心算能力。在 20 世纪 80 年代的很多小学数学课程中，都会设有专门的珠算课程，就是专门教小学生如何运用算盘进行数学运算。而我们看到的影视剧里的古代的票号、钱庄的账房先生，也是天天手持算盘算来算去。在 20 世纪 80 年代计算机还没有深入中国之时，国内的众多银行工作人员进行日常的账务管理的基本工具，也仍然是算盘。直到 2000 年以后，当计算机逐渐在国内普及时，算盘才逐渐退出历史舞台。

第三节　银行的信息化

计算机在银行经营中的普及

现代的朋友们再去银行，已经不大可能再看到银行工作人员拿着最为原始的大算盘噼里啪啦地打个不停，银行的所有业务操作都已经可以利用计算机或者信息网络高效、便捷地完成。哪怕是拥有全球最多客户的我国的四大国有商业银行的客户信息，我们也可以安全地存储于银行的信息数据库中。

在计算机大数据时代，银行在进行客户的业务活动时，不再需要调阅厚厚的银行账簿，而只需要简单地输入账号或者客户姓名、客户身份证号，客户在自己银行的业务活动的记录，甚至在别的金融机构的信用状况就可以轻松调阅，这也就极大地提高了银行的运行效率。

为了实现操作方式转移的无缝对接，很多银行都通过自己设立的计算机信息部门，把历史档案中很多古老的纸质账簿，转化为以计算机语言表述、以磁质介质存储的计算机信息。这样，即使由于地震、火灾或者其他意外事件导致银行的纸质历史账簿毁损，当数十年前的客户找上门来办理相关业务时，银行也不再需要在自己的档案馆中在浩如烟海的纸质档案中翻找相关的历史记录。

我们有时也看到一些社会新闻，比如某些家庭在收拾东西的时候，无意中找出了新中国成立初期的一些存款凭证，并向地方政府索要相关的本金和利息。可是当时的金融机构在现代已经完全不可能找到了，即使是现代银行体系中业务量最多的四大国内银行，在新中国成立初期也都还没建立，那么地方政府只能想法去找寻当时办理相关业务的银行的留存底档，并委托某一商业银行代为办理相关业务。在这个过程中，如果原有的业务账簿都已经以电子数据的方式被现代金融机构留存，那么，政府就很容易确定相关业务的真实性，以及相应的金融交易的责权关系。

银行业务的信息化

正如我们所接触的互联网经济一样，通过计算机网络，我们可以把很多在以前看上去完全不相关的东西，跨界集成到一起。比如我们所熟悉的淘宝，在很多人看来只是一个在网络上淘心仪宝贝的购物平台，可是现在它已经集成了除了网络购物以外的生活缴费、网络转账、移动支付、在线理财甚至手机移动通信等多个不同的功能。这些在几年前看上去还是八竿子打不着的功能与服务，现在已经可以完美地结合在一起，让我们觉得这是理所当然的事情。从某种程度来说，这就是我们利用计算机网络在互联网经济中在线做加法的典型案例。

同样，在银行的业务活动中，随着计算机在我国银行体系内应用的普及，很多金融机构开始按照网络化的原则，把不同资产形态、不同币种的货币纳入统一的资产管理平台，这样就可以最为高效地提升相关金融机构的盈利能力，这就是我们所熟知的一卡通模式。现在的我们也许觉得这样的一卡通并没有什么特殊的技术含量，可是在没有计算机的强大的信息处理能力的辅助作用时，在纯粹的手工记账模式下，这种不同功能的集成几乎不可想象。当然，除了一卡通之外，我们在银行的金融服务领域已经可以看到越来越多的借助于计算机网络实现的功能的集成与混搭。

在纸质凭证时代，银行的业务操作完全由工作人员人工完成，由业务操作人员签名保证。而这些业务操作人员的签名往往只有本营业部一起工作的工作人员才能够辨识真假，因此，很多业务活动只能在固定的营业部办理，即使是同一家银行的不同营业部，通常也不接受客户跨越营业部的交易需求。比如，你的钱是存在一家银行的某一营业部，可你搬家到了城市的另一端，当你拿着存款的存单去你新家附近的同一家银行的营业部要求提现时，对方就可能担心不能识别真假，因而建议你回到原来的营业部办理取款。你就更不要想如果去别的银行，他们会给你跨行办理各种日常业务了。

随着银行业务操作的信息化发展，所有客户信息都可以被藏于云端，供银行不同的营业机构甚至多个不同的金融机构随时调取，而不再需要像纸质媒介时代那样，必须翻箱倒柜地查阅历史底档，以确认客户信息和交易信息。在互联网时代，只要银行工作人员轻点鼠标，所有的客户信息与交易信息就可以瞬间调取出来。因此，无论是同一家银行的跨营业所交易，还是不同银行的跨行交易，甚至是异地的跨行交易都不再有任何技术上的限制，从而极大地便利了众多客户的真实需要。

对于很多年龄稍大的朋友而言，办理金融交易往往需要自己亲力自为，亲自到相关的营业场所办理。比如说存取钱，显然应该去银行办理，即使现代，在笔者生活的城市，每到了发退休金的日子，总能看到很多退休的老人天一亮就跑到发放退休金的银行门口排队，希望第一时间确认自己的退休金到账，并能够第一时间把钱取出来使用。而通过手机银行或电子银行，很多年轻的朋友可以轻松地掌握自己的账户资金变动，并进行相应的资金划转与交易。

更为典型的是，相信很多股民朋友都会极有感触，在十多年前，我国的绝大多数证券交易都是在证券交易营业部进行的。证券交易营业部会为一些资金雄厚的大户提供大户室和专门的交易席位，以保证他们的优先交易权。而众多资金相对较少的散户只能挤在营业部大厅，排队在几台交易机上进行自己的证券交易。每到市场行情发生突然变化的时候，在营业部大厅的几台证券交易机前往往会挤满了前来交易的股民，甚至经常会出现为争用证券交易机而发生肢体接触、产生纠纷的现象。

可是，想必现代很多朋友，特别是年轻的朋友，在办理银行业务或者证券业务的时候，已经不必那么麻烦，在酷暑寒冬，还得专门跑到相应的金融机构，亲自去办理相关的金融业务。我们完全可以通过网上银行、手机银行、在线证券交易平台、基金交易网站等在线交易方式，通过计算机网络更简便地完成相应的金融交易。这些都是银行信息化或者银行互联网化给我们生活带来的巨大改变，而上述这些变化，在很大程度上也成为启动互联网金融的引子，对于我国互联网金融的发展起到了开启民智、培育市场的重要作用。

第六章

市场真空：现有金融体系之外的巨大市场

第一节　非市场化运营的银行体制

银行的经济职责

在银行建立之时，它们就被确定为调节社会资本供需平衡，促进社会资本的高效、有序流动的重要的机构设置。的确，在很多国家中，正是通过银行体系的存在，整个社会的众多民众可以把自己手上的闲置资金拿出来，存放入银行账户中，以此为自己获取一定的利息收入。而银行则可以以更高的利率水平，把自己吸纳的社会存款再以贷款的方式投放出去，以满足更多的经济主体，特别是很多生产型企业获取投资资本的社会需求。

正是通过银行的存贷款机制的有序运转，一个国家的经济体系可以实现新的货币创造，由央行所发行的每一元货币可以借助银行的存贷款业务，实行多次循环的货币流通，从而在现实的货币经济运行中实现了更大价值的货币循环职能。

央行通过控制商业银行的存款准备金比率，就可以决定商业银行的货币创造能力，而央行对商业银行贴现票据的再贴现率水平的确定，又直接影响着商业银行的融资利率，进而影响着商业银行对外发放贷款的利率水平，由此通过商业银行执行央行的货币政策，进而实现既定的宏观经济目标。从某种意义来说，中国的商业银行，特别是四大国有银行，只是挂着商业银行的名，而实际上，更多是扮演着央行的信贷政策的调控工具的角色。

中外银行机制的本质差别

在完全实行市场化利率的金融市场中，商业银行对于社会资本的追逐，通过众多商业银行之间的自由竞争机制，可以确定货币市场的利率水平，而与此同时，众多客户对于银行贷款的追求，又可以确定贷款市场的贷款利率。正是通过商业银行在存款市场对于社会存款的追逐与在贷款市场发放贷款的市场化行为，最终确定了整个社会的利率水平，维持了经济运行的相对稳定。商业银行也由此成为一个国家的金融体系高效运转中最为重要的一环。

在西方的市场化运营的银行体系中，尽管吸收存款与发放贷款已经不再是众多商业银行的利润的主要来源，但是对于商业化运营的商业银行，资金的借贷业务仍然是其重要业务内容。对于西方的商业银行而言，作为独立经营、自负盈亏的经济主体，它们一切业务的选择都是建立在经济利益的基础之上。它们在发放贷款的同时，一方面当然希望根据整个社会对银行信贷资本的需求，最为科学合理地确定自己的贷款利率，即能够最大限度地保证自己的利息收入，而另一方面，这些商业银行也会尽量保证自己的资金不会由于过高的利率而无法放贷出去，提高自己资金的利用效率。因此，为了避免发放的贷款无法收回的信用风险，各大银行也会尽可能细致地审核贷款者的信用水平，控制银行贷款的坏账率。

然而，这样的游戏规则并不完全适合中国的商业银行。在很长一段时间内，中国的商业银行只是从中央银行中分离出部分经济职能的国有机构，它们甚至会承担着一部分管理金融市场的职能，而与西方国家的金融市场中纯粹商业化运作的商业银行存在着极为明显的差异。也正因为此，即使已经实现了现代企业化管理体制的改革，我国的商业银行仍然不完全是真正意义上的自主运营、自负盈亏的市场经济主体，它们在很多日常经营决策中仍然需要考虑一些相关的政策导向，特别是商业银行的政策性贷款更是成为众多商业银行所诟病的重要问题。

中国商业银行的政策导向

根据地方政府的经济政策的需要，由商业银行向特定的受支持的企业提供信贷支持，已经成为一个众人皆知的秘密了。对于中国的众多商业银行而言，尽管作为独立核算的企业单位，它们的经营应该以追求利润为基本目标，然而，当发放贷款已经作为一项政治任务被直接下达给银行时，它们已经不再考虑贷款的收益，甚至都不关注这笔贷款是否能够顺利收回，它们能做的只是按政府的政策意图，向指定的企业提供相应的政策支持。

根据 1992 年世界银行研究东亚模式的年度报告来看，东亚地区，包括中国，由政府运用战略性的政策手段向特定企业提供信贷支持，被很多外国学者视为推动东亚经济飞速发展的核心因素。然而，这种借贷模式，一方面会给银行带来巨大的坏账压力，另一方面又刺激了企业的贷款欲望，使得企业更加倾向于毫无顾忌地向政府提出信贷支持来解决资金困难，而不是通过自身的努力经营提升自己的利润水平，这必然造成了企业的负债率居高不下。

当宏观经济保持高速增长之际，东亚地区的这种高负债经营模式成为运用高杠杆实现高收益率的成功经验。然而，当经济增长放缓、企业利润减少时，企业利润的些许波动，对于有限的企业自有资产来说，都是巨大的变化。少量的亏损就可能导致企业的自有资产全部损失，最终把企业拖入破产的深渊。1997 年亚洲金融危机中，浦项制铁、大宇等一大批曾经叱咤风云的知名企业之所以陷入破产的僵局，也全源于此。

而对于众多商业银行而言，完全根据行政命令的指挥棒发放贷款，显然没有办法保证资金流向的最优效率。也许能够获得政府的信贷政策支持的企业，并不是能够最有效利用经济资本来创造最大经济效益的企业，最终影响了整个社会的资本的利用效率。更为重要的是，完全根据行政命令发放贷款，而忽视贷款企业的偿债能力的信贷政策，必然造成银行的坏账率急剧提升，进而影响银行运营的安全性。

1997 年亚洲金融风暴中，拥有近百年历史、一度资产规模达到近千亿美元、在全球银行规模排行榜中高居前列的日本北海道拓殖银行，就因为过多地对北海道地区的工商业企业发放贷款，造成了大约 78 亿美元的坏账损失，而不得不宣布破产。这也成为这场危机中倒下的规模最大的金融企业。

也正是在 1997 年亚洲金融风暴之际，当行政性贷款的信用风险急剧上升时，为了避免中国的四大国有银行也遭遇像北海道拓殖银行同样的命运，中国的金融监管当局决定将工商银行、农业银行、中国银行和建设银行等四大国有银行的总值高达 1.4 万亿元人民币的不良资产剥离，并对口成立了华融、长城、东方和信达 4 家资产管理公司接受它们的不良资产。这样的政策选择的确有效地挽救了处于危机中的国有银行，但是这也等同于向众多国有银行发放了免死金牌：既然银行的决策失误所带来的坏账损失，都会有国家通过资产管理公司收购银行不良资产的方式冲销，那么这其实也更加纵容了银行的滥发贷款的经营决策。

正是由于缺乏市场化运营对于利润的渴求，中国的银行业所拥有的巨额贷款资本的利用效率才会长期保持在低点，并最终造成了近年中国经济中的一个怪异现象：明明央行的货币发行居高不下，资本市场中 M2 流通量始终处于高点，然而，无论企业还是银行都在闹钱荒，大家手上却又都没有钱。在钱荒之中，大家都在叫嚷钱到底去哪儿了。其实答案并不奇怪，钱始终在中国经济中流转，只是在当前的银行信贷体制下，绝大多数钱都没有流向它们应该流向的地方，更没有创造出它们本来可以创造的经济价值。当资金大量流向并不能直接创造经济价值的房地产或者金融等虚拟经济时，流向实体经济的资金规模当然就大打折扣了，这才导致了越来越多的实体经济企业面临着越来越严峻的融资难题。

第二节　嫌贫爱富的中国银行

中国商业银行的信贷选择

互联网金融兴起的一个重要原因，就在于现有的银行体系并不能满足正处于腾飞阶段的中国经济的真实需求，而其中最为重要的一点，就在于社会对于银行只愿锦上添花、不愿雪中送炭的批评。

相信大家都能够理解银行的选择。对于银行而言，如果必须把自己所吸纳的社会存款以发放贷款的方式投放出去，它们显然会追求更高的收益率或更高的安全性。在欧美的银行市场化运营的经济体中，银行可以根据不同贷款者的具体情况确定个性化的利率水平，使得不同贷款者的利率水平与贷款的风险能够合理地匹配起来。这就通过高贷款利率补偿了高风险客户的贷款风险，使得银行的经营能够顺利地推进下去。

然而，在我国，银行的利率水平是被中央银行明确限定的，也就是说，无论是银行向民众吸收存款的存款利率，还是向社会发放贷款的贷款利率，都不是银行能够自由确定的，而是由中国人民银行直接限定的。尽管加入 WTO 之后，我国也按照利率市场化的改革思路推进着中国银行业的改革，但是这样的利率管制却始终没有完全取消。

人民币利率市场化改革的推进

2006 年，中国人民银行放松了对银行利率的管制，建立了人民币存款利率“下限放开，上限管理”和贷款利率“上限放开，下限管理”的新格局。然而，从实际操作来看，在存款中，由于长期的利率管制，一方面导致在上限管理的格局下，央行限定储户的存款利率水平，而近年来 CPI 又持续居高不下，必然导致市场储蓄供给的下降，从而促生了近年国内代理理财市场的红火以及民间借贷市场的兴起，这也为此后互联网金融的火爆发展创造了巨大的市场空间。

在贷款中，下限管理的原则又限定了银行的贷款收益。尽管在 2008—2009 年间次贷危机盛行、我国采取信贷扩张时期，众多银行为了争夺客户，曾经兴起贷款利率打折的竞争风潮，然而，近年来，伴随着我国货币政策由宽松转向稳健，我国的资本市场的资金供应出现紧张。这也导致市场实际的贷款利率远远高于央行所规定的下限水平，贷款利率持续居高不下，在这样的背景下，原来保证市场公平竞争、维护银行合理利率的贷款利率下限管理政策早已形同虚设。从这方面来说，我国的利率市场化的真正挑战恰恰在于突破以往对存款利率上限的管制，而非贷款利率下限的管制。

然而，即使是贷款利率上限放开，也并不意味着银行在发放贷款时，可以毫无顾忌地随意无限制地提高贷款利率，中国的商业银行仍然是在央行的指导利率水平上制定自己的贷款利率。在这样的情况下，对于众多商业银行而言，既然它们发放贷款获得的利率水平都差不多，那么它们显然更加愿意把钱放贷给那些它们认为安全性更高的大企业。特别是，能够得到政府的信贷政策支持的地方企业，往往也都是利税水平更高、对地方经济作出的贡献更大的大中型企业。这进一步加剧了银行资金向大中型企业的集中。

的确，与资金实力更强的大中型企业相比，无论是个人信贷，还是小微企业贷款，由于贷款对象缺乏足够的资产担保，贷款风险会显得更大。如果银行不能得到更多的利息溢价，它们就没有更大的积极性向这些它们心目中的高危客户提供贷款。

而且，就是对于那些能够得到银行贷款的大型企业，它们也会感受到，当它们经营顺畅、利润丰厚、并不缺乏资金的时候，会有很多银行工作人员上门游说，希望说服它们从银行借款。而如果这些企业遭遇突发事件、面临经营困难、陷入困境，在它们果真需要向银行借款之时，它们又会发现，曾经争着、抢着要给它们提供贷款的众多银行，反而对它们避之唯恐不及，此时再想从银行获得借款却是难上加难。这也就是通常大家诟病银行只愿锦上添花、不愿雪中送炭的由来。当阳光灿烂的时候，它们会愿意把伞借给你，可是当倾盆大雨下起来时，它们却勒令你把伞还给它们。这样看似怪诞的经营策略，却是当前的管理体制下中国银行奉行的经营原则。

可是如果从银行的角度思考，这恰恰是在当前的银行管理体制下，中国的银行最为理性的选择。在现行的商业银行管理体制下，每一家银行现有的贷款规模直接决定着央行下一年度或者下一季度授予这家银行的放贷规模。因此，每到了年末、季末，我们都能够看到以四大国有银行为代表的多家商业银行都在突击放贷。甚至我们会看到有些商业银行会在年末、季末的最后一两天，找一些关系较好的企业协商，向它们贷款一两天，只为了追求推高自己在这个关键时点的贷款存量，以求得到央行更高的信贷授信。

由于央行对商业银行的信贷规模也有基本的考核，商业银行如果完不成央行授予的信贷任务，下一年度的信贷规模就会遭到削减，并直接影响到商业银行的盈利能力。因此，在平时为了完成央行的信贷任务，它们当然会选择锦上添花，去央求那些没有贷款需要的企业到自己的银行贷款，甚至通过冲贷款的方式，暂时地提高自己的信贷规模，以求从账面上完成央行授予的任务。

在各商业银行的经营过程中，尽管也拥有众多的个人客户以及中小企业，拥有强烈的贷款需求，然而，由于缺乏足够的信用担保，为了避免坏账的产生，众多商业银行宁可完不成信贷任务，也不愿意向个人客户和小微企业提供贷款。这也导致个人客户和小微企业成为现有商业银行经营体制的真空地带。

相反，即使是银行的老客户，当企业面临经营困难时，由于缺乏强大的利润支撑，它的贷款违约风险将急剧放大，银行为了避免自己贷款的信用风险，当然马上就翻脸不认人，不再愿意向它发放贷款。

第三节　钱荒中的融资困局

钱荒的由来

自 2013 年起，钱荒就成为中国资本市场的主题词。忽然之间，银行间的资金供应一下就拉紧，银行嚷着说没钱，众多的国内企业，特别是小微企业更没有办法从银行贷出钱来。

2013 年 6 月，当第一波钱荒来临之际，上海的银行间隔夜回购利率一度甚至飙升到30%的高位。如果不是银行之间的资金缺乏达到一个极高的水平，银行怎么可能以如此高的利率水平吸收资金呢？然而，同一时间，我国M2总量达104.21万亿元，同比增长15.8%，这分明表明我国的资本市场资金极度丰富。如此丰裕的资金存量，本来应该压低资本市场利率水平，可是怎么又会把资本市场的利率水平推到如此前所未见的高位呢？

事实上，中国式的钱荒并不是真正意义上的资本市场缺钱，而是更多地源于现有银行资本的错配。正如前文所分析的那样，在现有的商业银行的管理体制之下，银行更多地被视为政府政策的执行者，它并不像普通的商业企业一样，关注企业利润的积累，而更多地强调对政府政策的执行。由于存在国有资产管理公司替中国的国有银行的坏账埋单，商业银行更不用顾忌发放的贷款是否能够收回。在政府金融管理部门又严格限定银行的存贷款利率的制度框架下，商业银行发放贷款的经营决策，已经不完全以经济思维去获得利润的最大化或贷款安全性的最大化，而更多地顾及其贷款对于政府的政策执行的完成情况。

钱荒的解读

在新型城镇化建设紧锣密鼓地加速推进的大局势下，各地地方政府的投资欲望被再次调动。自2012年第三季度起，各地就已经开始布局推进新型城镇化的相关基础设施建设。而解决各地方政府基础设施建设资金不足的办法，除了常见的发行地方债券之外，向各地的商业银行求助，从商业银行获得贷款融资是最为便利可行的办法。

在服务地方经济发展的思想的指导下，尽管不直接隶属于各地政府，但是各商业银行仍然在其信贷计划中给地方政府留足了资金额度。就在2013年第一波钱荒到来之前，在2013年1月，工农中建四大国有银行的新增人民币贷款规模一度达到3 700亿元的高位。尽管受春节的影响，2月四大行的新增贷款规模大幅回调到2 170亿元，而3月这一数字又很快上升至3 300亿元，最后一周，在冲贷款的刺激下，四大行的新增贷款过1 000亿元。这也反映了国内资本市场的过度火爆。而整个资本市场3月份新增贷款总额超过10 000亿元，远超此前8 000亿～9 000亿元的市场预期。

此前，我国商业银行的固定资产投资贷款结构中，基础设施建设、房地产开发和制造业投资是最主要的三个部分。而2013年以来，在新型城镇化的刺激下，各地的房地产投资又迎来了一个新的高峰，各地商业银行的房地产开发贷款和个人住房抵押贷款屡破银行对于此部分贷款比重的限制红线，更是加剧了房地产投资贷款的增长。

可以想象，当基础设施投资和房地产投资迅速膨胀之后，银行的贷款额度被大量挤占，可以投放于实体经济的、面向企业的贷款资金急剧萎缩，这才导致企业的融资难、贷款难现象的普遍出现。

而另一方面，各大银行的借贷资本的期限结构不匹配，更是加剧了银行业之间的资金恐慌。大家知道，民众在商业银行的存款，往往以活期存款或者中短期的定期存款为主，而商业银行面向政府所发放的城市基础设施贷款或者面向房地产开发项目发放的房地产开发贷款却主要以五年期以上的中长期贷款为主，这就导致了商业银行的存短贷长的期限结构。

在各商业银行资金充沛、存贷款规模保持稳定的时期，现有的存短贷长的期限错配，并不会给商业银行带来过大的流动性压力。然而，在资本市场资本金匮乏、商业银行的新增存款不能迅速顶上来的时候，当商业银行的一些短期融资协议到期，却由于银行资本过多地投放在中长期资产项目之上而导致银行无力应对一些到期的账务支付甚至导致信用违约时，银行资金的期限结构错配问题就凸显出来了。

钱荒中的一幕幕闹剧

2013 年 6 月 5 日，正是由于资产的期限结构错配导致流动性资金的不足，光大银行在对付兴业银行的一笔 65 亿元的银行间贷款还款中出现了信用违约，没能按期偿还欠兴业银行的贷款，这就推倒了我国银行信用违约的多米诺骨牌。此后，没能及时收回贷款的兴业银行也无力偿还自己的欠款，从而出现违约。一系列信用违约现象的出现，迫使兴业银行、兴业银行的债权人，以及其他面临信用违约风险的商业银行一起涌进银行间拆借市场融资。这就直接推高了银行间拆借市场的融资利率，导致了 30%的天价拆借利率。

事件在另一个方向也出现了一个希区柯克式的结局。为了迅速筹措资本，消除信用违约给自己造成的负面影响，光大集团选择在证券市场采取了更为激进的投资策略，却在同年 8 月 16 日制造了一场令全国投资人惊诧的乌龙指闹剧。由于光大证券的套利策略系统的故障，在瞬间产生了天价的交易订单，并把上证指数在一分钟之内直接拉升了 5%，引起了证券市场的异动。

一切事件的发展，都好像传说中的蝴蝶效应，只是亚马孙的一只蝴蝶偶尔扇动自己的翅膀，却在美国的得克萨斯掀起了一场龙卷风。其实，只是商业银行的期限结构的不合理埋下了一些隐患，因此，当光大银行由于意外而无力还款时，整个国内的银行业都发现自己也面临着同样的风险。如果不想法在短期内筹措足够的资本，那么每一家银行都有可能成为下一个光大证券。

在公众存款不可能短期内迅速增长的现实之中，要想迅速筹措资本，只能借助于银行间拆借市场的江湖救急。可是当每一家银行都处于危急之中，每一家银行都在急等着其他银行或者央行的政策救助之时，各家银行在银行同业拆借市场狂抢资金的结果，只是推动着银行同业拆借利率的持续提高。

而另一方面，当银行自己都泥菩萨过河、自身难保之际，还指望它们按此前的合同约定，向贷款者发放贷款已经基本不大可能。因此，针对贷款者的贷款违约也大量出现。2013 年 6 月，中国铁路总公司的相关高层就向媒体透露，由于钱荒的蔓延，有 50 亿～60 亿元的贷款资金迟迟未能到位，直接影响着中国铁路总公司“四横四纵”铁路总干线的一些主要线路的建设工期。而事实上，这一幕对于刚成立的中国铁路总公司的相关高层而言应该并不陌生，就在其前身铁道部时期，在 2011 年，就曾经由于流动性紧张和贷款违约，导致中国高铁的 90%的建设项目出现缓建和延期，其停滞周期超过了 9 个月。所有的一切都只是昔日重现，但问题是，中国的银行业却一直在重复着自己一贯的错误。

钱荒带来的资本市场的资金匮乏

可以想象，当银行自己的融资成本都在 30%左右时，你想让银行学雷锋，宁愿自己亏损，而按不到 10%的正常利率再把资金贷放出去，这怎么可能呢？于是在年初盲目扩大贷款规模，并且自身的贷款期限结构错配矛盾日益突出的时分，众多商业银行选择收缩经营，减少对外贷款规模，也就成为时势发展的必然结果了。

当然，如果深入地透视整个钱荒的发展，银行的这种完全收缩信贷规模的做法，其实也在很大程度上存在着苦肉计的痕迹。这次钱荒似乎更多可以看作当前我国以国有银行为主体的银行体系与中央金融政策的一次博弈，甚至可以看作众多国有银行向央行的逼宫。在当前的金融体系下，很多国有银行仍然抱有传统计划体系下对于政府的依赖心理，甚至怀有会哭的孩子有奶吃的心态。它们更愿意通过控制市场的资金供应，造成市场流动不足，甚至出现钱荒的假象，逼迫央行进一步采取货币扩张政策，向金融机构注入更多的流动性，从而增加其所掌握的信贷规模，以扩大自身的盈利能力。

如果中央政府真的按各大商业银行所设想的那样持续注资，也将意味着银行的一些信贷扩张所带来的坏账损失，将会由央行埋单，而银行完全获得信贷活动的收益，而不用承担由此带来的风险。这恰恰是与我国所倡导的金融市场化完全相悖的。

之所以在钱荒最严重时期，国务院常务会议仍然重申坚持稳健的货币政策，其实就是通过央行向众多金融机构提示应该注重信贷风险管理，而不是完全依赖政府救助。即使在当年6月底，为了平衡市场，央行对部分金融机构注资，也再三强调其行为符合宏观审慎要求，而非由于这些金融机构受钱荒的影响更为严重。从某种程度来说，恰恰是由于中央金融管理部门看透各大商业银行的小伎俩，尽管在政策选择方面已经作出了相应的救市支持，但是口头上仍然要敲打敲打这些企图逼宫的商业银行。

然而，在央行和各大商业银行的博弈过程中，倒霉的却是众多的工商业企业，在各大商业银行纷纷收缩信贷规模的大环境中，它们几乎无法从银行获得自身发展所需要的各种建设资金。而很多民间资本一度依赖的民间融资渠道，伴随着浙江温州、内蒙古鄂尔多斯、陕西神木等地的民间借贷资本的崩盘，也迫使众多的中国企业必须寻找一个稳定、可靠的融资渠道。这恰恰给此后崛起的P2P网络融资提供了前所未有的发展机遇。

第七章
暗流涌动：民间资本该往何处去

第一节　为何没人愿意把钱存入银行

余额宝成功的政策背景

2013年互联网金融的一个关键词就是“余额宝”，当余额宝等宝宝军团崛起后，银行存款搬家已经成为无法阻挡的历史潮流了。而银行对于本来存于自己银行的存款搬家到宝宝军团更是有切肤之恨。可是为什么民众会愿意把钱存入余额宝等宝宝军团之中，而不再愿意存入银行呢？

当然，所有人都知道，把钱存入银行肯定比存入宝宝军团更安全、更靠谱，但是人们之所以仍然更愿意把钱存入宝宝们，原因很简单，宝宝们能够提供比银行更高的利率。可是，我们都知道，宝宝们所依托的基本都是货币基金，而货币基金说白了就是把众多宝宝用户的资金集中存放在银行，以获得一个类似于团购似的优惠利率。如果刨根溯源，宝宝们的收益其实还是来源于银行支付给货币基金的利息。

可是有没有人考虑过，既然宝宝们的收益也同样来源于银行，那么与其让肥水落入外人田，让货币基金再从中赚一笔，为什么银行不自己支付给储户一个更高的利率呢？

当然，一个最为基本的原因就在于，长期以来，我国的商业银行已经习惯了巨大的存贷款利差给它们带来的超额利润。既然能够以较低的利率赢得老百姓的存款，那么它们当然没有提高利率、主动让利给储户的积极性了。事实上，作为国家货币政策的重要执行者，中国的商业银行通常都被民众视为类似于政府机关的事业单位，而不是真正意义上的企业。

国有背景下的中国商业银行发展之路

尽管 1996 年 1 月 12 日中国民生银行的建立，成为中国首家由民营资本建立的全国性商业银行，打破了国有资本对于我国银行业的完全垄断，尽管中国加入 WTO 以后，对于银行业的开发与开放早已被相关政策决策者提上议事日程，然而，这仍然摆脱不了政府与银行，包括像民生银行、光大银行这样的民营银行之间的千丝万缕的联系。

一直以来，中国的商业银行尤其是占据最大市场份额的四大国有银行的经营决策，特别是信贷资金投资与存贷款利率决策，都被金融管理部门所严格限定。它们自己都把自己认定为政府的政策执行者，而不是真正意义上的公司化运营的、自负盈亏的企业。

其实，中外银行业的发展与家庭教育思想有着极大的相似之处。中国的银行就好像一个典型的成长于家教甚严的中国家庭的小孩子一样，身边永远有家长在叮嘱，这个不能做，那个应该做，搞得很多中国孩子在家中永远是长不大的孩子，而没有勇气，也没有能力承担起学习、生活与工作的压力。而外国的孩子在成长过程中，家长却不会选择在身边相伴，约束他们的只有法律、道德和信仰等制度性的规则，他们完全可以在硬的制度框架约束下，自由地成长。当我们看到外国银行的金融创新层出不穷时，我们只会归结于中国的银行业发展水平太低，能力太弱，可是长期以来的成长环境与制度性的约束条件的差异，却并不为大家所关注。

与此同时，政府也乐于把本来应该公司化的银行视为自己的亲生儿女，而在政策选择方面对其提供极大的政策倾斜。典型的一点就是，在利率管制的制度下，中国的商业银行的存贷款利差超过 3%，而在欧美国家，商业银行的存贷款利差通常在 300 点之内，也就是不到 0.3%。凭什么中国的商业银行就可以得到欧美商业银行 10 倍的利润呢？这显然是中国的利率管制对于中国商业银行的特别政策扶持，而也许就是这样的长期政策扶持，才导致中国的商业银行根本不屑于进行其他金融创新，推出其他金融业务，而自甘躺在巨大的存贷款利差之上，赚着最为轻松的钱。

民众对于银行的用脚投票

对于众多中国民众来说，他们总不能把所有钱都放在家中。即使是出于安全的考虑，他们也会考虑把一部分资金存入银行，特别是会把一些不确定使用时间的资金存入银行的活期账户。然而，当前只有0.35%的活期利率，根本赶不上不断上涨的CPI的增长速度。即使把钱存入1年期的定期存款账户，3.25%的利率水平也还是略低于近些年国内的CPI涨幅。这其实就意味着，当民众把钱存入银行活期存款账户中时，自己的存款其实仍然将因通货膨胀而不断缩水。在这种情况下，你怎么还能让民众对把钱存入银行有积极性呢？很多时候，民众把钱存入银行，只是在没有其他选择的情况下的无奈选择罢了。

在互联网金融高速发展的今天，宝宝军团的收益一般在4%～5%，这仍然相当于银行1年期存款利率的1.5倍左右。而很多宝宝们已经可以提供即时到账的赎回服务了。相对于宝宝们以活期存款的15倍利率、1年期定期存款的1.5倍利率提供的极具流动性的准活期理财产品，银行所提供的甚至连通货膨胀率也无法弥补的低利率当然也就毫无竞争力了。从某种程度上而言，民众抛弃商业银行，而选择把自己的资金投向众多的宝宝军团，其实就是在针对商业银行的低存款利率进行用脚投票，自下而上地逼迫中国的银行体系应对宝宝军团的挑战，在利率水平的制度上作出改变。

既然作为商业银行的竞争对手，众多宝宝们能够提供比银行更高的收益率，而这种高收益却恰恰来源于银行，那么银行能够把这种高收益转变为高存款利率，直接转让给储户吗？

答案显然是不能。长期以来，中国的金融管理部门一直对中国银行的存贷款利率实施严厉的利率管制。即使2006年，中国人民银行放松了对银行利率的管制，但是在存款利率方面，放开的仅是存款利率的下限，对于存款利率的上限仍然没有放开。也就是说，对于中国的商业银行而言，它们在吸收储户的存款时，它们支付给储户的存款利息是下不设限的，但上面却是要封顶的。在很多商业银行的内部人看来，通过这样的利率管制，只会导致银行给储户的利息支出的降低，却不可能增加银行的利息支出，显然是维护了银行的根本利益。

当然，对于众多中国的银行而言，它们是很乐意接受这种从本质上而言是在维护自己利益的利率管制政策的。但是，当互联网金融崛起之后，当众多宝宝们能够提供远高于银行利息的高收益理财产品时，这种严格管制银行存款利率上限的管制政策，反而束缚了银行应对宝宝们的手脚，导致银行根本无力对宝宝们的高收益进行回击，最后的结果只能是导致银行的存款搬家愈演愈烈。

因此，如果在互联网金融崛起的大环境中，反思民众为什么不愿意把钱存入银行，与其说是银行的存款利率不具竞争力，更不如说是当前中国银行业的管制政策本来就没有给予银行自由竞争的成长环境。如果继续这样的政策思路，中国银行业的市场化改革，只能是一番空谈。

第二节 民间资本何去何从

民间资本的崛起

在银行存款搬家持续进行的背景下，中国的民间资本的何去何从成为很多人关注的热点话题。其实，自改革开放以来，随着中国经济连续 30 多年的高速增长，越来越多的中国人已经富裕了起来，老百姓手上有了钱，在传统的金融体系之外的民间资本已经成为现代经济所不容忽视的金矿了。

可能很多人都听说过“乱世买黄金，盛世买古董”的老话。在 2008 年次贷危机席卷全球之际，大家也见证了黄金走出此前十多年的低迷态势，走上了波澜壮阔的价格飙升的发展道路。在 2008 年以前，黄金仅 600 多美元/盎司，到 2011 年 9 月甚至涨到 1 912 美元/盎司的历史高位。而与之相对，当世界各国逐渐走出危机的泥潭、开始经济复苏之际，黄金价格自 2013 年中期起又连续跳水，套住了一大批跟风抢购黄金的中国大妈。

与此同时，我们看到关于古董与收藏类电视节目开始涌现于中国各大电视台，越来越多的人开始津津乐道他们重金收购的心爱宝贝。这在很大程度上也是中国人民富裕起来，有资本、有能力享受这种一度被世人视为纨绔子弟不务正业的爱好的有力例证。

民间资本的投资选择

然而，当越来越多的人手上拥有大量资本之后，他们却开始为如何最为有效地管理自己的资产而烦恼。欧美等发达国家都拥有发达的资本市场，投资人可以在证券市场、债券市场、外汇、黄金等多元的投资结构中进行权衡。即使投资人并没有专业的投资知识，他也可以把钱交给专业的投资公司，购买这些投资公司的股票或者基金，得以分享专业投资人给自己带来的投资收益。比如，你如果在

1956 年巴菲特创建伯克希尔·哈撒韦公司的时候购买了该公司 1 万美元的股份，那么恭喜你，到了 50 年之后，你将能够获得 2.7 亿美元的税后收益。这样的投资回报率是任何中国的投资者都难以想象的。

然而，与美国成熟、发达的金融投资业不同，对于无数中国人而言，如何处理自己的资产，保证自己的资产保值增值可是一个大难题。一度被众多国人寄予厚望的中国股市已经成为无数投资人的伤心地，自 2007 年创下 6 124 点的历史高点之后，就一路掉头朝下，一度长期盘整于 1 000 多点，令无数中国股民深套其中而无法自拔。

充斥着内幕交易、违规交易的中国股市甚至被众多学者斥为“大赌场”，而不再被视为投资的合理选择。即使很多中国投资者迷信巴菲特的价值投资，希望在中国股市中寻找价值被低估的绩优股票，他们也会发现，无论一只股票的业绩是优还是差，它们的股价走势与业绩都很难找到稳定的关联度。很多时候，哪怕是一只快要摘牌的垃圾股，只要有炒作的题材，它的股价仍然可以连续飙升。相反，哪怕一只股票的业绩再稳定，利润水平再高，当市场抛弃它的时候，它的股价仍然可以持续跌穿地板。

一度被很多媒体誉为全球最赚钱的上市公司的中石油，看上去应该是巴菲特的价值投资的最优选择。然而，它的股价自上市之后就一路狂跌，短短五年的时间，就从上市当天的开盘价 48.6 元，跌破 8 元，以致被很多股民戏称“问君能有几多愁，恰似高价买了中石油”。即使是在其上市之初，对其褒奖有加的巴菲特也选择在其发行后不久就果断斩仓出货，而没有这种投资眼光和壮士断腕的魄力的众多中国股民则损失惨重。在金融高度发达的西方证券市场中，很难想象这样的业绩与股价的极度背离。由此，中石油也成为中国股市不成熟、价格异动的最佳脚注。

即使到了互联网金融崛起的 2013 年和 2014 年，中国股市仍然维持着全球最熊的走势，以致基本不可能吸引到新的社会资本的投入。即使是被深套其中的中国资深股民，也基本放弃了短期内解套的希望，而冷眼笑作一名看客。中国股市交投寥寥，市场低迷，已经很难与国民经济的晴雨表相挂钩了。

与中国股市相对，民间资本的另一个主要投向则是房地产市场。特别是自 2003 年以来，中国各地的房地产都经历了飞速增长，房价打着滚向上涨，甚至被很多投资人视为只涨不跌的最佳投资选择。事实上，中国房价也没有辜负众多投资人的期望，在市场红火的时期，房价在一年之内涨个百分之四五十就跟玩儿一样，这更令众多炒房者乐开了怀。

在 2008 年，由于受次贷危机的影响，国内的房地产市场也经历了一场寒冬。然而，令很多亟待房价下跌、等着低价抄底购房的刚性购房者失望的是，即使在房地产危机叫嚣声音最大的2008年，房价的下跌也只闻楼梯响，不见人下来。开发商的降价促销总是如羞答答的玫瑰，静悄悄地开，房价下跌、房地产崩盘总是叫的多，可实际上却并没有实质性的降价。

相反，在2009年春节后，在中央政府4万亿元投资计划的刺激下，银行的信贷资本充裕，众多房地产商熬过最为艰难的阶段后，房价的上涨却又似脱缰的野马，一发不可收拾，几乎在短短半年之内，各地的房价就飙升一倍，不但收复了此前降价促销的失地，更是创下房价持续飙升的新的神话。

在历年的房价上涨过程中，唱多与唱空的争议始终未绝于耳。而事实上，多方完胜空方的市场表现，更坚定了众多投资者以投资房地产项目作为实现自己的资产保值增值的最佳选择的决心。而投资者对于众多房地产项目的追捧又进一步刺激了国内房地产价格的持续走高。

尽管中央政府限制房价上涨的“国十条”、“国五条”相继出台，但是着眼于限制市场需求而不是增加供给的调控思路，决定了房价的下降也始终只是一场黄粱美梦。然而，伴随着房价的持续上涨，一方面，国内的房价收入比已经远超国际公认的房地产泡沫的危机边界，这也预示着民众对于房地产价格上涨的承受力已经达到了极限，如果房地产价格继续上涨，直至超过民众的承受能力，导致市场需求与真实需求的极大背离，将把中国的房地产再次推到危机之中。而另一方面，常州、鄂尔多斯等一系列传说中的鬼城的出现，更揭示着中国的房地产业的发展已经到达一个生死攸关的转折点。在这样的背景下，继续把资金投向房地产，其中潜伏的投资风险也将无限扩大。

除了受众最广的证券投资与房地产投资之外，前面提过的黄金投资与古董投资，甚至比特币投资，也是近年深受中国投资者青睐的投资选择。

2013年，在欧债危机中，塞浦路斯出售黄金储备揭开了国际黄金市场的暴跌行情。尽管中国大妈在危机关头，一周之内狂扫300吨黄金的豪情，一度使得国际黄金市场止跌回涨，从而创下了“中国大妈完胜华尔街大鳄”的投资界的神话，然而，神话总归是神话，如果真的能够变为现实，那就成为纪实文学了。短短几日之后，国际黄金市场又重拾价格下跌之势，在一年之内又下跌了接近20%。在抢金之时还意气风发的中国大妈再也不敢随便出手抢购黄金了。

近年来兴起的收藏热，一度也吸引着大量民间资本的进入。在国内外的一些大型艺术品拍卖会上，很多艺术品的价格屡创新高，也明显地反映了人们对这种市场的追捧。然而，艺术品或古董的收藏，往往需要专业的鉴别能力和精深的历史知识，对于众多财大气粗的土豪而言，这无疑是一项不可能掌握的能力。而此后，国内收藏市场中曝光的一些艺术品造假，更是极大地放大了这种不掌握专业知识却盲目抢购艺术品收藏的风险。

对于众多民间资本而言，由于中国尚没有建立起完整而又发达的投资市场，大量民间资本并没有合适的投资方向，而银行存款又因为收益率过低而难以赢得投资者的青睐，这才导致了屡禁不止的中国民间借贷反而成为很多民间资本的首选投向。

第三节　民间借贷的前世今生

民营企业对于资本的渴求

既然民间资本伴随着人民收入水平的提升而迅速壮大，而无论银行存款，还是传统的证券投资、房地产投资都不能满足这些拥有丰富资本的资本所有者的投资收益要求，这些巨额的社会资本必然要寻找一个能够满足它们的高收益要求的其他投入渠道。这也为民间借贷市场提供了稳定的资金供应。

而在国内一些民营资本相对发达的地区，很多民营经济也面临着日益严峻的融资难问题。由于自身的经营规模的限制，更因为缺乏足够的信用担保，民营企业，特别是民营小微企业，通常不是银行发放贷款时所关注的群体。而伴随着近年各地纷纷上马基础设施建设，加大房地产开发力度，地方性的公共基础设施贷款和房地产贷款又挤占了大量银行贷款资本，使得能够投向实体经济的银行可贷资本的规模根本无法满足社会经济发展的真实需要。而就是仅存的一些企业经营性贷款，也大多投向了国有企业，或者一些地方性的龙头企业。当众多民营企业无法从现有银行体系获得资本之际，它们也把更多的目光投向了民间借贷市场。

当然，即使有些民营经济能够得到银行的信贷授信，但当它们面临一些短期的临时性资金需要，只需要临时性地获得数日或者数周的周转资金时，如果寻求银行的短期贷款，一方面会浪费自己难得的信贷授信指标，而另一方面，很多商业银行烦琐的贷款程序，也令这些民营企业望而却步，使得它们宁可向利率更高的民间借贷市场筹措这笔短期资金。

民间借贷市场的发展

中国的民间借贷市场最早其实源于中国社会紧密的家族或者家庭关系中亲友之间的相互救济和相互帮助。当某一个人临时产生一些资金需要时，他就可以开发自己的交际圈资源，向一些拥有闲置资金的亲戚、朋友寻求帮助。然而，在

"亲兄弟，明算账"的传统观点中，除了极为亲近的关系，才会免收利息甚至免除部分还款义务外，绝大多数这种亲友之间的借贷，也是需要支付一定的利息的。

民间借贷市场上的利息在某种程度上也反映了一定的非公开市场的自发选择。当借款者很难从亲友处获得借款时，他就有可能会接受非常高的利息支付要求；相反，如果市场上存在较多的资本供应者，借款人可以在多个借出资金者之间权衡选择时，他就有可能获得更低的利息报价。

当然，即使在古代，民间借贷也只是得到政府默许而非鼓励的地下经济，因此借款者不可能像在市场中购买其他实物商品那样，面临一个无限选择的借贷市场，这也导致高利息成为民间借贷市场的主要形态。这种高利息就是我们通常所说的"驴打滚，利滚利"的高利贷。在我们所熟悉的《白毛女》中，杨白劳向黄世仁借款其实就是典型的民间借贷行为。

20世纪八九十年代，在江浙就普遍流行着小范围民众之间的民间互助会，其实就是这类民间借贷的一种变形。在这种民间互助会中，参与者定期支付一定金额的资金，组成资金池，而由互助会中的众多参与者通过荷兰式竞标的方式，报出使用资金池中资金所愿意支付的利率，利率高者则得到资金的使用权，并承诺按他们在竞标时所承诺报价的利率向提供资金的其他参与者支付利息。在民营经济相对发达的江浙地区，这种民间互助会的形态，为很多需要筹集临时性资金的民营企业解决了燃眉之急。而且由熟人所组建的小范围的互助会，参与者彼此之间都相互了解，这就可以较好地预防资金投向的信用风险。

民间借贷市场的乱象

通常的民间借贷都依托于个人通过亲缘或者地缘而建立起来的社交网络进行，这样的借贷关系往往极大地受制于个人的社交圈子的大小。20世纪90年代之后，在国内很多民间资本雄厚的地区，又出现了依托于一种传销模式的民间借贷模式。通过组建一种金字塔式的资金借贷体系，塔顶的资金供应者可以获得最高的资金利息，而构成塔基的更大的群体，则只能获得整个资金体系中最低但却仍然远高于银行存款利息的投资利息。而在金字塔的中间层级的一些群体，则通过自己的社交网络，从自己亲友处筹措零散的资本，再把其整体以更高的利息供应给自己的上级网络成员，这就保证了他们可以从筹资过程中获得相应的利息差，从而得到比自己的下级网络成员更高的投资收益。

正是依托于亲缘和传销两套体系，民间借贷才可以像滚雪球一样不断地壮大。构成民间借贷体系金字塔尖端的集资体系的筹集者固然需要向自己的二级下级成员支付最高的筹资利息，但是通过利用后人资金支付前人利息的麦氏骗局的模式，他们的集资体系可以顺利地运转下去。直到群体性的支付潮到来时，由于没有真实的使用筹集资金的盈利来源，这样的集资网络才会归结于破灭。

可能很多人仍然对无锡邓斌非法集资案记忆犹新。由一个普通老太婆所组建的民间非法集资网络，自 1989 年 8 月最早开始运营后，居然维持了 5 年的时间，直到 1994 年 7 月才最终破灭，从而把无数卷入其中的民众带进了破产的深渊。尽管 1995 年邓斌及其主要党羽都被执行死刑，但是在其集资网络中投入大量资金的众多无辜市民，却是血本无归。而 2007 年浙江东阳吴英非法集资案的曝光，又让人们再度关注起民间集资。

非法民间借贷的界定

其实，正如前面所说的那样，民间集资历史久远。尽管不在政府认可的正规产业之内，但一些正常的民间集资行为其实仍然是受法律所保障的。我们真正需要关注的应该是非法集资。如何界定正常的民间集资与非法集资呢？其实，要区分正常的民间集资与非法集资并不复杂，我们只需要关注以下几个重要的因素，就可以大致作出准确的区分。

其一是集资的目的。正常的民间集资往往是由于借款人出于生活消费或者扩大生产经营的真实需求，而向拥有闲置资本的其他人士借入资本。正是基于正常的用款需求而发生，借款者在借款时，其实是拥有还款计划的，通常会按其计划实施归还本金与利息的行为。而非法集资的借款者纯粹是为了追求得到更多的借款，对于资金并没有清晰的使用计划，更没有明确的计划，其还款更多是通过使用新借入资金归还已有借款本金利息的方式进行。更为明确的是，由于缺乏坚实的还款基础，借款者也根本没有能力偿还所借入的全部资金。

实际上，正规的民间借贷往往依托于亲情和友情，借款双方彼此了解，借款者在借入资金时，通常也会告知资金供应者自己的用款计划与还款计划。由于交际网络的相互交叉，借出资金者也很容易掌握到借款人的用款与还款的最新情况。

而在很多非法集资案中，借款人有时根本不会告知资金供应方资金将投向何方，借入资金者也无从掌握借款人使用自己资金的具体收益情况和还款能力的变化。有时，为了消除资金供应方的顾虑，借款人也会虚构出一些盈利能力超强的投资项目。比如在吴英非法集资案中，吴英就成立了包括酒店、洗衣店、广告公司、物流公司等十多家皮包公司，并虚假宣传这些公司能够获得极为高昂的投资收益。然而，真正理性的投资者，从吴英显示自己资金实力的买一赠一、免费洗衣等活动中，不应该感受到吴英的财大气粗，而更应该担忧吴英的这些实体企业的盈利能力。事实上，如果没有坚实的还款依托，任何一项民间借贷的资金安全都需要打上一个大大的问号。

其二是借款的利息。《最高人民法院关于人民法院审理借贷案件的若干意见》第6条规定，民间借贷的利率可以适当高于银行的利率，各地人民法院可根据本地区的实际情况具体掌握，但最高不得超过银行同类贷款利率的四倍（包含利率本数），超出部分的利息不予保护。而目前我国银行体系的正常贷款利率在6%左右，也就是说，大概只有30%以内的年利率是受法律保护的正常民间借贷的利率。如果超过了这个利率水平，就不再受法律保护了。

在当前的经济环境中，在正常的行业内，国内一家企业通常的年收益率都在10%以内，特别是我国东部民间借贷盛行的江浙地区，很多加工制造业企业的利润率都在3%～5%。那么我们可以想象，如果一家企业按超过30%的利率大量借入资本用于扩大再生产，其能够收回投资利息的概率是相当小的。甚至可以说，在正常的行业竞争中，通过进行生产经营投资，获得30%以上的利润基本上是不可能完成的任务。

然而，在当前的很多民间借贷盛行的地区，民间借贷往往按月付息，利滚利计算利息。所谓的月息3分或者4分的利息是极为常见的利率水平，而这就代表着借款人借入资金之后，必须每月支付3%～4%的利息。即使不考虑利滚利的复利计算方式，折算为年利率也将为36%～48%，远高于法律所允许的正常民间借贷的利息水平。在资金紧缺的2008年和2009年，在很多民间借贷盛行的地区，月息10毛也并不是什么稀奇的事情。假如借入资本每月支付10%的利息，借入10 000元，第二年就将连本带息归还22 000元。这样高的还款压力，相信任何一个理性的企业经营者都不会接受，而真正愿意接受如此高的借款利息的就只有那些根本就不打算还钱的非法集资者。

其三就是民间借贷行为的组织方式。通常的民间借贷一般依托于借款人的社交关系，通过类似于P2P模式的一对一或者多对一的借款模式，由一名或者多名资金供应者向一名借款者提供借贷资本。借贷关系是通过简单的线条式的社交网络而达成，资金的借贷仅仅在借贷双方之间流动，而不会存在于其他经济环节。

然而，现代意义上的非法集资，为了有效提高资金的筹措能力，往往通过组建金字塔式的网络状借贷体系开展。资金会从金字塔底端源源不断地向顶端流动，其间，资金将流经多名借贷网络中间层级成员。每一名中间层级成员都能够低息从自己的社交圈子中筹集资金，再以更高的利息将资金供应给上级。他们既不关注资金到底是来源于自己下层成员的自有资产，还是下层成员再通过网络状的筹资方式从再下层筹措的资本，他们也不关注资金供应给上层成员后，是由上层成员自己使用，还是由上层成员再次倒手加息转出。

在非法集资的网络体系中，网络状的组织设计既保证了资金筹措的广泛性，可以最大限度地挖掘集资企业的筹资能力，又可以最大限度地隔绝信息在不同层级之间的传播，每一名网络成员只熟悉自己的上下级成员，却不会了解到整个集资网络的全貌，从而可以最大限度地保证非法集资网络体系的安全性。

民间借贷市场的巨大潜力

在现代中国，一方面，国内众多小微企业无处化缘，很难从正规的银行体系获得信贷支持，它们有着强烈的以高于银行贷款的利率水平从非正规市场筹集资金的冲动。而另一方面，大量民间资本又无处可投，民间资本市场拥有着巨大的资金供应能力。

如果这样的民间借贷市场能够正常运转下去，一方面可以保证小微企业能够得到充足的外部资金供应，另一方面也能够为巨额的民间资本找到一个最佳的投向领域，这肯定是一件一举两得的好事。

然而，事实上，非法集资的新闻却屡见不鲜。这其实只是很多不法分子利用民间借贷市场逐利的本性，通过虚许高额回报的方式，骗取民间资本。在民间借贷市场中，资金供应者往往宁愿选择能够给他们带来最高收益率的借款人，这也迫使众多不法分子要想赢得资金供应者的青睐，就得不断地推高自己许诺的资金回报率。而资金回报率的不断提高，又把很多本来希望进入民间借贷资本市场筹措资本的合法经营者逐出了市场，形成一种劣币驱逐良币的自发机制。

在次贷危机席卷全球经济、中国企业深陷危机不能自拔的2008年，在很多私营企业陷入资金枯竭的困境之时，私营企业发现由于无法从银行获得资金支持，如果不选择从民间借贷市场融资，那么就相当于等死，眼睁睁地看着自己因资金枯竭而破产。可是如果选择在民间借贷市场融资，动辄月息3分、4分的利息负担，即使在企业效益最佳的黄金时期也无力承受，在经济危机之中，自己的经济效益急剧下滑之际，选择以如此高的利率借入资本无异于找死。在横竖都是死的两难选择下，很多民营企业抱着一种赌博的心理选择在民间借贷市场融资，最终导致很多企业老总因为不堪忍受高额利息而选择跑路，最终导致地方性民间借贷市场的信用危机频现。

2013年以来，在钱荒再度来临之际，在浙江温州、内蒙古鄂尔多斯、陕西神木等地，再次曝出很多企业因无力承担民间借贷的高额利息而陷入倒闭的新闻，民间借贷市场的危机再度到来。

事实上，如果没有众多不法分子出于金融欺诈的目的，在民间借贷市场中虚报高额利息，民间借贷市场的融资利率本来不会如此夸张，也不至于使企业陷入不借钱是等死，借钱相当于找死的困境。温州、鄂尔多斯等地政府在规范民间借贷市场的发展、打击非法集资对民间借贷市场的破坏等方面作出了一些重要的尝试。

2013 年以后，P2P 网贷的兴起，也成为民间通过市场力量规范民间借贷行为的一种自发尝试。然而，在缺乏金融监管部门的有限监管的制度约束下，P2P 网贷也逐渐沦为民间非法集资的一种变形手段，险些成为昙花一现的金融创新。P2P 网贷到底能否解决民间借贷市场的种种乱象，能否成为银行贷款体系的一个重要的补充力量，我们仍然需要拭目以待。

第八章
鲢鱼效应：互联网企业的搅局

第一节　阿里巴巴搅局互联网金融

淘宝网的成功

20 世纪 90 年代，互联网技术开始传入中国。在互联网技术还只是少数技术人员独享的新技术体验的当时，谁也想不到，在短短二十多年间，互联网技术能够取得如此巨大的发展，给人们的生产、生活带来了翻天覆地的变化。

作为较早体验电子商务的消费者，笔者早在 2000 年以前就曾经在网上购买过图书或者音像制品等商品。当时，电子商务刚刚被引入中国不久，可供选择的电子商务网站并不太多，但是从当时盛行的 8848 和易趣等购物网站身上仍然可以初步看到今天的京东商城或者淘宝的影子。

然而，由于互联网技术的制约，21 世纪初电子商务刚刚兴起的那段时间，在 B2C 购物模式下，购物网站不能提供齐全的购物选择，而货款结算的不便捷更是极大地影响了消费者的购物体验。而类似于当前的淘宝模式的易趣的 C2C 购物模式，固然可以引入各种商品的卖家，丰富网站的商品种类，但是由于缺乏类似于支付宝这样的买卖双方的信用评价机制，无法控制电子商务中的欺诈行为。作为最早吃螃蟹的我国电子商务的探路者们，大多已经被当当、淘宝、京东等后来者拍倒在沙滩上，而仅仅留存在我们的记忆中。

成立于2003年的淘宝在成立之初并没有引起众多互联网人士的关注，毕竟在此前的大洋彼岸的美国互联网泡沫破灭之前，像淘宝这样跟风eBay闯入电子商务的网站并不在少数，而且其中大部分都在烧完投资者的投资之后，很快就灰飞烟灭，消失无影。

然而，得益于支付宝和信用评价体系两大法宝，淘宝网自建立伊始就赢得了众多网民的支持，甚至在不长时间内就创下了销售额连续数月以百分之六百、百分之七百的速度迅猛增长的业界神话。短短一年间，淘宝就已经赶超昔日业内老大易趣，坐上了国内电子商务的头把交椅。

当然，淘宝的成功不仅仅取决于其技术上独具匠心的设计，这一设计有效地解决了传统电子商务中最为突出的信用风险，也得益于多年不遇的特殊的国内环境。想必很多人应该还记得2003年春“非典”肆虐的那段岁月。由于“非典”极具传染性，很多人都担心外出将增加自己感染“非典”的风险，因此都极大限度地减少了外出。可是生活中总是需要各种柴米油盐酱醋茶的，而购买这些生活用品的超市恰恰是人群最为聚集、感染“非典”风险最大的地方，因此为了安全起见，很多人放弃了传统的逛超市、逛商场的习惯，转而在淘宝等网络商城购买商品。塞翁失马，焉知非福，“非典”这场人类发展史中罕见的灾难，却成为中国电子商务崛起的契机。

淘宝在互联网金融中的最早尝试

淘宝早期的业务主要偏重于与美国电子商务网站eBay类似的C2C，也就是为很多中小规模的个人零售卖家提供网络交易的平台。伴随着淘宝的成长，一方面，一大批原有的中小规模的个人卖家迅速成长起来，成为拥有雄厚资金实力的企业卖家，而另一方面，伴随着淘宝在国内电子商务领域的影响力不断加深，很多原来看不起电子商务的大型企业也开始寻求与淘宝合作，B2C业务也迅速发展起来，这才促成了2011年6月阿里巴巴集团把自己旗下的淘宝分拆为沿袭原有C2C业务的淘宝网、平台型B2C电子商务服务商天猫商城和一站式购物搜索引擎一淘网。

早期的淘宝网依托于众多个人零售商发展C2C交易。只有淘宝网中的众多个人零售商能够取得良好的收益，才能够保证淘宝模式的成功。而个人零售商由于资金规模有限的先天不足，在市场信息的把握、资金的充裕度、产品的采购以及自家商品的展示与宣传方面都存在着众多的不足。它们不可能像大企业那样有实力构建自己完整的产销体系，并通过大强度的广告宣传向消费者推广自身的产品。这种资金规模上的不足也成为淘宝中众多个人零售商发展的瓶颈。只有突破这种包括资金供应、市场信息收集与整理、供应链管理、广告宣传等全价值链的发展瓶颈，才有可能实现淘宝个人零售商以及淘宝自己的双赢。

而淘宝成功的一个重要因素就是它建立了一套最简便可行的买卖双方互评的信用评价机制，这种信用评价机制也能够让阿里巴巴轻松获取买卖双方的信用状况、销售能力或消费能力、产品类型等大数据信息。阿里巴巴只要把这些大数据信息与已经建立的诚信通对接起来，就可以构建起一个针对淘宝体系的庞大的电子商务信息数据库。

其实，早在阿里巴巴集团创立淘宝的前一年，阿里巴巴就已经针对国内的很多内贸企业提供了诚信通服务，主要针对国内的众多企业提供电子商务的信息管理等。2004 年 3 月 10 日，阿里巴巴在原有的诚信通会员的诚信档案的基础之上，推出了“诚信通”指数。根据众多诚信通会员的 A&V 认证、档案年限、交易状况、信用评价、商业纠纷等因素，建立起一整套反映买卖双方信用状况的可以量化的综合评价体系。这进一步提高了淘宝交易的市场透明度，营造了更为诚信的市场交易氛围，促进了淘宝交易的稳定进行。

诚信通指数是源于历史交易大数据的反映企业信用状况的重要指标。一方面，它可以应用于淘宝交易中，消除买家对卖家的信用状况的担忧。另一方面，拥有更高的诚信通指数的企业，也能够更好地消除银行向其发放贷款的风险顾虑。随着逐渐被很多商业银行所接受，诚信通指数成为审批中小企业信贷申请的重要参考数据。

与银行合作进行网络借贷服务的尝试

2007 年 5 月，阿里巴巴集团宣布与中国建设银行达成企业信用贷款服务的合作，其关键也正在于诚信通指数在资金信贷中的应用，这也宣布了诚信通指数被正式纳入了商业银行的信贷审批的参考指标。拥有更高诚信通指数的阿里巴巴的优质会员，可以通过阿里巴巴报名申请中国建设银行的“个人助业贷款”和“速贷通”贷款服务。只要贷款者拥有规定的诚信通指数，并按规定填写了相关申请，阿里巴巴就可以向中国建设银行进行推荐，经审批合格后，就将获得中国建设银行所发放的信贷。诚信通借贷也成为阿里巴巴集团进入互联网金融领域的一个重要开端。

对于阿里巴巴来说，借助于淘宝的信用评价机制、交易记录以及诚信通指数的统计，它已经拥有了很多金融企业所梦寐以求的、反映企业信用状况的、最可信、最真实的大数据指标。通过计算机对这些数据的分析与管理，就能够对所有淘宝卖家的资信进行最真实的评价。而这样的信用大数据远比银行在传统的信贷业务中对借款人进行的实地资信调查更精准，也更为节约成本。

当中国建设银行分享到阿里巴巴的诚信通数据后，才敢于提出不设准入门槛，不强调评级和客户授信，为各类高资信中小客户提供信贷支持。而在此之前，由于难以控制信贷风险，以及对于客户资信调查的高成本，类似的中小企业厂商往往被排除于现有的银行信贷服务之外。

正是在诚信通的支持之下，首批 100 家获得中国建设银行信贷支持的诚信通用户，分别获得了 10 万～1 000 万元的信贷支持。这在没有阿里巴巴诚信通指数的情况下，几乎是完全不可想象的。

2007 年 6 月，就在阿里巴巴和中国建设银行第一轮合作的“个人助业贷款”和“速贷通”项目赢得一片喝彩声之后，它们又趁热推出了第二轮合作服务——“e 贷通”。与前面的合作相同，“e 贷通”同样依托于阿里巴巴的网络大数据诚信通指数，申请企业最好拥有三年以上良好的网络信用记录，每个企业的贷款额度在 50 万元以内。首批四家拥有诚信通会员资格的淘宝的网络电商获得“e 贷通”贷款共计 120 万元，且它们的企业员工数量都少于一百人，是典型的不受银行贷款项目青睐的小微企业。

“e 贷通”贷款的特别之处在于，它的所有流程从申请、调查、审批、发放、审控到贷款的回收全部通过网络完成。为了避免“e 贷通”贷款出现坏账，阿里巴巴和建行宣布，当贷款出现坏账后，将在网络上联合发布用户的不良信用记录。

2007 年 11 月，阿里巴巴与中国建设银行再次推出新的合作形式——网络联保。网络联保是一款不需要任何抵押的贷款产品，由 3 家或 3 家以上企业组成一个联合体，共同向银行申请贷款，同时企业之间实现风险共担。当联合体中有任意一家企业无法归还贷款时，联合体中的其他企业需要共同替它偿还所有贷款本息。比如，联合体中 A、B、C 企业各获得贷款 50 万元，则每个人承担的贷款责任都是 150 万元。如果 A 到期无法归还贷款 50 万元，则需要 B、C 企业的企业法人代表共同替 A 企业归还其 50 万元贷款及利息。

加入联合体的企业应该符合以下标准：在联合体中，只要有 1 家诚信通年限进入第三年及以上或中国供应商会员年限进入第二年及以上的企业为牵头人；非关联企业，即互相之间未有股权关系；非三代直系、两代旁系亲属；上年经营非亏损企业；提交贷款申请的相关信息必须与事实相符；目前在建行各分支机构无贷款余额。

符合网络联保资格的企业可以通过阿里巴巴网站发起并建立贷款联合体，缔结贷款联合担保合约，并以联合体的身份申请贷款。银行及阿里巴巴会通过电子商务网络和线下商务监测及时有效地对整个企业支用贷款和偿还贷款的过程进行全程控制。

网络联保最早在浙江的杭州、绍兴和嘉兴地区试点，首批通过审批的6家企业共获得310万元低息、无抵押、无担保的快速贷款。很快，到2008年3月，网络联保面向浙江省全省开放，除计划单列的宁波暂不加入之外，企业工商注册地在杭州、嘉兴、湖州、绍兴、台州、温州、金华、丽水、衢州、舟山地区及下辖的各县市，企业工商注册年限满18个月或企业法人代表（或实际管理人）从事当前行业5年（含5年）以上的企业都可以申请网络联保。

在传统的贷款中，银行负责对企业的财务及资信情况进行调查。由于目前国内企业，特别是小微企业在执行国家财务会计制度方面普遍存在不到位的现象，这种以银行为行为主体的征信调查，一方面增加了银行资信调查的成本，而另一方面，银行也很难获得能最真实地反映企业运营状况的第一手资料。通过网络联保，银行等于把融资的信用风险转移给了各家企业。为了避免融资风险，每一家企业都不会愿意与资信不佳、运营困难的企业组成联合体，替其他企业承担还款的责任。它们只会和自己熟悉、彼此信赖的企业组成稳定的联合体。这就通过市场选择的方式，保证了网络联保的每一家企业都有能力、也有意愿偿还银行贷款，从而避免了银行贷款的信用风险。

网络联保也受到了浙江的众多小微企业的热烈欢迎。截至2008年3月，其贷款额已经超过1.6亿元，而到2008年6月，其放贷规模又超过了4.2亿元。截至2010年建设银行与阿里巴巴多年的合作关系走向终结为止，二者合作的贷款规模已经达到100亿元。

除了建设银行之外，2007年6月29日，中国工商银行也与阿里巴巴签订了合作协议，工商银行将以阿里巴巴的网络信用评价与交易记录作为授信评价，向其旗下的网商企业提供融资贷款，并于当年10月推出了类似“e贷通”的“易融通”。

可以说，在阿里巴巴占据国内网络购物头把交椅之后，其所掌握的商户信用评价和交易状况等大数据已经成为其核心资源，它可以有效地帮助合作银行寻找贷款对象，降低贷款的信用风险，削减贷款审核和调查的相关费用，因此，在相当长一段时间内，阿里巴巴和各大银行都处于密切合作的蜜月期。直到阿里巴巴在网络金融领域的不断尝试触及各大商业银行的奶酪后，双方的蜜月期才宣告结束，阿里巴巴和银行之间的七年之痒开始了。2010年，阿里巴巴和与其合作的多家商业银行以合作未达预期效果为由，宣布中止阿里巴巴与各大商业银行的合作，双方正式进入冷战时期。

阿里巴巴的改革决心

阿里巴巴在最初进入互联网金融领域时选择了一条与传统金融机构合作的道路，在这种合作模式中，阿里巴巴无偿地贡献出了自己的核心资源，也就是凭借自己在电子商务领域的龙头老大地位所获得的关于网商的信用评价与交易数据的分析等大数据资料，以此撮合商业银行与电商的贷款交易。通过阿里巴巴的加入，银行得以有效寻求更多的优质贷款对象，降低了贷款的信用风险和贷款申请人资信调查的成本开支，而电商也得到了自身发展所急需的资金支持，可以说，借贷双方都从这种贷款模式中得到了极大的好处。

然而，对于阿里巴巴来说，自己对于客户数据的收集、处理与分析，包括最终从中提炼出贷款风险控制模型与客户信用评价指数等都需要耗费大量的人力和物力进行程序开发与数据的建模分析。然而，在现有的合作模式中，阿里巴巴除了能够从电商获得资金支持之后的快速发展中得到一些间接收益外，并不能从现有的贷款交易中获得直接利润，甚至不能弥补自己获得大数据的成本支出。因此，可以想象，这种纯粹的单方付出的合作模式并不能满足进取的阿里巴巴的胃口，阿里巴巴也不可能永远扮演这种单方奉献的活雷锋的角色，它也必须开发新的盈利模式。

与商业银行的多年合作，让阿里巴巴更近距离地接触了网络企业的贷款业务，了解了互联网企业的金融需求。而淘宝的信用评价体系，以及由此衍生出来的诚信通指数，让阿里巴巴建立了堪比央行的征信体系的客户信用资料大数据库。

而另一方面，尽管阿里巴巴与各大商业银行的合作看上去进展顺利，但是事实上，阿里巴巴向合作商业银行推荐的贷款客户获得审批的比率仍然相当低。特别是当阿里巴巴选择把支付宝备用金从建行转向工行之后，与建行的合作关系急转直下，阿里巴巴推荐客户的拒批率更是直线上升。有时阿里巴巴向银行推荐100名贷款客户，最终能够被批准贷款的却只有1家，其余的99家都被银行以没有抵押、没有担保、没有联保等理由否决掉。

在阿里巴巴看来，互联网金融，特别是基于阿里巴巴现有客户的金融交易往往是碎片型的需求，甚至很多都很难被称为小微企业，而是个人商户，这往往是传统金融体系中银行根本不屑于关注的鸡肋型客户。“假如银行不改变，我们就改变银行”，马云在无力进一步改善与银行的合作关系时，只能寻求自己闯出一条迫使银行改变的发展道路。

阿里小贷的初露锋芒

2010 年 4 月，阿里巴巴获得小额信贷牌照成为阿里巴巴进军自营的互联网金融领域的一个关键节点。2010 年 6 月 8 日，阿里巴巴联合复星集团、银泰集团、万向集团成立浙江阿里巴巴小额贷款股份有限公司，注册资本 6 亿元，法定代表人为马云。2011 年 6 月 21 日，阿里巴巴再次联合复星集团、银泰集团、万向集团成立重庆市阿里巴巴小额贷款股份有限公司，注册资本 10 亿元，法定代表人同为马云。根据小额信贷公司的放贷余额不得超过注册资本的 150%的相关政策估计，阿里巴巴的两家小贷公司的可贷资本仅为 24 亿元人民币，与众多财大气粗的国有商业银行根本不在一条水平线上，似乎根本不足以被商业银行视为竞争对手。

阿里小贷主要提供淘宝贷款和阿里巴巴贷款两种不同形式的贷款。淘宝贷款主要针对淘宝、天猫和聚划算的卖家提供订单贷款或信用贷款。因为它的客户的业务经营的全过程都在淘宝平台上完成，因此在淘宝自身的信用数据库中就拥有这些客户的经营状况、信用记录等相关信息。因此，客户提出小额贷款申请后，阿里小贷可以在线上完成贷款审核和贷款发放，从而省去了现实中的信用调查等烦琐的程序，极大地节约了信贷的成本。

而阿里巴巴贷款则是针对阿里巴巴会员企业自身生产经营中产生的流动性资金需求，在资金的放贷过程中，需要对企业进行实地走访调查，因此有着明显的地域限制。在推出的最初三年内，阿里巴巴贷款仅针对江浙沪的阿里巴巴会员企业开放。2013 年以后，阿里巴巴贷款开始向广东等地扩张，并计划延伸到全国范围。

截至 2013 年 12 月底，阿里小贷累计客户数超过了 65 万家，累计投放贷款超过 1 600 亿元，户均贷款余额不足 4 万元，户均授信约 13 万元，不良贷款率控制在 1%以下。这样的成绩令很多经营规模更大、发展历史更久的大型商业银行都感到汗颜。

与传统的银行体系贷款相比，阿里小贷的最大特点在于其极致的灵活性。一方面，贷款的申请与发放都在线上进行，这就可以最大限度地降低信贷机构的贷款成本支出，而依托于大数据的信用评价机制，不仅提高了信贷审核与发放的效率，降低了成本，也从根本上改变了传统信贷业务依赖资产抵押的运营模式，推动了社会信用体系的建立。

淘宝和天猫的众多卖家在需要资金的时候，可以随时申请阿里小贷，资金能够在很短时间内到位。而当他们资金充足时，又可以随时归还贷款，不再需要无意义地占有贷款，承担额外的贷款成本。这样灵活机动的贷款资金发放与归还机制，可以最大限度地满足客户降低贷款成本的需求，更能够迎合客户的贷款需要。

而从贷款成本来看，阿里金融宣布，2012 年其客户的实际融资成本为 6.7%，接近于央行一年期贷款基准利率。而对于使用更多订单贷款的淘宝和天猫卖家来说，其利率为日息万分之五。2012 年，阿里小贷的订单贷款所有客户平均全年使用订单贷款 30 次，平均每次贷款时长为 4 天。依此计算，其全年的实际融资利率成本仅为 6%。

而在客户对象的选择上，阿里小贷的贷款对象主要是天猫与淘宝平台中的小微电商客户，其贷款规模普遍不大。如与被誉为国内小微企业贷款行业标杆的民生银行相比，民生银行自 2009 年推出“商贷通”以来，6 年共计发放小微企业贷款 1.2 万亿元，服务小微企业客户 170 万户，由此可以推算出民生银行的平均客户的贷款规模大致在 71 万元，与不到 4 万元的阿里小贷相比，无疑已经大了很多。

当然，由于阿里小贷自身规模的限制，阿里小贷并没有在信贷领域对银行形成大的冲击，特别是它的客户往往都是传统商业银行根本不屑于关注的超小规模企业，因此很多银行其实并没有过于抵触阿里小贷的发展。甚至一些商业银行建议阿里小贷仅关注 B2C 的天猫与淘宝客户的小额贷款，而放弃 B2B 领域的阿里巴巴贷款，这部分贷款额度更高、客户规模更大的大额贷款仍然由银行承担。

第二节　余额宝的威胁

偶然中蕴藏着必然的余额宝的产生

真正让传统银行感受到互联网企业在开展互联网金融后的巨大冲击力的还是大家所熟悉的余额宝的横空出世。2013 年 6 月 13 日，阿里巴巴小微金融服务集团旗下的支付宝联合天弘基金共同推出一款名为余额宝的货币基金业务，在短短一年时间内，到 2014 年 6 月底，它已经成为一只拥有过亿用户、资金规模高达 5 741.60亿元的全国最大货币基金，同时也荣膺全球第四大货币基金。

余额宝的推出看似突然，其实也是阿里巴巴针对客户的真实需求的一项顺水推舟的金融创新。在支付宝这样的第三方支付平台上，无论淘宝和天猫的买家，还是卖家，无论是购买，还是销售，随时都会有巨额的资金沉淀在支付宝中。而由于支付宝只是一个第三方支付机构，并不是货币基金，按当前的国家金融监管政策，第三方支付机构是不允许对用户发放利息的。而为了利息，随时把资金从支付宝和银行之间进行转账，又会给客户带来很大的不便。摆脱当前金融监管政策的束缚，让客户能够从支付宝中体验到实实在在的收益，这已经成为支付宝摆脱当前的发展困境的必然选择了。

就在同时，天弘基金也遇到了一个发展瓶颈。在我国现有的金融体系中，基金的销售往往需要依托于银行、证券公司等传统金融机构，通常基金公司都得拿出自己管理费的三到四成给予传统金融机构作为通道费。而作为排名靠后的货币基金，天弘基金更未能通过支付足够的资金以打动银行，帮助自己强推自己的基金产品。穷则思变，长期的不死不活的经营也使得天弘基金必须选择大胆走出创新的一步。

而从顾客角度考虑，余额宝的成功是完全可以预期的。从收益来说，余额宝通常可以提供接近活期利率15倍的收益，1年期定期利率1.5倍的收益，余额宝产品在收益上的吸引力是很难抵制的。特别是在钱荒时期，在货币基金市场利率飙升的2013年，余额宝的七天年化收益率一度接近7%的高点，更是使得众多投资者义无反顾地选择了余额宝，从而抛弃了长期以来的活期储蓄的习惯。

从流动性来说，余额宝最初实施当日赎回、次日到账的资金赎回规则，此后，又通过深化与一些商业银行，特别是一些民营商业银行的资金结算的合作，针对很多银行已经可以提供即时到账的基金赎回，这简直就相当于活期储蓄的流动性。而相较于0.35%的现行银行活期储蓄利率，余额宝的竞争优势更是极为明显的。

余额宝的成功

尽管作为一款货币基金产品，余额宝的发展还存在着很多政策上的不确定性，但是凭借马云在互联网金融领域的市场影响力，即使此后跟风推出的诸如微信财富通、京东小金库可以提供高于余额宝的年化收益率，但是在马云的金字招牌下，用户对于余额宝的信任度仍然高于其他竞争对手的类似产品。而更为突出的是，依托于淘宝和天猫这个庞大的网购帝国，支付宝可以为客户提供一站式购物和消费，以及方便灵活的资金划转，能够为用户提供最贴心、最全面的用户体验。这是无论腾讯还是京东都难以比拟的，这才导致任何其他互联网理财产品都根本不可能撼动余额宝的行业老大的领导地位。

然而，截至2014年6月底，我国货币基金总规模已经超过1.6万亿元。要知道，这1.6万亿元资金可不是从千千万万的老百姓家的箱子底掏出来的，除了原来就沉淀在支付宝中的少量资金之外，这 1.6 万亿元几乎都是来源于银行。千千万万的老百姓把他们的活期储蓄或者定期储蓄都取出来，转而把钱存入余额宝，以追求获得更高的收益。这也意味着，在这短短一年时间里，银行储户的储蓄总规模少了 1 万多亿元。

1 万多亿元资本流出银行，银行可真是失血严重了。本来 2013 年中期后，中国经济就遭遇了钱荒，然而银行没想到，正是由于钱荒推高了货币基金的协议存款利率，反而加强了货币基金的市场竞争力，更加剧了银行储户存款的外流。

可能也会有人说，反正余额宝所依托的货币基金最后还是以协议存款的方式流入银行体系，这笔钱最终还是存放在银行体系内，那么对银行应该不会有太大的影响吧？

问题可不是那么简单。以前这 1 万多亿元资金是以民众的活期储蓄或者定期储蓄的形式保存在银行体系内，银行获得这些资金所支付的利息成本是相当有限的。而现在，当这些资金存入支付宝后，再以货币基金协议存款的方式返回银行体系时，银行向它支付的利息那就得等于甚至高于余额宝支付给用户的利息。一来一去，银行融资的利息压力可就大多了。

也正是由于余额宝极大地推高了银行的吸储成本，这才产生了一些专家所谓的余额宝是吸血虫的提法，认为是余额宝推高了银行的资金成本，转而又间接抬高了银行对外贷款的贷款利率，使得整个社会都得为余额宝的高利息而埋单。

此外，很多商业银行也开始选择以限制资金在余额宝与本行的银行卡之间转账的资金额度的方式，限制储户对于余额宝的购买，甚至希望通过游说金融管理高层向余额宝征收存款准备金来削弱余额宝的盈利能力，减轻余额宝施加给银行体系的巨大竞争压力。

第三节　最后的奶酪——虚拟信用卡

虚拟信用卡概念的提出

2014 年 7 月，摩根大通向美国专利局提交了一项专利申请。令很多人兴奋的是，这一申请并不是传统的关于技术设计方面的专利，而是一项类似于比特币的虚拟信用卡网络支付服务。事实上，伴随着现代经济的发展，现代货币也面临着前所未有的竞争压力。从最早的从无数种商品中分离出少数扮演一般等价物的商品，到贵金属固定充当货币的角色，再到纸币的诞生，最后到时间的车轮碾入互联网经济之后，很多人才发现，现代信息技术完全可以摆脱对真实货币的依赖，消灭货币，再基于互联网通信技术建立起不再需要货币、不再需要储备卡或信用卡、不再需要中央银行的虚拟的网络结算体系。

其实，就在此之前不久，阿里巴巴也在酝酿一次关于虚拟信用卡的重要的创新，也正是由于这次创新对现存银行体系的冲击波将远远大于此前的阿里小贷或者余额宝，因此更受到银行业的普遍反对，同时也源于技术的不成熟，而被中国人民银行紧急叫停。

可什么是虚拟信用卡？它又为什么会引起如此大的轩然大波？为什么银行能够容忍阿里小贷，能够容忍余额宝，却坚决不允许虚拟信用卡的问世呢？

2014 年 2 月 28 日，阿里巴巴宣布信用支付功能正式上线。刚一上线，淘宝和天猫已经有 130 万个店铺默认免费开通信用支付功能。信用支付功能将覆盖所有 8 000 万个支付宝用户。阿里金融将根据自己收集的关于注册时间长短、网上消费不良记录、实名认证、买家信用等大数据指标，把支付宝的用户分为不同资信水平，相应地，这些用户可以获得最低 200 元、最高 5 000 元的不同的透支额度。透支的信用额度免年费，最长可以获得 38 天的免息日，还款与付款都通过支付宝通道进行。

尽管在宣传过程中，阿里巴巴都是把信用支付称为消费信贷，然而，由于它的功能设计与普通的信用卡极为相似，都拥有授信额度、免息日、还款日，因此，很快它就被授予一个更为响亮的名号——虚拟信用卡。

2014 年 3 月 11 日，阿里巴巴旗下的支付宝宣布将联合中信银行推出网络虚拟信用卡，首批计划发放 100 万张。以后顾客在淘宝和天猫的签约商户处购物时，不但可以选择自己的支付宝账户资金或者绑定银行卡的资金进行第三方支付结算，只要在开通信用支付的卖家处购物，就可以使用虚拟信用卡进行结算，因此，也就根本不用运用自己的资金，完全凭借自己的信用就可以实现透支支付，这更体现了信用就是财富的现代金融理念。

几乎同时，支付宝的最大竞争对手腾讯也宣布将联合中信银行推出微信信用卡。微信信用卡同样采取在线申请、在线发行方式。腾讯更是喊出 1 分钟审批的口号，宣布客户在线申请微信信用卡后，腾讯公司后台将综合运用大数据对其进行技术评级，确定其授信额度，一分钟完成虚拟信用卡的发卡程序。相比于审批烦琐、周期冗长的实体信用卡，网络虚拟信用卡更是得到了众多生活节奏快的青年人的广泛欢迎。而这批青年人恰恰是网购消费能力最强、能够给信用卡发行单位带来最大利润的最优的顾客群体。

为了消除网络虚拟信用卡的潜在信用风险，腾讯还引入了众安保险，在信用卡领域首次引入了保险模式，通过保险公司的介入，以控制虚拟信用卡的客户信用风险和银行资产风险。

就在马云和马化腾争相进军虚拟信用卡，一场关于网络支付的激战即将开战之际，网络信用卡也引起了传统银行业的极大关注，众多银行从业人员纷纷就网络信用卡的安全性提出质疑。在各大公开媒体特别是网络媒体中，关于虚拟信用卡的是非之争也日趋激烈。

虚拟信用卡的政策管制

然而，谁也没有想到，事态的发展居然急转直下，阿里巴巴和腾讯的虚拟信用卡之梦仅做了 3 天。3 月 14 日，中国人民银行紧急发布《中国人民银行支付结算司关于暂停支付宝公司线下条码（二维码）支付等业务意见的函》，宣布："线下条码（二维码）支付突破了传统受理终端的业务模式，其风险控制水平直接关系到客户的信息安全和资金安全。目前，将条码（二维码）应用于支付领域有关技术、终端的安全标准尚不明确。相关支付撮合验证方式的安全性尚存质疑，存在一定的支付风险隐患。虚拟信用卡突破了现有信用卡业务模式，在落实客户身份识别义务、保障客户信息安全等方面尚待进一步研究。为维护支付体系稳定、保障客户合法权益，总行有关部门将对该类业务的合规性、安全性进行总体评估。"

同时，要求阿里巴巴公司立即暂停线下条码（二维码）支付、虚拟信用卡有关业务，采取有效措施确保业务暂停期间的平稳过渡，妥善处理客户服务，减少舆论影响，并要求支付宝公司将有关产品详细介绍、管理制度、操作流程、机构合作情况及利润分配机制、客户权益保障机制、应急处置等内容书面向中国人民银行作出汇报。由此，一场被炒作得沸沸扬扬的虚拟信用卡大战尚未正式展开，就寿终正寝，走向终结了。

不可否认，从技术上来讲，虚拟信用卡的推行有些操之过急，特别是过于简化的信用卡审批程序将不可避免地造成信用卡坏账率的不可控制；个人信息被盗用可能会导致冒领虚拟信用卡进行诈骗蔚然成风；现有的虚拟信用卡机制，难以控制买卖双方利用虚假网购交易套现或者洗钱等等。

叫停虚拟信用卡的背后

仔细考虑的话，前面所提到的技术上的问题，其实都可以通过技术性的创新设计予以规避并加以控制。真正导致虚拟信用卡被紧急叫停的原因，可能更多源于其触及了现有银行体系最后的奶酪。

可能很多人都早已习惯了在日常生活消费中使用银行发行的实体信用卡，也已经熟悉了信用卡的基本使用技巧，但可能不是所有人都了解实体信用卡的盈利来源。

当我们在一些商场、饭店使用信用卡结算时，对于消费者而言这是挺方便的，不用带着大量现金，还可以积累信用卡积分兑换礼品，但是为消费者提供刷卡服务的各个商家其实是需要支付一笔手续费的。这也是为什么有时我们到一些小商店，包括淘宝的一些电商处买东西时，对方往往不愿意接受刷卡消费，或者如果顾客选择刷卡，他们往往会要求顾客额外补偿一笔手续费的缘故了。

通常情况下，消费者使用信用卡所产生的手续费由负责全国不同商业银行的跨行信息交换的中国银联、信用卡的发卡行以及刷卡的 POS 机的供应行三家按不同的比例进行分配。

根据 2012 年颁布的《中国人民银行关于切实做好银行卡刷卡手续费标准调整实施工作的通知》，现行商户的刷卡费用其实已经大幅降低了，通常都在 1%以内。但苍蝇也是肉啊，刷卡的总金额多了，额外支付的刷卡手续费就不是一个小数字了。由于信用卡消费在现代社会已经极为普遍，信用卡的刷卡手续费也就成为现代各大商业银行的一笔重要的收入来源。这才是为什么我们看到众多商业银行宁可发放小礼物，也要引诱公众办理自己银行的信用卡的缘故。

可是，如果虚拟信用卡真的普及了，银行会发现，虚拟信用卡其实是由像支付宝、腾讯财付通这样的第三方支付企业发行的，它的结算也通常是在第三方结算平台之上。也就是说，全程几乎根本不与传统的商业银行发生任何真实的经济联系，从发卡、结算、消费全程都完全绕过了传统的银行体系，那么银行怎么可能再从中收取任何手续费呢?

其实，在阿里巴巴推出虚拟信用卡的时候，它可不是直接取消刷卡手续费，完全让利给众多淘宝或天猫的商户。在它的虚拟信用卡的设计中，它也会向众多接受虚拟信用卡业务的刷卡商家收取服务费，而且这个服务费的费率与传统的实体信用卡的手续费也大致相当。淘宝和天猫支持虚拟信用卡的商家每一笔虚拟信用卡刷卡消费都需要支付阿里巴巴公司刷卡金额的 1%。在推广期，支付宝针对天猫的经营规模较大的电商企业实施优惠费率，但也需要支付 0.8%的服务费。如果以后在淘宝和天猫上消费，使用虚拟信用卡成为一种普遍的风尚，那么，每年阿里巴巴公司将能够获得相当丰厚的刷卡手续费收入。

正是这一潜伏在虚拟信用卡背后的如此巨大的手续费收入的金矿，才吸引了像腾讯、京东等其他竞争对手跟风进入虚拟信用卡业务。也正是与虚拟信用卡相关的如此巨大的利益，才激起了传统银行业的激烈反击，导致虚拟信用卡直接被扼杀于摇篮之中。

京东白条的背后

值得注意的是，尽管阿里巴巴和腾讯关于虚拟信用卡的尝试被我国的金融管理部门紧急叫停，但是，其实在更早些时候，它们两家的另一个主要竞争对手，已经在不声不响地推出了具有部分虚拟信用卡功能的金融创新服务，那就是京东白条。

2014年2月13—14日，国内B2C电商大佬京东商城宣布对京东白条进行面向用户的公测，获得公测资料的京东用户可以在其后的15—28日，获得京东商城授予的京东白条。用户可以在京东首页点击“京东白条”专区，在填写姓名、身份证号码、银行卡信息等申请材料后，京东首先会对用户在京东上的消费记录、配送信息、退货信息、购物评价等数据进行风险评级，每个用户将获得相应的信用额度，最高1.5万元。

以后用户在京东购物时，就可以在自己的白条额度内直接使用白条付款，同时选择最长30天延期付款或3～12个月分期付款两种不同方式。如果选择延期付款，用户将不用支付任何利息，而分期付款则需要按每期0.5%的利率支付利息，如分3期费率将是1.5%，如果分12期，其利息的费率将是6%。京东表示，京东白条分期付款的利率水平仅仅相当于现实银行类似业务的一半。此外，如果用户到期时经京东多次提醒仍未付款，则需要按每日0.03%的比例支付违约金。

值得注意的是，京东在宣传京东白条时，将其界定为个人消费贷款服务，因此逃脱了中国人民银行紧急叫停虚拟信用卡的制度管制，反而成为唯一得以成功上市的网络金融信用服务项目。

然而，如果深入地比较京东白条与传说中的虚拟信用卡，我们又会发现，它们之间同样拥有很多明显的共同特征。它们全部是通过网络申请，网络审批，都是由电商利用大数据信息，对客户给予不同的资金授信额度，允许客户先消费，后还款。京东白条的发行、结算与偿还都是通过京东的结算平台进行，同样绕过了传统商业银行的跨行结算体系。从某种程度来说，京东白条只是另一种类型的网络虚拟信用卡，只是由于在宣传中回避了虚拟信用卡的名称，反而侥幸逃过了金融监管部门的管制。而京东白条的顺利推进，在某种程度上，也在为虚拟信用卡的再度正式推出摸索道路。通过摸着石头过河，相信在不久的将来，更加完善、更加符合互联网经济的真实需要的虚拟信用卡，又将回到我们的视线中来，中国的互联网金融也将迎来新的高峰。

其实，无论是早期的合作，中期的貌合神离，还是后期的激烈冲突，银行与互联网企业之间，走过了一条合作之中求生存，竞争之中促发展的道路。没有互联网企业的竞争，单纯的金融机构的网络化运营，并不是真正意义上的互联网金融。同样，单靠互联网企业的盲目创新，缺乏金融机构的支持，忽视金融监管当局的有效管理，互联网企业独舞的互联网金融只会步入歧途。只有通过金融机构与互联网企业的相互斗争，相互协作，既利用好金融机构在金融管理方面的经验，利用好金融机构的专业知识，又充分发挥互联网企业的渠道优势，促进互联网企业的创新管理与创新思维，中国的互联网金融才有可能走上协调发展、科学发展、健康发展的康庄大道。

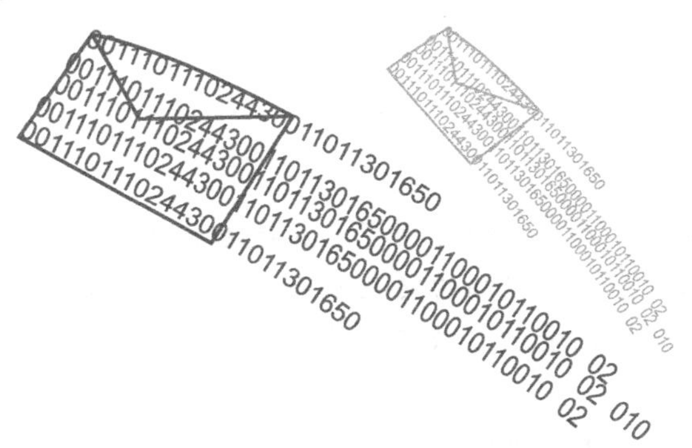

第三篇　颠覆创新

互联网金融的游戏规则

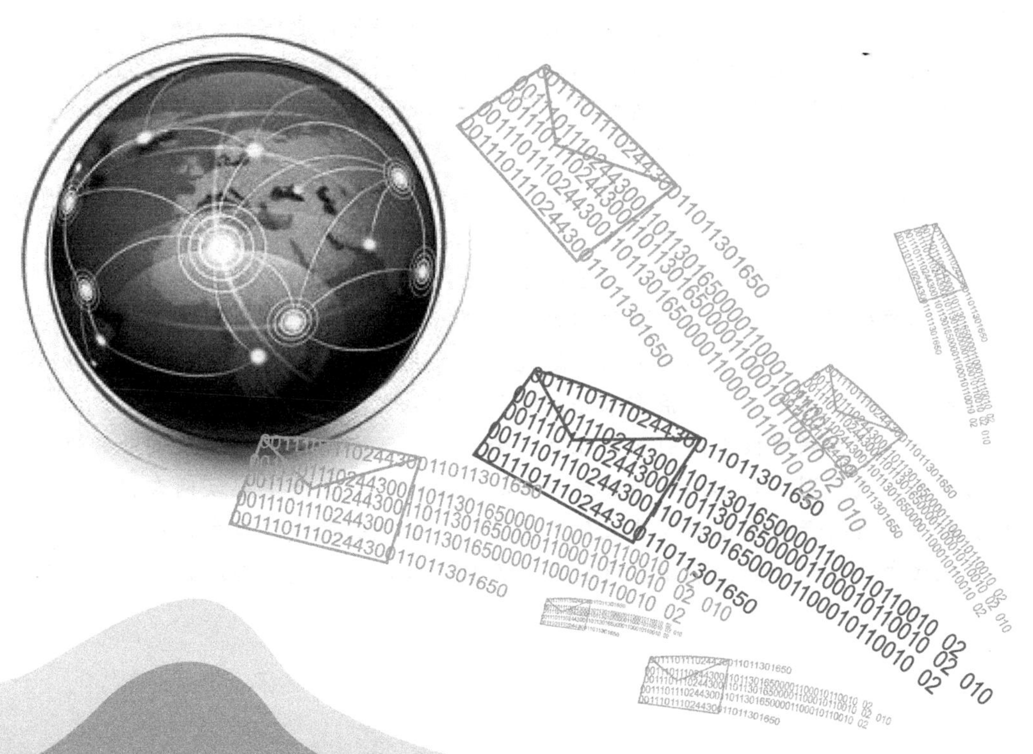

篇前语：

与传统的工业化大生产的经济体制相比，互联网经济拥有众多与传统商业规则完全不同的新的游戏规则。而作为互联网经济最尖端的发展领域互联网金融更是强烈地依赖于通过互联网的游戏规则对传统的金融领域进行了一系列颠覆性的改革与创新。

通过计算机信息技术的大量注入，互联网金融可以无限地压低金融运营的经营成本，进而把运营的核心转向传统金融机构根本不屑于覆盖的中小客户。在20/80理论的指导下，金融机构往往会把资源过多地投向能够给它们带来最大经济价值的VIP客户，而不愿过多地顾及中小客户的需求。然而，互联网技术的应用，却能够使得长尾创造的收益足以与以往的利润核心头部相当，甚至更多，这也使得中小客户成为互联网金融发掘的蓝海市场。

在传统的商业社会中，企业的竞争优势往往来源于其对专利技术、生产原料、高素质人才等某种经济资源的垄断，特别是对垄断性的技术专利的独占更是成为决定企业的竞争能力的关键所在。而互联网金融更看重互联网企业的市场占有，当互联网企业拥有超乎竞争对手的客户端使用率时，它就可以形成竞争对手难以攻克的自然的垄断壁垒，以此来保护自己在互联网金融领域的领先优势。

互联网金融的利润来源于其服务的顾客群体的无限扩大。它完全打破了传统经济学规则中的边际成本递增、边际收益递减的游戏规则。当互联网金融企业的市场规模达到一定水平时，它反而会呈现出明显的成本递减的特殊态势。这进一步保证了占有更大市场的厂商反而是成本最低、利润最高的行业领导者。

工业社会通常表现为供给驱动型技术创新，社会经济的发展往往来源于某种科学技术的新突破。然而，在互联网金融时代，互联网金融企业更多地从需要占有的大数据着手，分析市场的需求，通过需求导向，引导已经成型的互联网技术与金融的合理对接，走出一条需求导向的创新发展之路。

正是通过互联网技术的引入，互联网金融创造了完全不同于传统商业规则的新的商业游戏规则，而不同的经营思想和战略设计，更是使得互联网金融产业的发展对于现行的产业基础和商业文化形成了更为彻底的颠覆与革命，从根基上重构了现代商业规则和产业基础。这也许是互联网金融对现代经济所产生的最为显著的影响。

第九章

发展蓝海：互联网时代的新金矿

第一节　传统金融业中的 20/80 规则

管理学中的 20/80 规则

想必很多朋友都听说过管理学中的 20/80 规则，或者被称为二八法则。它通常用来说明，在一个经济体系中，不同的因素所起的作用并不是平均的，重要的因素往往只是少数，大多数因素恰恰是一些不重要的因素。因此，在进行日常管理行为决策时，我们需要明辨主要矛盾和次要矛盾。只要我们能够把握最具全局性意义的主要矛盾，我们就能掌控全局。

在现代商业经济中最常见的 20/80 规则就是，对于一个企业来说，80%的利润往往只来源于 20%的重要客户，而其余 80%的客户，却只能创造出 20%的收益。如果企业在所有的客户身上花费相同的精力，就会分散本来可以应用于那 20%优质客户身上的资源，反而可能影响企业的整体效益。只有当企业集中主要的资源，开发并维持好 20%的 VIP 客户，也就是非常重要的客户，才能够最大限度地创造企业利润。

传统的商业经济的发展往往是完全地遵循 20/80 规

则的。正如我们看到的那样，对于任何一个企业而言，VIP 客户或者核心客户都是它们最看重的经济资源。这些客户资源通常都能够给企业带来最大化的经济利益，他们对于企业的经济价值远高于其他普通的客户。很多商业人士就是由于能够有资源获得大量优质客户，才能够给自己的事业插上成功的翅膀。相反，如果决策者选择头发、眉毛一把抓，无论在大客户还是小客户身上都投入相同的经济资源进行开发维护，那么通常会导致企业把过多的经济资源白白浪费在不能创造大的经济价值的劣质客户之上，也就影响了企业的资金投入的经济效率，反而造成企业资源的极大浪费。

传统金融管理中的 20/80 规则

与其他传统商业经济一样，传统的金融业的发展通常也是遵循着 20/80 规则的。对于众多金融业传统企业而言，拥有巨额资金的 VIP 客户，通常能够给企业带来最大化的利润，因此，也是每一个金融企业最看重的核心资源。而对于这些传统金融企业而言，众多普通客户只是它们维系 VIP 客户之余的食之无味、弃之可惜的鸡肋型边角料。

想必很多朋友都曾经见识过金融机构的势利嘴脸。同样是在证券公司炒股，资金达到一定规模的股民就可以进入大户室，有着固定的交易用电脑，平时身边会有众多客户经理侍候着，而且可以享受到证券交易机构提供的部分交易资金融资、佣金打折等优惠待遇。而对于资金实力相对较小的普通股民而言，在证券互联网化程度不高的 20 世纪 90 年代，只能数百人一起挤在证券公司营业部大厅看着大屏幕，大家排队共同使用少数几台可供执行证券交易的机器。而到了证券互联网化的今天，很多证券公司甚至都不再允许普通股民到证券公司营业部现场交易，而只是简单地告知他们，去网上下载一个交易软件的客户端，自己回家用自己家的电脑进行证券交易，而不允许挤占证券公司的其他资源。

对于证券公司来说，根据客户的资金规模选择不同的客户管理策略是完全正常的。证券公司的收益完全来源于众多股民的证券交易所产生的佣金收入。证券交易大户资金雄厚，每笔交易能够给证券公司带来的佣金收益较高，即使向他们提供一个相对优惠的佣金比率，也能够比普通股民创造更大的经济价值，因此，吸收、笼络、维系好经济价值更高的 VIP 型证券大户，是每一个证券公司的客户关系管理中最为关心的问题。

在银行业中，也可以明显地看到这种 20/80 规则。即使同样是银行卡，银行也会把它们细致地区分为金卡、白金卡、钻石卡等，不同等级的银行卡，能够享受的银行的服务质量是完全不一样的。当一个个普通储户进入银行，在取号机取上自己的等待号后，静静坐在银行的凳子上等待叫号机叫到自己的号时，却经常看到，明明快排到自己了，可是一个银行 VIP 客户来了后，就可以享有直接插队到任意一个窗口享受优先办理相关业务的权利。特别是在炎热的夏季，这种 VIP 客户不用等待，直接插队的银行特殊照顾，经常会引起普通客户与 VIP 客户之间或者普通客户与银行之间的矛盾。

可是对于银行而言，VIP 客户由于在自己银行的存贷款额度相对较高，因此能够给自己带来更大的经济价值，如果也要求他们像普通客户那样耐心等待，一个没侍候好，结果惹火了这帮爷爷们，如果他们把自己的资金转到了其他银行，那就等于是把本来交到自己手上的钱又白白送给其他银行了。哪一家银行能够接受这样的事情发生呢？

在金融理财领域，传统金融机构的这种嫌贫爱富被暴露得更加清晰。中国银监会 2011 年 8 月公布的《商业银行理财产品销售管理办法》明确规定，在银行销售理财产品时，单一客户的销售起点金额不得低于 5 万元。这其实就是以行政规定的方式明确地把中小客户排除在现有银行体系的投资理财服务之外。从某种意义上来说，就是明确地告诉那些资金不够充足的投资者们，我们不欢迎 5 万元以内的小额投资，只有 5 万元以上的投资理财，才能够入得了我们银行的法眼。如果你连 5 万元都没有，那么请你离开，你根本不在我的目标顾客的范围之内。

互联网经济对于 20/80 规则的逆转

然而，在互联网金融的发展过程中，我们却可以看到一种新的经济势力的逆袭，互联网企业不再仅仅关注经济实力更大的大客户，而是把更多的精力投向了在传统金融业发展中看来是经济产出效率低下的普通客户。普通客户第一次发现自己的话语权得到了极大的提升，终于尝到了当家做主的滋味。也许每一个普通客户的经济价值是极为有限的，可是当利用互联网技术，把分处于全国各地甚至世界各国的数以亿计的普通客户集合起来后，他们的经济实力是远超任何一个传统金融业中的 VIP 客户的，而他们所能够创造的经济价值，更是任何一个 VIP 客户所不可比拟的。

在互联网理财中，我们可以明显地看到这种对于 20/80 规则的背离。以余额宝为代表的众多宝宝们，不再仅仅关注资金雄厚的有钱人的投资理财需要，它们第一次把触角伸向了平时根本不可能被注意到的亿万普通民众的投资理财需要，这才促进了 2014 年货币基金的爆发式大发展。

其实，对于很多关注投资理财市场的人来说，他们会发现，对于拥有数以百万甚至更多资金的大客户来说，即使在货币基金最为火爆的 2014 年初，余额宝也从来就不是他们投资投向的一个重要选择。在奉行 20/80 规则的传统金融市场中，众多的银行、基金公司、信托公司、投资公司完全会把他们奉为上帝，并为他们量身定做，提供远较余额宝等货币基金产品更高的收益率，更为稳定的投资回报，更为安全的投资风险的选择。

通常而言，在近两年的投资市场中，资金门槛在 100 万元以上的信托，往往能够给资金供应者带来高达两位数的投资收益，这是任何一款货币基金产品都无法实现的。而相当平民化的常见的投资门槛在 5 万元或者 10 万元的普通银行理财产品，它们的收益率也会略高于宝宝军团们所依托的货币基金产品。也就是说，对于传统金融机构所关注的 20%优质客户，他们所面临的选择是多样化的，在他们的选择之中，互联网金融所提供的产品服务绝对不是最优的选择。

然而，问题就在于，正如我们所看到的那样，互联网金融所关注的是被传统金融市场所忽视的所谓 80%的低端客户的需求，因为哪怕我并不是腰缠万贯的大富翁，在现代经济中，就是通常所说的普通老百姓，也有理财的需要。当然，由于资金实力的限制，这些被通常的金融理财机构所忽视的普通小客户的资金规模太小，如果按传统的金融手段，把众多普通客户的资金汇总起来，需要金融机构投入大量的资源，花费大量的资金成本，这也导致开发利用这些普通客户的资源成为一种不理智的选择。而在互联网经济的环境中，互联网技术可以最大限度地压缩众多普通客户的资金的汇总成本，这也使得这 80%的低端客户的开发价值得以凸显，传统商业经济所信奉的 20/80 规则也就此被彻底打破。

第二节　互联网金融中的长尾理论

长尾理论的提出

互联网经济的繁荣给现代经济学带来了很多新的思想、新的观点，而长尾理论就是其中非常重要的一个新观点。从某种程度来说，正是互联网金融激发了金融发展中的长尾的活力，使得互联网金融企业可以以相对较低的成本运营尾部经济，并从中获得不逊于传统的头部经济的经济价值。

长尾理论是美国《连线》杂志主编克里斯·安德森于 2004 年针对互联网经济的发展所提出的一个新的观点。它认为只要市场流通的渠道足够大，那么需求不旺或者销量不佳的传统意义上的低端产品所能够创造的经济价值，也足以与那些为数不多的畅销产品相匹敌，甚至更多。

财富或者资源的分布通常是按照正态分布的方式进行的。如果按照不同行为人所占有的经济资源或者说所具有的经济价值的大小进行排序，它就好像一条不断下降的曲线。在头部，少数重要的行为人或者经济主体往往占有巨大的经济资源，而其后，则是不断下降甚至接近于平行的长长的尾部。

从数学上来说，所谓的长尾只是数学中的正态分布或者帕累托分布的一个形象的描述罢了。如果只是对数学定理作一个另类的文字表述，那么长尾理论也就不会像今天这样为众人所称道了。它的真正价值在于摆脱了传统的商业规则的思维定式，创造了新的商业思维模式，发掘了新的商业经济市场。

互联网经济中的长尾理论

在传统的商业模式中，由于长期奉行的20/80规则的作用，人们通常只关注他们的经济曲线中的头部区域，而把较多的资源投入头部，或者就是前文所说的20%的优质客户，而忽略其后还有一个长长的尾部。

当然，在传统经济模式中，开发长尾资源将花费企业相当大的资源，却只能获得极为有限的经济价值，这样的投入产出比不会吸引任何一个理智的厂商。然而，互联网经济却彻底地改变了现代经济的运行模式，通过互联网经济的应用，人们可以以更低的成本收集、开发、利用长尾资源。

就恰如在石油开采领域，有很多油田一度被视为鸡肋。由于开采出来的石油中含有的杂质太多，或者石油埋藏得太深，往往导致开采石油的成本过高，或者采出的石油的提炼成本过高。一旦这些附加成本甚至高于石油自身的经济价值，那么，这些油田就被视为失去了开采价值，也就失去了自身的经济价值。像我国的大庆等石油城市一度都陷入了这样的发展困境。在油田的正态分布曲线之中，这些看上去没有经济价值的油田其实就已经处于长尾部位。

当在石油开采领域产生新的技术创新，使得石油开采成本或者石油提炼成本极大降低之后，这些一度被视为毫无经济价值的、已经被开采殆尽的油田，又将重新焕发活力，重具经济价值。这些长尾部分的油田所能够创造的经济价值的总和，也许将足以与头部油田相媲美。

在油田的长尾理论中，打破长尾没有经济价值的偏见的工具是石油开采或者提炼中的技术突破。而在互联网经济中，得益于互联网技术的提高，现代商业模式被彻底打破，互联网技术使很多商品的开发、销售和运营的成本极大地降低了，这也导致长尾的利用成为可能。

比如在美国的图书、音乐CD市场中，通常一个CD商品只有销售规模达到10万张以上，才足以弥补其前期的管理费用和运营成本。如果销售数量无法达到 10 万张，那就意味着从发行到销售的该 CD 的整个开发过程中，将没有任何一家企业能够获得利润。

而 10 万张的发行量是一个什么样的概念？大概通常美国音乐市场中所发行的每 100 张 CD 产品中，只有不到一张音乐 CD 能够取得这样的市场成绩。这也就意味着，在传统的音乐开发与流通体系中，当音乐发行商没有足够的把握就匆忙上马，投资发行某一音乐 CD 时，其亏损概率将是相当大的。

同样的道理，对于众多音乐 CD 的零售商，诸如美国最大的零售商沃尔玛而言，只有最流行的 CD 才会入得了它们的法眼。其他音乐 CD 可能一个月只能卖出一张两张，这样的销售业绩是根本不可能调动起众多音乐 CD 零售商的胃口的，也就根本不可能进入众多音乐零售商的零售体系。因此，就在互联网经济兴起之前，在 20 世纪八九十年代，美国每年发行的音乐 CD 的数量相当有限，而能够进入流通体系、消费者可以在众多音乐零售商店买到的音乐 CD 的数量就更为有限了。

然而，当图书和音乐 CD 进入互联网销售时代后，互联网销售商家利用互联网销售平台，只需要制作相关产品的销售网页，把各个商品列入自己的待售商品清单，剩下的就只是等待众多兴趣不一、购买意愿不一的消费者根据自己的消费需求，选择自己感兴趣的图书和音像制品就可以了。事实上，在当代的亚马逊的音乐 CD 零售中，被认为属于长尾市场的这些销售量极差的音乐 CD 的总销售金额已经超过亚马逊的音乐 CD 零售总额的半壁江山了，这样的业绩早已经打破了传统商业思想对其的歧视。

长尾理论中的经济学思想

特别需要指出的是，正如古典经济理论所阐述的那样，在传统商业经济时代，厂商的生产决策的投入遵循的是边际收益递减或者边际成本递增的经济规律。边际是经济学中广泛应用的数学术语，其大概意思就是新增。大家可以想象，如果现在有一块田，我们需要在这块田中追加生产投入，那么当我们投入第一个 100 元时，我们可以用它买种子和最基本的生产工具，那么它可能能够带来比如说 1 000 元的总收益。当我们再度在这块田地中追加生产投入时，也许我们可以用来购买更优质的种子或者更好用的生产工具，此时，我们的生产所得通常会比只投入 100 元更多，但是在同一块土地上这一基本物理属性就极大地限制了产出规模的扩大。此时我们的产出很难是只投入 100 元时的两倍，也就是说，第 2 个 100 元生产投入带来的边际产出通常少于第 1 个 100 元的生产投入。如果我们继续在这块土地上追加投入，同样的规律仍然会成立。这就是传统商品生产中所遵循的边际成本递增或者边际收益递减规律。

在其他商业经营中我们也可以看到这样的边际成本递增或者边际收益递减规律。当你开发一种新产品，拿到市场上销售时，一开始你可以选择向对这些商品最有兴趣的客户销售，因此你的边际成本相对会低一些。随着商品规模的持续扩大，你会发现优质客户资源已经开发殆尽，此时，哪怕再多卖出一个商品，都会极为困难，此时开发客户的边际成本已经达到极高的水平，这也就是传统商业经济所说的一个企业发展的瓶颈的到来。

然而在互联网时代，这种传统经济中经常看到的边际成本递增规律却被从根本上逆转。比如，当微软花费巨额资本开发出 Windows 操作系统后，如果只卖 1 件产品，那么这件产品的生产投入将是一个天文数字。在互联网时代，对于软件公司而言，多卖一个软件，只是多复制一个自己的软件而已，与巨额的开发费用相比，它的新增成本或者说边际成本几乎可以忽略不计。随着软件销售规模的持续扩大，软件公司可以用更为先进的技术复制自己的软件产品，那么每一张软件光盘的边际成本就几乎等于零了。也就是说，在软件销售中，不但不会看到传统经济中常见的边际成本递增，反而见到了相反的边际成本持续递减的特殊现象。

在最大的在线图书和 CD 销售网站亚马逊的经营中，我们也可以看到这种边际成本递减规律。每当推出一本新书或者一份新的音乐 CD 时，亚马逊需要做的就是由自己的网络美工为这个产品制作特有的销售网页。如果这些商品只卖出一件，那么这件商品的边际成本就是制作相应的销售网页的成本而已，比起传统图书或音像的销售成本，已经大大降低了。更为重要的是，如果这些商品不是仅仅卖出一件，那么后面新增的销售商品的边际成本就几乎为零了。在这样的边际成本递减或者边际收益递增的经济体系中，亚马逊推出更多样化的商品目录，提供数以十万乃至百万计的商品种类，也就成为可能。

事实上，在当前亚马逊所销售的商品中，数以万计每年只能卖出几百本、几十本甚至几本的图书和音像制品所创造的经济利润占亚马逊全部图书、音像销售利润的比重早已超过了一半。尽管一本畅销书也许能够在短短一个月时间内卖出数万本乃至数十万本，但是好汉架不住人多，处在亚马逊图书销售长尾上的数以万计的图书，它们的战斗力的集合，显然是远超任何一本畅销书的。

如果没有互联网所提供的在线销售模式，也许亚马逊所销售的图书和音像产品中的 80%，都会因为没有销路及不具有利润价值而被传统商业模式判了死刑。而互联网技术的兴起恰恰使得长尾部分也成为任何一个互联网企业所不能忽视、也不甘忽视的、能够给企业带来巨大利润的金矿。

互联网金融中的长尾理论

在互联网金融领域，这样的长尾现象也并不罕见。传统金融机构只关注处于头部的大资本、大客户。当然，如果按照传统金融必须建立自然人营业场所的经营方式，金融机构必须在商业中心地段建立起自己的营业场所，并采取面对面的方式，为客户提供金融服务。如果过多地关注中小客户，这将极大地增加金融机构的工作量，而这些客户所带来的经济价值可能远远不能弥补金融机构的成本投入。显然，这样的中小客户就成为了传统金融体制下没有经济价值的贫瘠油田，因此身处长尾部分的中小客户通常就会完全被传统金融机构所漠视。

然而，通过引入互联网技术，我们看到，无论余额宝，还是其他宝宝，都不必再到处建立营业场所，它们只需要通过互联网技术，就可以实现对客户资金的收集、划转、投资使用和偿付。在这种模式下，只需要建立起完整的互联网金融体系，吸收一个客户的资金，还是吸收 1 亿名客户的资金的成本差异，绝对不会有 1 亿倍。这种边际收益递增、边际成本递减的逆传统规律更是使得互联网金融企业完全可以仅仅针对长尾部位的中小客户，提供接近或者等同于头部客户的服务质量，这就形成了对长尾客户的极大诱惑力。也许，任何一名长尾客户的经济价值都不高，但是数以亿计的长尾客户，将能够给互联网金融企业带来前所未有的发展机遇和空前的利润空间。

如果简单地比较互联网理财和众筹等互联网金融模式，我们会发现，它们所提供的服务质量，其实都不足以打动传统金融领域的大客户。当一名客户拥有数以百万甚至更多的资本时，他完全可以委托专业的基金公司量身定做一份理财方案，获得远比宝宝投资更高的投资回报。这也意味着，从一开始，互联网金融的定位，就没有针对传统金融所关注的资金雄厚的大客户。单就资本运作能力而言，互联网金融企业也不一定能够胜出传统金融机构，因此在对大客户的争夺中，它们始终是处于下风的。

只有处于金融投资市场长尾部位的中小客户，才是互联网金融企业的菜，也正是由于互联网技术的引入，开发长尾市场以及降低中小客户资本的收集、运营和偿付的成本才成为可能。而长尾理论在互联网金融行业中的验证，也从根本上打破了传统金融领域只关注头部市场的偏见，以此满足了更广阔的市场需求，推动了现代金融的更快发展。

第三节　发现互联网金融的蓝海

蓝海市场与红海市场

长期以来，通过中国的市场经济发展，我们享受着市场竞争带来的各种质优价廉的商品与服务，通过市场机制的自发作用，同一个行业不同的商家会通过价格竞争或者产品创新，以求克敌制胜，超越自己同行业的竞争对手，从竞争对手处攫取更大的市场份额，实现自身经济利润的最大化。

在现代管理思想中，管理学家通常把这种存在着激烈竞争的市场称为红海市场。在红海市场中，产品与服务的基本内容已经基本成形，市场竞争将在一个已经明确界定竞争策略与竞争规则的领域中进行，每一个竞争者往往寻求在现有产品或服务的供给中改进工作流程，优化管理制度，把管理做到极致，使得自己能够在已有的领域中做得比竞争对手更好，比如提供价格更低、质量更好的产品和服务。

然而，对于红海来说，市场已经基本成形，没有太大的开发余地。那么当自己赢得竞争、取得发展的同时，也就意味着自己从其他竞争对手处抢夺了市场份额，自己多了一个客户，其实就是竞争对手的一个客户转投到了自己的门下而已，此时的市场竞争就构成了一种弱肉强食的零和博弈。

然而，杀敌一千，自伤八百，激烈的市场竞争又会极大地压缩红海中的每一个市场参与者的利润空间，也会极大地限制红海中的每一个市场参与者的发展空间。毕竟，即使在红海中市场空间是在竞争之前就严格限定的，即使某一个参与者有可能完全打败其他竞争对手，独自垄断全部市场份额，那么，此时他仍将面临一个硬的发展瓶颈，毕竟市场份额就这么大，它不可能无中生有地创造出新的市场机会。

然而，如果在市场竞争中某一个市场参与者可以另辟蹊径，改变原有的思维定式，通过创新思维，在现有的市场空间之外，创造出一个新的市场，这也就意味着，他将规避了原有红海中激烈的市场竞争，而独占自己所新辟市场的全部份额，成为这个新的非竞争性市场的独占者。这样的发展思维，就被称为蓝海战略。

另辟蹊径的蓝海战略

20世纪末，欧洲工商管理学院的钱金和莫博涅最早提出蓝海战略思想之后，蓝海战略思想就开始在现代商学管理中广泛传播开来。毕竟传统的红海战略，比如说欧洲的科学管理、美国的泰勒制，或者日本的精益生产，追求的都是生产效率的持续提升。然而，这些传统的管理思想其实都被束缚在现有的产业领域，只是希望通过自己能够做得比竞争对手更好，保证自己能够从竞争对手手中抢夺市场份额。然而，在存在硬的市场规模上限的市场框架中，企业的发展迟早仍然会面临瓶颈，企业的可持续发展也就只能成为一纸空谈。

然而，运用蓝海战略思想，把关注的视角从竞争对手身上转向客户群体，通过细分市场需求，针对特定客户群体的特殊需求，发现原有产品与服务所难以满足的市场需求，开辟一个新的市场领域，自己将成为这个新市场的唯一供应方。作为第一个吃螃蟹者，自己将能够最先赢得消费者的信赖，从而获得先发优势，这种优势是任何跟随者都难以轻易抢夺的。自己也将从一个既定市场的参与者，转而成为一个新兴市场的垄断者或者领导者。这个市场地位转换的诱惑，是任何一个企业都难以抵制的。

打一个形象的比喻。假设一帮朋友一起出去郊游，忽然遭遇一只大老虎，老虎向这群人猛扑过来。如果按照红海战略，我们知道，老虎一次性应该只能吃一个人，所以大家只要往一个方向跑，我只要跑得比其他人快，那么老虎就只会吃掉其他朋友，而我就可以幸存下来。在红海战略中，我不用关注老虎跑得有多快，也不用关注老虎今天打算吃掉几个人，反正，只要胜过我的竞争对手，我就能够不被老虎吃掉，也就意味着我赢得了竞争。

而蓝海战略则是，当遇到老虎时，我不是仅仅关注我的竞争对手，我得分析我的客户对象。我知道老虎不会爬树，不会游泳，好了，你们大家一起撒丫子跑的时候，我却一个人赶紧爬树上躲着，或者跳水里藏起来，这样，老虎就拿我没有办法了。你们剩下的人再去彼此竞争活下来的机会，而我则可以在另一个区域，开心地存活了。

互联网金融中的蓝海

在金融理财领域，大客户的资金理财需求是所有金融机构都争抢的优质资产，也是大家都知道的红海。的确，这部分红海市场十分庞大，但是当无数家传统金融机构争相争夺这块利润巨大的市场时，不同的金融机构眼中只盯着其他竞争对手，它们总希望由自己提供更高的投资收益，或者更为周到的客户服务，从其他竞争对手处抢夺市场份额。尽管大客户资金理财是一大块肥肉，但是当盯着这块肉的人多了时，每个人可能也就只能够分得一点塞牙缝的肉末。

相对而言，中小客户的理财需求就是为众多传统金融机构所忽视的蓝海，长期以来，它始终被众多金融机构视为没有开发价值的非客户群体。然而，除了传统的金融机构针对大客户发行的大额中长期理财产品外，对于很多资金规模相对较小的民众而言，他们更希望理财规模门槛更低、资金使用更为灵活的资金理财机会。只是在传统的现场金融运作模式下，这种点对点、面对面的中小客户资金的汇总，将面临巨大的资金成本压力，以致金融机构无利可图。然而，互联网技术在金融理财领域的应用，使得金融机构能够通过网络平台轻松实现一对多的资金理财服务，这也为开发中小客户理财需求这一庞大的蓝海提供了直接的技术支持。

对于资金理财而言，在传统的产业运行规律中，只有大客户才是值得发掘的资源，而中小客户则是被排除在外的非客户资源。而蓝海战略思想在互联网金融中的应用，就认为应该摒弃一些诸如中小客户不值得开发的想当然的传统思想或者说潜规则，打破行业运行规律，发掘传统观念中非客户群体的市场需求，重新构建市场边界，利用技术或者观念的创新，搞清并服务于众多潜在客户的真实需求，从而构建起创新服务与传统服务之间的和谐互补关系。

事实上，余额宝等宝宝军团的崛起，恰恰是把住了市场需求的脉搏，把金融理财服务的视角从传统的大客户身上转移到中小客户身上，并据此设计出符合中小客户需求的、投资收益需求不高但资金流动性需求较高的货币基金式的金融理财新途径。

2012 年 9 月创立的铜钱街也把这种对中小客户的投资需求的关注提升到了极点。它通过把货币基金等中小客户投资选择集成于一款简单的手机 APP，保证客户从打开 APP 到完成对理财产品的购买的时间缩短到一分钟。正由于其对中小客户群体资源的开发，推出不到 2 个月，其日交易额就超过 100 万元人民币，并于次年获得数百万美元的风险投资。

如果简单从技术来看，货币基金并不是什么新鲜事物，金融机构的客户理财服务也不是什么独家秘诀。无论是通过支付宝、铜钱街，还是其他媒介购买理财产品都不重要，关键是通过互联网技术把货币基金与传统金融理财所忽视的中小客户的投资理财需求对接起来。这就是典型的蓝海战略在互联网金融中的应用，同时解释了余额宝们成功的秘密。

第十章
终端为王：互联网金融的竞争优势

第一节　打车补贴大战背后的客户争夺

激烈的打车软件的市场争夺

经过 2014 年初的打车软件大战之后，想必很多朋友，特别是一些年轻朋友，对于打车软件已经很熟悉了。从形式来看，无论是快的打车，还是滴滴打车，都只是一款功能较为单一的手机 APP 程序，单就其自身而言，其经济价值绝对不会像补贴大战所反映出来的那样具有战略性意义。

作为一种便捷乘客发布打车信息、提高打车效率的手机应用程序，用户通过在网上下载打车软件，输入打车起点和目的地之后，就可以自动向周边的出租车司机发布自己的打车需求信息。而司机则可以根据距离、路线以及是否有小费等信息，选择是否接单，从而帮助乘客与司机建立起一个打车信息传输的高效平台。

其实，在这场广为人知的打车补贴大战之前，早在 2013 年初，打车软件就在上海、北京等经济中心城市产生，并逐渐得到越来越多用户的关注。然而，在其产生初期，打车软件只是作为一种新奇的技术体验，受到少数年轻消费者的欢迎。随着腾讯和阿里巴巴两大互联网巨头相继收购两家打车软件公司，杀入打车软件市场之后，一场打车软件的烧钱大战的战火才开始燃起。

2014 年 1 月，阿里巴巴旗下的快的打车和腾讯旗下的嘀嘀打车，相继宣布在国内主要城市向消费者提供打车补贴，消费者如果使用它们的打车软件打车，每次都将得到一定金额的资金补贴，而只需要向司机支付超过补贴额的金额。而司机每完成一笔使用打车软件的订单，也将得到两大互联网公司的直接的经济补贴。对于很多消费者而言，得到两大互联网巨头的打车补贴，也就意味着可以低价甚至免费享受打车服务，一时之间打车软件很快就红遍半个中国，也逐渐得到越来越多消费者的追捧。

尽管打车补贴活动一度中止，但是 2014 年 2 月底，嘀嘀打车重新宣布启动打车补贴活动，并将补贴金额提升到每单 12 元，而号称永远比竞争对手多补一元的快的打车，也很快宣布补贴所有使用自己软件的客户每单 13 元。一时之间，在全国各大城市都掀起了打车软件的补贴大战的血雨腥风。在巨额补贴的刺激之下，全国也兴起了一阵打车软件热。

伴随着嘀嘀打车和快的打车两大行业巨头相继启动打车补贴方案，众多消费者以及出租车司机当然乐于坐享双方所提供的补贴。由于补贴金额大，对于很多消费者而言，通过使用打车软件将可以实现免费打车，而对于出租车司机而言，承接使用打车软件的订单，不仅可以得到一定的经济补贴，有时还可以得到客户的小费，甚至超过真实的打车结算金额的补贴溢价。然而，由于打车需求迅速扩张，在很多城市出现了打车等待时间过长，出租车司机只愿意接受使用打车软件的订单，而不愿意接受路上拦车的订单，以及严重的出租车司机挑活现象。一系列打车乱象的出现，更是引起了民众极大的意见。

与此同时，长时间的巨额资金补贴也使两大打车软件公司背上了沉重的负担。据报道，快的和滴滴两大公司在短短两个月时间内共疯狂烧掉了超过 15 亿元人民币的巨资。当然，巨额的烧钱大战背后又是鲜亮的成绩。截至 2014 年 3 月，嘀嘀打车的注册用户增至 8 260 万，司机 83 万，日均订单 1 500 万；快的打车的注册用户超过 9 000 万，司机 80 万，日均订单 1 200 万。然而，在重金补贴的模式下，订单的迅速增长，并没能给两大公司带来利润，反而意味着补贴金额的持续增长和经济负担的持续加大。

2014 年 3 月，阿里巴巴的马云最早发出求和信号，呼吁两家软件公司的负责人一起坐下谈谈，嘀嘀也很快作出积极的表态，响应马云的号召。3 月 4 日，两家打车软件公司相继宣布把补贴金额降至每单 9 元，此后又在短短半个月时间内相继把补贴金额降至每单 3 元。至此，闹得沸沸扬扬的打车软件烧钱大战至此偃旗息鼓，走向终止。

打车软件争夺背后的客户资源抢夺

也许很多人只是把快的打车和滴滴打车之间的这场补贴大战视为阿里巴巴和腾讯对打车软件市场的简单的争夺。可是如果单纯从打车软件市场来看，两大互联网巨头斥资十多亿元的巨款，仅仅为了争夺一个小小的手机 APP 的市场占有率，似乎有些小题大做。然而，如果透过打车软件大战的面纱，看清阿里巴巴和腾讯对于手机支付市场话语权的争夺的本质，大家就能够更清楚地看透这场补贴大战的台前幕后了。

事实上，无论马云，还是马化腾，他们看中的其实并不是打车软件的市场占有份额，也并不是因为打车软件能够给这两大互联网企业带来巨大的潜在经济收益，他们看中的实际上是通过打车软件普及手机移动支付，并实现自己的第三方支付平台与移动支付的有机嫁接，为自己未来的移动支付市场培养自己的忠实客户。

正如我们所看到的，当用户选择打车软件之后，为了实现自己的打车费用的支付，就必须把自己的银行卡，通过诸如支付宝、微信财付通等第三方支付平台，与相应的打车软件绑定，并以此实现利用手机终端通过相应的第三方支付体系简便地实现资金的支付与划拨。

特别是在补贴额度最高的 2014 年 3 月间，当消费者每乘坐一次出租车时，快的打车会向其提供 13 元打车补贴，滴滴打车会向其提供 12 元补贴，对于中等规模的城市而言，这样的补贴额度几乎相当于免费坐车。然而，可能很多打车者都觉得麻烦的是，哪怕自己的打车金额低于打车软件公司所提供的补贴额度，根据两家打车软件公司的规定，自己也必须利用打车软件的移动支付功能，向司机支付 1 分钱。

不知道有没有人考虑过这样一个问题，二马既然都已经拿出十几个亿来补贴打车，为什么还会看上消费者的这一分钱？他干脆全额补贴，不是更省消费者的事，也不会多花太多的钱吗？

透过打车软件的补贴大战的重重迷雾，我们会发现，二马真正争夺的恰恰是众多消费者所根本没注意的这 1 分钱。因为当消费者使用打车软件时，为了支付这 1 分钱，他们就必须使用打车软件自身所依托的阿里巴巴支付宝或者腾讯微信财付通的第三方支付平台进行支付，他们必须把自己的资金账户与这些第三方支付平台对接起来，以此成为这些第三方支付平台的客户群体。

尽管在这场打车补贴大战之前，阿里巴巴的支付宝客户端已经集成了余额宝、淘宝购物、信用卡还款和资金划拨，腾讯的微信财付通客户端同样也集成了理财通、彩票、京东购物、Q币充值、微信红包等移动支付功能。然而，二马都知道，很多消费者都只是把自己的移动支付客户端视为查看互联网理财收益的小工具，真正的购物消费、资金划付、信用卡还款更多的时候还是通过PC客户端进行。

伴随着智能手机在我国的日益普及，手机移动支付将成为未来移动互联发展的重要领域，对于已经占据我国第三方支付前两把交椅的阿里巴巴和腾讯来说，移动互联也将成为它们未来竞争的重要战场。如何实现其手机客户端的普及，并推广其附带的移动支付功能，将成为阿里巴巴和腾讯两大互联网巨头在移动互联时代所关注的头号难题，而小小的打车软件恰恰成为解决这一难题的金钥匙。两大互联网巨头正是通过对打车软件市场的争夺，开始向中国民众宣传自己的移动支付客户端，争取更多的移动支付潜在客户市场，为自己下一阶段的发展奠定坚实的基础。

尽管马云和马化腾都看好移动支付未来的发展前景，但是在打车软件大战之前，真正尝试过移动支付功能的消费者群体却并不多。而事实上，移动支付的技术甚至并不像大家所想象的那么高深莫测。早在2009年，美国的Square公司就相继推出了Square读卡器和Square钱包等移动支付客户端，经过多年的培育，其移动支付所处理的总交易额已经超过150亿美元。然而，尽管移动支付在美国几乎一直在以每年翻番的速度增长，然而，与美国庞大的年消费额相比，无疑只是九牛一毛而已。

当移动支付技术进入中国后，也分别衍生出拉卡拉读卡器式的外接手机移动支付硬件，以及支付宝钱包、微信财付通等手机APP应用两类移动支付及两条发展思路。经过多年的耕耘，拉卡拉读卡器基本在信用卡还款和水、电、煤气、话费等生活付费领域站稳脚跟。手机APP更多借助于2013年以来互联网理财的红火而逐渐普及。

然而，作为一项移动支付技术，如果客户仅仅将其视为PC程序的简单应用，并仅仅将其视为理财收益查看工具，那么这就有牛刀杀鸡、大材小用之嫌了。如何培养潜在客户使用移动支付工具的习惯，就成为摆在二马面前的一道难题。相对而言，日常习惯打车的顾客通常是具有较强消费能力的中高端潜在客户。因此，如何通过补贴打车，把这些潜在的高端客户转变为自己实实在在的客户群体，通过持续的打车补贴，培养他们使用移动支付的习惯，特别是普及自己的第三方支付平台在高端客户群体中的应用，显然就成为阿里巴巴和腾讯抢占移动支付市场的最好的突破口。

抢红包就是抢客户资源

作为腾讯微信支付的特有功能的微信红包也可以很好地解释二马对于移动支付市场的争夺。伴随着快的打车和滴滴打车相继取消打车补贴，一度红火的打车软件市场开始走向寒冬。尽管一些死忠的客户仍然习惯性地使用手机打车软件叫车，然而，在很多城市很多消费者又回归了招手拦车的传统打车模式。二马花费数十亿元培育的打车软件市场看上去就像黄粱一梦，又将被打回原形。

为了挽救日渐衰退的打车软件市场，2014 年 6 月，阿里巴巴和腾讯两大打车软件公司又开始变相推行打车补贴。阿里巴巴选择积分兑打车优惠券，鼓励客户使用快的打车。而微信则把自己 2014 年春节一炮而红的微信红包嫁接进打车补贴，客户只要使用滴滴打车，就可以获得未来可用于打车支付的若干微信红包，不但可以自己使用，还可以分享给自己的朋友。一时之间，抢微信打车红包成为很多打车一族最为热衷的游戏。而拼人品，看各人的红包多少，更成为大家热议的话题。

可能很多人也发现了，有些人抢的红包几乎都是一毛、二毛的小红包，有些人却能够连续抢到 10 元以上的大红包。同样是抢红包，为什么大家的人品差别会这么大呢？

如果仔细关注抢红包游戏，大家其实会发现，如果某一微信账号尚没有绑定移动支付，那么他如果参与抢红包，通常都会连续抢到 10 元以上的大红包。腾讯正是通过加大经济刺激的方式，鼓励抢到红包的用户选择绑定移动支付，使用抢到的红包进行打车，或者进行其他移动支付。而如果某一微信账号已经绑定移动支付了，对不起，既然你已经是腾讯的移动支付的客户了，他们就不怕你再流失，所以你所能抢到的红包，就只能是几毛钱的小红包了。从这方面来说，微信红包金额的差别，仅仅是腾讯对于移动支付目标客户的争夺的升级版而已。

对于互联网金融企业而言，客户占有量的多少，直接决定着自己企业的发展空间和未来的利润空间。为了争夺新的客户资源，选择像打车软件补贴大战这样的赔本赚吆喝的策略，其实并不是像大家想象的那样是不理智的恶性市场竞争。阿里巴巴和腾讯的打车补贴大战，可能被很多人视为是两大互联网巨头的冲动的市场竞争策略，事实上，如果考虑到它们对于移动支付市场的争夺，这样的巨额补贴恰恰是最符合双方利益的理智选择。

第二节　互联网经济的烧钱潜规则

互联网经济的创富神话

自 20 世纪 90 年代以来，互联网经济已经在世界各地蓬勃兴起。尽管在 21 世纪初，互联网经济泡沫一度打破了众多投资者对于互联网经济发展的幻想，使得很多互联网企业陷入生存的困境，进而使很多投资互联网经济的投资者血本无归。然而，互联网技术的日新月异，互联网经济的飞速发展，仍然对全世界的投资者有着极大的吸引力，无数投资者趋之若鹜，纷纷杀入互联网经济领域，希望通过抢滩互联网，把握未来全球经济的命脉。

从 Google 的佩奇和布林，到 Facebook 的扎克伯格，从网易的丁磊、盛大的陈天桥，到阿里巴巴的马云，无数互联网经济的创富神话，更是全球投资人无法抵制的致命诱惑。然而，如果问起互联网经济投资的最大规则或者特点，相信无数投资互联网经济的投资者，都会一边摸着自己的钱包，一边倒吸一口凉气，从牙缝里挤出两个字："烧钱"。

的确，在传统经济模式下，我们也同样见证着一个个伟大的商业神话的上演，从亨利・福特到比尔・盖茨，从胡雪岩到李嘉诚，每一个时代都有属于这个时代的商业巨人，一个个商业传奇也同样能够使不名一文的穷光蛋，摇身一变成为富可敌国的顶级富豪。看上去，互联网经济的创富神话并不是仅仅属于互联网时代的专利。

然而，与传统的商业经济相比，互联网经济的确拥有两个最为引人关注的特点。首先，互联网经济的创富速度也是只能用最具时代特征的神速二字来形容。尽管伴随着现代经济的发展，我们也看到了一代代富可敌国的富豪家族的诞生、成长与衰亡，然而，无论是最具传奇色彩的罗斯柴尔德家族，独力挽救美国经济的摩根家族，抑或是以一己之力垄断全球石油产销的洛克菲勒家族，我们都可以看到，这些已经被列入现代商业神话的富翁的成长，总是从一个一无所有的毛头小子，依靠自己超人的商业天赋，以及造就英雄的特殊时势，经过数十年乃至上百年的经营，通过一代代人的努力，才创造了今天我们所熟悉的商业帝国。

而与那些上百年前的商业巨人的发家史相比，从互联网经济中掘金的速度无疑可以用光速来形容。就连一个乳臭未干的 80 后小伙扎克伯格都能够仅仅凭借一个类似于同学录的创业理念，铸就了今天的 Facebook，在年龄不到 30 岁的时候，就已经为自己打下了百亿美元的身家。这样的创富速度，可能连最具想象力的小说家都难以写下如此令人难以置信的故事。

而在中国，这样的创富神话，也许更令人熟知。靠一个不赚钱的游戏公司苦苦混日子的陈天桥，仅仅凭借自己的慧眼，引入了魔兽世界的网络游戏，就在短短三五年内，跃居福布斯排行榜中的中国首富之位，这岂不让靠实业兴家、长期占据此位的黄光裕、王健林等人汗颜？

十年之前，可能只有最为铁杆的网络爱好者才知道马云是谁。可是仅仅十年的时间，依靠在互联网金融领域的长期布局，通过全国最大的 C2C 电子商务平台淘宝网、第三方支付平台支付宝、全球第四大货币基金余额宝，马云已经为自己，也为中国布局了最为完整的互联网金融体系，2014 年更被外国媒体认定为中国首富。试问今日天下，谁人还能不识君？

随着计算机信息技术在现代生产、生活中的广泛应用，现代人也开始习惯于更快的工作、生活节奏，我们着急学习，着急创业，着急成家，着急享受生活，我们更着急为自己、为家人赚取更多的财富，我们已经没有足够耐心重演传统经济中数十年如一日的艰苦创业的故事。我们更希望自己成为这个时代的神话，每一个人都希望通过投身互联网经济，特别是看上去钱途最为光明的互联网金融，去发掘一个不为人所知的金矿，在短期之内，为自己创造出无可统计的巨额财富。

互联网经济的烧钱本质

互联网经济，特别是互联网金融的一个个创富神话的不断涌现，更是激励着更多的人如飞蛾扑火般前赴后继，投身互联网金融事业，更使得对互联网金融的投资成为一种最为人所称道的时髦选择。

当然，互联网金融的堪比贩毒的创富速度，成为现代社会中，我们看到当某一种互联网金融模式成功之后，在很短时间之内，就会有数十人乃至成千上万人，希望复制前人的成功经验，创造自己的创富神话的最为主要的原因。这也是为什么当余额宝取得成功之后，网易、腾讯、百度、苏宁、京东等几乎所有互联网经济的重要企业都义无反顾地复制余额宝的成功模式，纷纷推出新版宝宝的原因所在。

然而，互联网经济的另一个特性却极大地制约了互联网创富神话对投资人的诱惑，那就是它的烧钱本性。与互联网经济相比，没有任何一个传统产业在创业之初，甚至在成长期，需要投资人投入如此巨额的资金，很多时候却根本看不到盈利的机会。

中国有一句俗话说“赔本的生意没人做”，可是互联网经济的兴起，却完全颠覆了这一传统规律。任何一个互联网产业，包括钱途无量的互联网金融，都是从烧钱开始，投资人需要拿出大量真金白银的资本来吸引眼球，吸引关注，推广自己的客户，尽自己的最大可能把自己的摊子铺大，然后，再寻求更多的外部投资的进入，再持续地烧钱，最终无非两条归途：一是绝大多数互联网经济的最终归途，当投资人烧光所有投资之后，企业再无运营资本，最终将默默消失在互联网之中，而仅仅成为大家茶余饭后的谈资；二是少数幸运儿，将能够在持续的投资中，在用户之间建立良好的企业形象，笼络住一大批忠实客户之后，再逐渐寻找属于自己的盈利之道，期待着自己能够从企业的运营中，真正看到回头客，真正创造出属于自己的财富帝国。

互联网经济中的风险投资

正是伴随着互联网经济的发展，我们才熟悉了风险投资的概念。自信息技术革命以来，现代产业已经不再单纯依赖于简单的人力投资或者巨大的资本投入，互联网产业的进入门槛几乎已经降到最低。一名投资者只需要脑海中有一个简单的创意想法，利用一台电脑设备，联合几个小伙伴，就可以开始自己的创业大业。当互联网产业创业者的创业行为经过市场的检验之后，可以基本确认是具有市场潜力的发展项目之后，只需要一份详尽的可行性报告和一张三寸不烂之舌，创业者就可以通过向众多的风险投资者显现自己的投资计划的美好前景，而争取到更多的风险投资，并依靠所获得的风险投资，进一步加大自己的创业项目的宣传、推广，力争集聚更多市场人气，进一步赢得市场认可，再获得更多的风险投资或战略投资。

在整个互联网经济的发展过程中，真正互联网产业的实施者往往并不具有雄厚的经济实力，甚至不具有最为高超的技术能力，很多时候只是一群容易头脑发热的大学生，一通海侃之后，就确定了自己的互联网创业方案。然后，像惠普或者微软这样，只依托于家中的车库，一个看上去无比美好的创业方案就开始推动了。

真正在互联网经济的发展过程中向各个互联网企业提供资金支持的往往是我们现在所熟悉的风险投资者，他们通过广撒网的方式，向多个自己认为存在市场机会和发展潜质的互联网企业提供资金支持，以此获得这些企业的创业股权。也许在 100 个风险投资项目中，只有 1 个最终取得成功，那么这 1%的投资成功率带来的收益也足以弥补其他 99 个失败项目的亏损。如果在 10 000 个投资项目中，能够涌现一个类似于 Google 或者 Facebook 这样的未来的领袖级企业，那么最早投资这些互联网企业的风险投资者的收益将是远超 10 000 倍的天文数字。

作为互联网产业的真实的推进者，每一个互联网经济中的创业者，更多只是自己的创业计划的初始方向确定者和基础的技术支持者。当获得风险投资青睐、赢得外来资本注入之后，他们将摇身一变，成为自己的互联网企业的经理人，他们的主要工作就是把风险投资者投入的资本花掉，以求最大限度地赢得市场的认可。在这个过程中，盈利与否其实并不是这些经理人所考虑的问题，毕竟，他们自己并没有投入太多的真金白银的资本，因此，让他们慷他人之慨，大把地花钱，也就没有太多的顾虑了。

追求客户是互联网企业烧钱的主要目标

对于互联网经济来说，眼球就是竞争力，只要能够赢得客户，抢在其他跟随者之前抢占市场中的客户资源，那么一切的花费都是值得的。以第一代互联网经济中最引人关注的门户网站之争为例。2000 年左右，当互联网开始被众多中国民众所接受之际，提供一个能够吸引网民的集成所有网民可能关注的信息源的门户网站，被众多投资者视为最具钱途的选择。于是，很短时间内，网易、搜狐、新浪、中华网等四大知名门户网站基本在同一时间、以同一模式建立。在所有的门户网站上，只要是网民所关注的、网民所想得到的，诸如各式新闻报道、深度评论、BBS、免费邮箱、同学录、网络商场几乎当时所有可以想到的网络内容都被一锅端地全部纳入门户网站之中。

为了吸引人气，各大门户网站不惜重金在各种媒体上大做宣传，在 CNNIC 网络调查上买选票，提高知名度，重金聘请知名网络写手或者网络红人入驻，可谓花钱无数。然而，除了有限的网络广告点击获得的广告费用，在发展初期，中国的各大门户网站几乎无一家拥有正常的盈利模式，也没有一家能够获得健康的资金流，几乎所有门户网站都是在赔本赚吆喝，大把大把地花着风险投资家的钱。然而，这并不妨碍这几家门户网站至今仍然是中国互联网经济的支柱，至今仍然是广受国外投资者看好的中国互联网产业的领导者，更不妨碍年青的丁磊在网易尚未实现盈利的时候，就已经摇身一变成为中国首富。在这样的互联网产业发展中，出现了很多传统产业所无法理解的怪现象，明明企业一直在赔钱，可是却仍然能够得到资本市场的广泛看好，能够让企业领导者在亏本的情况下实现自身财富的迅速增长。

在门户网站之争之后，网络搜索、实名网址、网络邮箱、网络购物以及 2013 年以来赚足眼球的互联网金融，又先后成为中国网络经济发展的关键词。然而，任何一种新的网络潮流，任何一个新的互联网产业，都没有改变互联网烧钱的本性。作为中国 B2C 网络购物的领导者的京东商城，1998 年成立之初，只是混迹于中关村的千万家电子产品销售商中的一员，经过刘强东 10 多年的打拼，目前京东已经拥有遍布全国的超过 6 000 万名注册用户，经营范围包括家电、数码通信、电脑、家居百货、服装服饰、母婴、图书、食品、在线旅游等十二大类数万个品牌数百万种商品，日订单处理量超过 50 万单，网站日均浏览量超过 1 亿。

然而，即使贵为中国 B2C 网络购物老大，京东商城也直到 2013 年前后才真正实现盈利。即使一直在亏钱，这也不妨碍每年的“双 11”网购节或者店庆日，京东总是最早掀起价格大战的角色，通过低价、优质、快速物流而逐渐赢得越来越多客户的信赖。

而且在每次价格大战中，京东总是以一种不差钱的姿态，威慑淘宝、当当等其他竞争对手。你们以为刘强东真的有如此花之不尽的身家财产啊，京东的资金来源于 2007 年以来连续 7 轮的外部投资者注资。而众多外部投资者之所以愿意向京东投资，又完全得益于他们不计一时之利、不惜亏本强推价格大战所实现的市场份额的持续上升。

2014 年 5 月，当京东选择赴美国纳斯达克上市 IPO 融资时，更是得益于其在我国电子商务领域的领导地位的确立，赚足了市场的眼球，其股票也得到市场的极大追捧。经过此次上市，2007 年首个对京东注资的外部投资人今日资本所拥有的股权价值已达 22.3 亿美元，短短七年，当年的投资已经获得数百倍利润，这样的投资诱惑又有谁人能够抵挡。

也许很多传统商业人士难以理解的是，投资互联网产业，投资人追求的并不是企业的利润，因为互联网产业的新颖性，很多产业至今没有形成完整的盈利模式，即使很多领导企业，也难以实现真正意义上的盈利。在互联网产业中，只要你能够将摊子铺得够大，能够赢得足够多的客户，赚不赚钱并不重要。

在传统产业中，很多人往往讲究薄利多销，这也意味着，哪怕利润再薄，企业也是必须能够获得利润的，亏损的企业是没有生存的权利的。两种截然不同的游戏规则，也印证了两种不同的发展思路。传统产业的发展讲求稳，要保证企业的稳定的利润水平，而互联网产业则讲究快，看重于对市场空间的抢占，而不在乎经济利润的多少。中国的互联网金融发展的历程也恰恰为这两种不同提供了事实的验证。

第三节　互联网金融的游戏哲学

互联网金融对客户的追求

与其他互联网产业相同，互联网金融也基本走上了靠死砸钱、铺摊子、做大规模抢占市场的道路。从早期的第三方支付阶段开始，客户规模就是众多互联网金融企业最为关注的指标。以阿里巴巴、京东为代表的第三方支付企业，往往依托于成熟的网络购物平台，通过引入诸如淘金币、京东积分、京豆等虚拟网络货币，或者淘宝红包、京券、东券等代币券，以及低价促销的模式，鼓励网络购物发展，进而实现自己的第三方支付规模的持续上升。

也正是借助于中国电子商务的飞速发展，11 月 11 日，也从民间传言中的光棍节，转而成为亿万中国网购用户的盛宴，已经成为网购节的代名词了。而在这背后，无论是 B2C 的京东、天猫，还是 C2C 的淘宝，都已经赚足了眼球，赚足了人气。它们依托的支付宝等第三方支付体系的年处理交易规模持续上升，中国的网络金融的市场规模日益扩大。

在中国的互联网经济领域，价格战已经成为最常规的战略性武器。在服务质量难以表现出明显差异的情况下，比拼产品的价格、以低价取胜已经成为众多网络商城的唯一选择。网络比价等新型互联网产业的兴起，更是加剧了这种依赖于价格竞争的简单的竞争方式。

第三方支付产业的腾飞，更是 2013 年以来互联网理财兴起的最重要的经济基础。在实际操作中，无论阿里巴巴、腾讯，抑或京东，每一个强推货币基金式的网络理财的互联网巨人，管理与运作自己的互联网金融产品的核心部门，往往都是依托于自己的传统的第三方支付体系。可以毫不夸张地说，没有第三方支付的飞速发展，中国的互联网金融的春天根本不会到来。

而各大互联网理财产品在推出之初，一方面通过赠予客户体验金、理财红包等形式，以返利或者提供经济补偿的方式，吸引更多新客户的加入；另一方面，则是突出互联网经济的口碑效应，让从互联网理财中获得实实在在好处的用户，向亲友宣传，实现自身规模的突破。

互联网理财成功的背后

如果以为互联网金融的烧钱游戏仅仅止于客户体验金和理财红包，那么各位就过于小瞧众多互联网巨头追求客户的急切心理了。事实上，正如前文介绍的那样，货币基金其实并不是什么新鲜事物，哪怕在我国，货币基金也已经有了近十年的发展历史，而且以往的货币基金的交易，也往往是通过证券公司或者银行的网络平台进行销售，与互联网金融的电商交易平台模式并没有本质的区别。那么为什么只是到了余额宝的横空出世，货币基金才会激发起市场巨大的反响呢？

事实上，在余额宝推出之前的货币基金产品，仍然沿用基金运营的模式，固然其基金的使用渠道通常限定于货币基金，并保证其稳定的收益，与此同时，基金公司还会向认购者收取一定比例的管理费用。这种旱涝保收的基金管理费用，在以往货币基金收益率本身就不高的情况下更显得刺目，也更大地挫伤了客户购买传统货币基金产品的积极性。

而阿里巴巴和天弘基金合作推出余额宝，却并不是对传统的货币基金模式的简单复制。首先它放弃了传统模式下货币基金管理公司对客户的管理费用的收取，对于客户来说，第一次体验到可以以零费率购买基金产品，自然也就极大地增加了余额宝等新型互联网金融产品的市场吸引力。也正是这种放弃本来应该属于自己的利润的这块巨大收益的策略选择，让市场感受到了互联网金融在争取客户方面的巨大诚意，从而赢得了更多消费群体的欢迎。

另一方面，余额宝等宝宝军团的成功还在于它们极高的投资收益率和极强的流动性。当然，超强的流动性得益于长期以来众多第三方支付体系的自身建设和充裕的准备金储备。而同样是货币基金，宝宝军团却能够创造远高于此前市场中的众多货币基金产品的投资收益，这更不得不使人怀疑互联网金融企业为了迅速铺开市场，而选择利用自有资金补偿宝宝军团的高收益的可能性。

当然，2013 年 5 月以来的钱荒也保证了在银行同业拆借市场中的高收益率，这也成为推动互联网金融腾飞的外部经济形势的推力。然而，事实上，据很多业内人士的估计，即使这种居高不下的银行同业拆借利率和协议存款利率，也仅仅能够维持相关的货币基金产品 4%～5%的年收益率，而实际上，在 2014 年初，不少宝宝军团的年化收益率一度甚至达到 7%的高位，这样的高收益其实已经很难用货币基金产品的协议存款利率来解释了。

2014 年春以来，伴随着国内资本市场钱荒的逐步缓解，特别是在宏观层面，关于制约余额宝、向货币基金产品征收准备金等呼声的不断传出，一度红遍中国的宝宝军团也风光不再，其年化收益率持续下滑，仅仅半年不到的时间，已经从 6%以上的水平，普遍跌至 2014 年暑期的 4%多。这样的收益率其实是能够较为准确地反映货币基金在协议存款市场中的收益率水平的，而此前的高收益则更像是众多货币基金斥资巨款所吹起的一个大肥皂泡。

余额宝的竞争优势

可能很多朋友也知道，早在 1999 年，美国的 PayPal 公司就推出了类似于今天我们所见到的余额宝这样的货币基金产品，从 0.01 美元起申购，每日计息，利息自动转为基金股份进行再投资，其基金产品也一度在 2007 年达到 10 亿美元的顶峰。然而，2008 年，由于美国政府的量化宽松的货币政策，美国市场利率持续下滑，货币基金的收益率一度跌至 0.04%的低位，即使 PayPal 基金公司也如余额宝一样放弃了基金的管理费用，仍然低于储蓄账户的一般收益。这最终导致 2011 年 7 月 29 日，PayPal 公司最终关闭了其货币基金。截至其关闭时，其基金规模其实仍然剩下 4.71 亿美元，仅比其巅峰期的 10 亿美元下跌一半而已。然而，由于货币基金市场已经无法提供具有竞争力的投资收益，PayPal 公司仍然选择结束了长达十多年的货币基金的尝试。

他山之石，可以攻玉。被国内众多互联网金融人士称为“美国余额宝”的 PayPal 的遭遇在很大程度上其实可以揭示中国的余额宝的发展前景。其实并不是像很多乐观人士所想象的那样，纯粹的货币基金就可以永远地提供远超储蓄收益的投资收益。如果不考虑钱荒带来的暂时性的高利率，特别是当中国的利率市场化改革推进之后，与普通储蓄相比，货币基金的投资收益并不会有明显的竞争优势。在很大程度上，余额宝的高投资收益仅仅是中国利率市场管制带来的高存贷差催生的银行体系垄断利润的产物。

但令人关注的是，在收益率不断下滑阶段，作为最早的吃螃蟹者，也是这场互联网金融战争的发起者，余额宝的收益长期在众多宝宝军团中位列末端。与它相比，京东小金库、腾讯微信财付通、百度百发、网易零钱宝尽管收益也与余额宝相差不多，但是基本可以保持略高于余额宝的水平。

如果按照一般的理性人假设，在众多宝宝的产品设计大致相仿、功能并没有明显的差异性、推出各款宝宝产品的互联网企业的资金实力和江湖地位也大致相当的情况下，决定投资者的资金投向的本来应该是投资的收益率。如果按市场机制的一般规律，在同样的风险和流动性前提下，投资者应该把资金投向能够给他带来最高回报率的投资方向。

然而，事实上，在宝宝产品的收益率持续下降之时，尽管银行的存款搬家已经基本企稳，甚至在收益率更高的银行理财产品的吸引下，呈现出资金从互联网金融产品回流银行体系的趋势，但作为行业领导者，余额宝仍然几乎占据中国的货币基金市场的半壁江山。其他收益率高于它的众多其他互联网巨头所推出的宝宝产品，尽管也赢得了众多投资者的追捧，但是几乎所有其他宝宝产品的规模加起来，才能够与余额宝掰掰腕子，这又似乎并不符合经济学的理性人假设。

正如前文所说的那样，互联网经济追求的是规模，而经营规模或者说终端的数量将最终决定不同竞争对手的市场竞争力。对于众多互联网理财产品的用户来说，余额宝是互联网理财的先驱，也是拥有最多的客户群体的互联网理财产品。对于用户来说，这就是它的最为闪耀的金字招牌，也成为用户对它的信心所在。这种超乎其他品牌的信心，自然就造成了强大的品牌忠诚度，能够维系更多的客户群体。

其他互联网金融产品如果想挑战余额宝的领导地位，基本只有两条道路可选。一是提供远高于余额宝的市场收益率，这在同样选择货币基金、产品收益率基本依赖于协议存款利率的同样的市场中，绝对是不可能完成的任务。而战胜余额宝的第二条道路则是不走寻常路，不是简单地模仿余额宝的经营方式，而是选择差异化策略，策略性地与余额宝划清限界，开辟出一个余额宝尚无法形成绝对领导地位的新的市场，而这又对挑战者的金融运作能力与市场细分能力提出了极高的要求。

从某种程度来说，余额宝的庞大的市场占有，就构成了对其他所有竞争对手的竞争优势和市场门槛，也成为对自己的领导地位的最有力的保护。这在很大程度上就是余额宝前期拼命砸钱、抢占市场给自己创造的先发优势。

互联网金融的新游戏规则

在互联网时代，如果一个企业仍然沿用传统经济时期的一步一个脚印、夯实基础、脚踏实地、稳步发展的思维，这其实就意味着把庞大的市场留给了在一旁虎视眈眈的众多其他竞争对手，恰如在下棋时，明明可以一步将死对手，却反而连下缓手，最后当对手缓过劲来时，最后输掉游戏的也许就是自己。

在互联网金融的虚拟货币领域，腾讯其实是较早进入市场的领导者，它所推出的 Q 币一度也成为互联网领域的重要流通工具，甚至有些互联网企业以 Q 币作为自己工资结算的单位。然而，长期以来，Q 币仅仅被腾讯公司用来交易 QQ 道具或者一些虚拟商品，它的应用始终被局限于一些虚拟领域，而没有推广到更为广泛的互联网经济体系。经过多年的发展，它不仅没有像比特币那样成为世界普遍认可的虚拟货币，反而泯然众人，其用途的广泛性甚至比不上后起的淘宝集分宝，这不得不说腾讯抓了一把好牌，却没能迅速抢占市场终端，推广自己的宝贝，最后落了个败局。

正因为互联网时代的快节奏，通过大量烧钱，迅速铺开战场，抢占实地，追求最大限度的市场占有，并挤压竞争对手的生存空间，也成为众多互联网金融企业的共同选择。从互联网理财到 P2P 网贷，从第三方支付到网络虚拟货币，谁占有市场终端，谁就拥有话语权，谁就拥有战胜对手的战略性核武器，而为了实现这一目标，互联网时代所通行的烧钱游戏恰恰是最有效的竞争策略。如果在初入市场之际，错过了对竞争对手一击致命的机会，最后在激烈的市场竞争中倒下的，也许就将是自己。这就是互联网经济的残酷性，也是互联网游戏的刺激性。

第十一章
团结力量：互联网金融的利润来源

第一节　互联网经济的团购哲学

互联网经济中的团购模式

作为一种新颖的电子商务模式，团购早已为众多中国网民所熟悉。自 2010 年以来，从团购网站在我国的遍地开花到陆续关门，中国的团购产业也经历了一场大浪淘沙的残酷洗礼。而众人拾柴火焰高的团购思想其实也正是互联网金融兴起的基本发展思路。

在团购交易过程中，众多消费者通过某一团购平台下单，这就可以帮助商家在短时间内实现大量规范化的订单交易，尽管团购价格远低于商家的正常售价，但是因为团购产品往往都是商家的模块化、规范化的产品组合，商家可以提前做好材料准备或者前期操作工序，这也能最大限度地提高商品或服务供应的效率，通过一种薄利多销的方式，帮助商家实现营业利润。

特别是对一些营业场所相对偏僻、经营门脸不够显眼的小规模商家而言，完全指望消费者愿者上钩，自己前来消费，再通过口碑传播，实现自己的营业额的持续扩大，几乎是一种不可能完成的任务。通过引入团购模式，把自己的特色产品或特色服务，以极具市场竞争力的低价向市场推出，以吸引顾客的光顾，然后通过优质的产品或服务，吸引回头客，往往是一个不错的选择。

在整个团购过程中，消费者享受到了低价的商品与服务，商家扩大了自己的营业额和知名度，而团购网站则充当了联结起商家与消费者的桥梁，并从团购过程中抽取一定的利润分成，一些拥有较为完善的第三方支付体系的团购网站，甚至还能在一定时期内占有消费者所支付的团购货款，获得充足的资金流，并从中实现自己的营业利润。可以说，在整个过程中，从商家、消费者到团购网站都从这种团购模式中取得了足够的好处，实现了彼此的共赢。

团购模式中的互联网经济特质

团购模式在很大程度上揭示了互联网经济的客户碎片化与市场集成化特点。传统的工业化生产，或者我们生活中的商品零售、餐饮、物流等生活服务，包括银行、证券等传统的金融服务业，在客户选择上，往往都具有明显的地域限制。比如说，你平时做饭需要买油盐酱醋，你只会在你家附近的超市购买，而不会专门乘坐长途车跑到别的城市购买。

而另一方面，你在山西想买瓶醋，通常只会买当地的老陈醋，而不会去购买同样以醋盛名的江苏镇江香醋。由于生活习惯以及物流成本，商品的辐射范围也同样存在地域限制。社区的生活圈基本就可以确定传统产业的客户分布范围。如果维持好与社区邻里的关系，维系好与一些老顾客的关系，那么一个商家的日常经营业务就有了保证。它们既没有必要花费资金去想方设法向其他商圈扩张，争取壮大自己的客户群体，也不用奢望自己的生活圈之外的群体能够成为自己的稳定客户。在这样的商业模式下，一个商家的客户群体往往是较为密集分布的，具有非常明显的地域属性。

然而，互联网极大地缩小了我们所生活的世界。通过团购或者网购，我们完全可以突破空间地域的限制，去争取更大范围的客户群体。我们既可以横跨一个城市去品尝团购的美食，也可以纵贯全国，以团购的低价购买天南海北的优质商品。人们不用过多地考虑地理位置的差异，通过网络通信手段，我们可以把全世界的人纳入同一个商圈，更可以把全世界的人都视为自己的潜在客户。企业面临的客户群体的选择可能更为分散，呈现一种碎片化的分布，而同样，自己所面临的竞争压力，已经不仅仅限于自己的社区，分居于世界各地的其他同行业商家，都将对自己产生一定的竞争压力。

从这方面来说，互联网经济的一个重要特点就是客户的选择从集中转向了分散，如何争取到分布更为广泛的碎片化的客户，则成为互联网经济所追求的目标。而无论是前面所说的团购还是网购，又同样体现了互联网经济的集成性，通过共同的交易平台及结算平台，利用互联网通信技术，现代商家可以高效地串联起无数的分散化的客户，帮助自己极大地拓宽客户群体，摆脱地理区域对自己的发展的束缚，实现自己的跨越式发展。

互联网金融客户群体的碎片化

与互联网金融相对，由银行、基金公司或者信托公司所提供的社区金融理财服务，在很多城市已经不再是什么新鲜事物了。然而，这些社区金融理财服务往往都依托于现实的金融机构的营业场所，需要客户亲自到访办理业务。这在很大程度上的确起到了消除客户对理财资金的信用风险的顾虑的作用，但是这种基于地理区域的社区金融服务，又极大地束缚了金融机构的发展视野，限制了它们的发展。

然而，基于网络技术的互联网理财或者 P2P 网贷崛起后，我们已经可以明显看到，通过互联网技术的应用，互联网金融机构已经不再关注资金的地理来源，不考虑客户的地理分布。通过互联网通信技术以及完善的第三方支付手段，来自世界各个角落的客户，都可以把自己的资金轻松地转入自己的网络理财账户。看上去碎片化的客户分布，反而被互联网技术有机地串联起来，集成为一个完整的互联网金融体系。

比如在很多人看来，P2P 只是传统的个人借贷业务的网络化。的确，如果从业务内容来看，P2P 本质上的确是个人之间的资金借贷，属于一种典型的民间金融。然而，传统的个人借贷往往受借贷双方的社交圈子的约束，仅仅发生于亲友之间，这样固然可以保证借贷双方的知根知底，可以最大化地消除借贷行为的信用风险，但是，这种基于个人社交圈的借贷往往被个人的社会关系的复杂性所约束，这也极大地限制了借贷双方的选择面。这种双方直接对接的模式，几乎消除了民间借贷市场存在的可能，更无法保证借贷利息的合理性，其利息往往只能由在借贷过程中处于强势的一方决定，这进一步挤压了弱势方在民间借贷中的收益。

而 P2P 网贷的兴起，明显摆脱了地理范围的限制，世界各地的资金可以通过统一的网贷平台集中起来，并根据不同的资金需求方的资质、使用计划、承诺利率等具体情况，有选择地进行投资。通过 P2P 市场的中介作用，资金的供给与需求可以在 P2P 平台中有机地对接，并通过直接的市场竞争，形成最合理的市场化利率。

假设存在一个资金使用安全性较好的投资项目，那么就会有更多的投资者愿意对其投资。当资金供应超过资金需求者的需要时，资金供应者就会通过报出更低利率的方式通过竞争获得对该项目的投资机会，这自然就会降低融资者的借款利息。同样，如果无人对某一投资项目感兴趣，或者以现有利率所能够筹集到的资金没有达到资金使用者的预期，它又会通过报更高利率的方式，力争引起更多投资人的投资兴趣。通过这样的市场竞争，自然可以保证每一个 P2P 网贷市场中的项目的借款利率，都能够与其项目的基本内容相匹配，保证利率的合理性。

事实上，无论是大家所熟知的余额宝等网络理财产品，还是已经逐渐被妖魔化的 P2P，通过引入互联网技术，都可以有效地摆脱传统金融产业中空间地理范围对客户规模的限制，更有效地提高了互联网金融机构的资金规模，实现了自身经营中的规模经济，从而能够帮助这些互联网金融企业实现更高的经营利润。

第二节　互联网金融的规模经济

传统金融中的规模经济

在传统的经济学原理中，有一个“规模经济”的概念，其大概意思就是，在商业竞争中，大企业往往比小企业拥有更多的经济资源，因此也更容易在竞争中获得优势，这也就保证了大企业能够获得比小企业更高的利润率。而事实上，金融行业，包括互联网金融行业，恰恰是规模经济最为明显的行业之一。

在传统的中国证券市场中，我们经常听到一些小道消息说，一些基金公司或者证券公司在操盘、坐庄、炒作某一只股票。尽管这些传闻几乎绝大多数都是纯粹的谣言，但是这其实在很大程度上也揭示了金融证券运作的一些基本的技巧。

比如说某一个基金公司打算炒作某一只股票后，它通常会先悄悄地收集筹码，在这只股票价格尚在低位时，先不动声色地在二级流通市场大量购入。当它已经掌控这只股票一个较大的比重时，比如百分之三十以上的流通股，基金公司再在证券市场中激进地大量买入，通过大笔的大额买入，甚至有时其实就是自己买、自己卖的倒手交易，在很短时间内，把这只股票的价格拉升，以吸引市场的关注，吸引更多的跟风盘的跟进。当这只股票的价格已经达到一定高位时，证券公司或者通过股价的大涨大跌洗掉跟风盘，进一步增加自己的控股比例，以求进一步拉升股价，或者在股价的盘整中逐渐悄悄出货，在高位把自己以往低价购入的股票出售变现，以实现自己的利润。

在整个二级市场的股票炒作过程中，基金公司只有拥有雄厚的资本，才有能力实现对某一股票的掌控，才能对其炒作。如果你的基金只够购买某一股票不到10%的股份，你自身的控股比例不高，那么你的大单买入、拉升股价的过程，也正是其他投资者高价出售、获利套现的过程。基金公司的炒作就白白成了抬轿子，只能把自己的资金深套其中，而难以获得利润。这也是为什么总股本更低、流通盘子更小的股票，更容易出现股价的暴涨暴跌的原因，因为相对而言，炒作这些股票的资金门槛较小，它们更容易赢得投资基金的关注。而相反，像中石油、中石化这样的超级大盘股，可能几乎没有投资资本有足够的实力拉升它们的股价，实现对它们的炒作。

在投资市场中，如果你拥有更多的资金，也就意味着你可以动用更多的资源，那么你所能够炒作或者能够进行的投资选择就更大，你的投资获利的机会就更高。相反，如果缺乏资金，那么你的资金的投资方式和投资方向就更少，你从投资中获得收益的难度就更大，投资收益将更小。这恰恰是金融领域中的规模经济的含义。

而自次贷危机以来，被我们陆续认识的西方金融发展中的“大而不倒”现象，也帮助我们从另一个角度认识了金融行业的规模经济。对于现代经济体系中的每一个国家而言，在金融体系中，占据更重要的角色的金融企业的一举一动，往往会对本国经济秩序产生重要的影响，如果随便允许它们破产，将对一个国家的国民经济产生致命的伤害。这也是为什么美国可以允许在其投资银行业内分别占据第三、四、五把交椅的贝尔斯登、雷曼和美林破产倒闭，却不惜注入重资扶持投资银行界的前两名摩根斯坦利和高盛，同时扶持银行业老大花旗银行、保险业老大 AIG 的原因之所在了。

当一个金融企业发展水平更高时，它在国民经济中的地位就更重要，它对经济的话语权将明显上升，哪怕再自由化、市场化的国家，也不会随便让其业绩发生巨大的变化，特别是允许其破产。从某种意义来说，当一个金融企业具有强大的经济规模之后，它就有实力要挟金融管理当局，甚至挟持政府的政策选择，这恰恰反映了金融业中的规模经济特征。

互联网金融中的规模经济

余额宝等互联网理财工具的推出更是鲜明地反映了金融中的规模经济效应。我们都知道，尽管银行一直在抱怨，正是由于宝宝军团的崛起，才产生了大规模的存款搬家，大量以往存放于银行体系中的活期存款以及部分定期存款，都转移到了众多的互联网金融产品中。但是，如果要追溯这些从银行中搬家出来的资金最终到了哪里，我们就会发现，宝宝军团在筹集到众多投资者从银行取出的资金之后，又通过协议存款的方式把它们重新转入了银行体系。也就是说，尽管说起来，中国的货币基金的总规模已经超过2万亿元人民币，但是这笔巨额款项并不是从现有的银行体系中漏出，而只是通过货币基金的中转，又重新回归了银行体系，并没有明显地改变银行体系的资金规模。

可是，相信很多人都能够从对余额宝的争议以及相关的宏观管理政策的改变中看出现有银行体系对余额宝的仇视。既然货币基金是来源于银行体系，又最终回归银行体系，似乎对银行就不会构成大的冲击，为什么银行会如此敌视余额宝们的存在呢？

尽管在余额宝们诞生之后，银行体系的资金总规模没有发生大的改变，可是银行体系的融资成本却发生了巨大的变化。同样是这笔资金，在余额宝们诞生之前，它们大多是以活期存款或者定期存款的方式存放于银行体系中，它们的利率水平相当低。正如前面介绍的那样，0.35％的活期利率，抑或3.25％的1年期定期利率，都明显低于宝宝军团的年化收益率。

要知道，众多互联网金融企业可不是慈善家，即使在推出之初，它们可能会利用自有资金补偿互联网金融工具的收益，以保证这些宝宝们的高收益率，以及保证它们对客户的吸引力，但是当货币基金的行业规模达到2万亿元的天文数字时，相信已经没有任何一家互联网金融企业有实力再继续补偿它们的收益，也没有一个投资者会愿意拿出自己的资金去让互联网金融企业向这个无底洞中砸钱。所有互联网金融企业给宝宝军团的用户的利息，只能最终来源于这笔资金的投资收益。而在余额宝的发展模式的影响下，几乎所有的宝宝产品都是依托于货币基金产品，也就是说，它们的利息只能来源于这些货币基金资金在银行协议存款市场中的存款利息收入，那么银行为了这笔协议存款所支付给货币基金的利息显然应该高于互联网理财的用户所获得的利息收入。实际上，互联网金融企业只是把众多银行支付给它们的利息，再倒手转让给购买其互联网理财产品的用户而已。然而，在这个过程中，银行所付出的利息成本却成倍地增长了。

银行不能提供具有竞争力的市场利率的经济学分析

既然货币基金产品所支付给客户的利息，从根本上来说，还是来源于银行，不知道有没有人产生这样的疑问，为什么银行不直接给储户高利息，直接通过高利息吸引民众的存款，却还要让货币基金从中倒手，赚一个盆满钵盈呢？

首先是银行不愿意直接向民众支付高利息。毕竟长期以来，在利率保护的中国资本市场中，众多民众早已习惯把钱存放于银行体系，而基本不会过多地考虑银行的利息。对很多民众而言，把钱存入银行，并不是通常意义上的理财或者投资，而只是保证资金的安全性，预防未来的资金使用需求的正常选择。

民众不可能在获得收入之后，在第一时间就把所有资金全部花掉，而应该讲究细水长流，要保证资金在一定周期内能够满足自己的资金使用需要，甚至必须为不可测的未来提供一笔预防性资本。然而，如果选择把钱存于家中，可能会有被盗、被虫蛀等风险，因此，对于很多保守的民众，特别是年龄相对较大的老百姓而言，把钱存入银行只是保证自己资金安全的一个简单的选择，那么利息收入只是一个副产品而已，也就并不显得那么重要了。

套用经济学的名词，在传统的储蓄模式下，老百姓对银行利率的反应并不明显，他们的储蓄意愿是弹性不大的。若银行提高利率，他们不会明显地增加自己的储蓄规模，相反，即使银行降低存款利率，他们也不会大幅度地减少自己的储蓄。那么，在没有竞争压力的情况下，银行显然是没有提高存款利率的积极性的。

而另一方面，如果银行可以区别通过宝宝军团流入自己体系的资金和原本就留在银行体系的资金，也许银行是愿意直接为通过宝宝军团流入的资金支付高利息的，毕竟利息给谁都是给，还省得货币基金掺和，明明没有自己出钱，反而白赚了人情呢！然而，如果银行仅仅针对这部分资金提供高利息，显然就构成了对其他储户的不正当竞争了。同样的储蓄，凭什么你给这部分储蓄高利息，给那部分储蓄低利息呢？

可是如果不加区别地完全提高银行所有储蓄的利率水平，把它提高到与当前的协议存款利率相当的水平上，银行又会觉得，通过货币基金流回银行的资金，在银行的总储蓄中，其实仅占一小部分，为了这一小部分储蓄而整个地提高自己的利率水平，极大地提高自己的经营利息成本，似乎也不合算。我明明可以按0.35％的当前利率就吸引到相当规模的活期储蓄资本，我为什么要出超过4％的高利率给这些储户呢？这不是把银行当冤大头使吗？只为了通过货币基金进来的那一小部分资金，要让我提高整个储蓄利率，不是明摆着捡了芝麻，丢了西瓜吗？

正是在现在的银行存贷款业务模式下，货币基金资本所占的比重并不高，这才导致银行根本不愿意从整体上提高自己的储蓄利率。而与此同时，其实，即使银行愿意针对这笔货币基金储蓄提供高利率，在中国现有的金融体系下，也不允许它们随便提高利率。

很多人都知道，在清朝一度盛极一时的钱庄正是在八国联军进入中国时，在面临众多储户的挤兑后纷纷倒闭，而与之相对，在20世纪二三十年代的大萧条期间，很多美国的银行也在挤兑风潮中走向倒闭。当然，这最终引起了现代银行体系中最为重要的存款保险制度和准备金制度。但是很多学者也从另一个角度看待这两次银行倒闭风潮。在他们看来，在银行业竞争相对完全的这两次银行业危机中，各个银行为了追求储蓄，纷纷提高了自己的利息报价，希望以更高的利率吸引客户，获得更多的储蓄，这样才能保证自己有足够的资金发放贷款，并从中获取收益。然而，银行的存款利率的不断提升，也意味着银行的经营成本的迅速提升，这又对银行的经营安全产生了极大的冲击，使得一旦宏观经济形势出现恶化，银行利润水平下滑，银行的经营就很容易陷入困境，并走向破产。这也使得20 世纪中后期，即使在金融市场化水平相对较高的美国，对于银行存贷款利率的管制也是一种普遍的现象。

特别是在中国，尽管利率市场化的改革呼声已经不绝于耳，但是当前的中国金融管理当局仍然是限定了银行的存款利率和贷款利率水平，希望借此避免银行之间的恶性价格竞争。这也是为什么我们看到，每到年末、季末，银行需要阶段性地增加自己的存贷款规模时，往往会在金融管理当局所允许的利息水平之外，再附加给予储户一些食品、生活用品等赠品，希望在不违反金融管理当局的利率管制制度的前提下，通过对储户的经济补偿，吸引到更多的储蓄存款。而事实上，金融管理当局也完全清楚银行的这些小伎俩，只是对这些违规不违法的做法往往选择睁一只眼闭一只眼罢了。

但是，如果让银行完全无视金融管理当局的利率限制，突破其利率管制，直接给予储户远高于当前利率水平的利息，那就是严重的违规甚至违法行为了，这样的做法是当前中国的金融管理体制所无法容忍的。而与之相比，协议存款市场是市场化程度更高的货币市场，在这个市场中，资金供求双方完全可以根据当前的资金供应状况协商确定协议存款利率，这一利率也是不在金融管理当局的利率管制之列的。因此，通过协议存款的方式，给予货币基金高利息，而由其转递给货币基金的购买者，恰恰是规避当前金融管理制度约束、间接实现利率市场化的途径。至少从制度上来说，这比直接让银行给予储户更高利息更靠谱。

货币基金享受高利率待遇的原因

我们可以从另一个角度来思考这个问题：为什么银行愿意给货币基金如此高的利息？问题很简单，当千万普通用户购买了宝宝产品之后，它们所依托的货币基金就可以把千万普通用户的资金集中起来，共同与银行进行议价。当你只是向银行存入几百元、几千元时，对于银行庞大的储蓄规模而言，你的存款就连九牛一毛都算不上，就算你想为这几百元钱跟银行讨价还价，银行也根本不会愿意理会你。

然而，当一个拥有数亿元甚至数千亿元资金的机构提出想把资金存入银行时，无论哪一家银行听到这个消息，肯定都得两眼冒光，这可不是一笔小钱。如果要靠通常的柜台储蓄，那可得好几家银行营业网点几天甚至几个月的工作量，这其中所耗费的人力、物力也不少。如果能够一下子就吸纳如此巨额的资金存款，那么银行把它们省去的日常经营费用拿出一部分来补偿其利息，这又有什么好奇怪的呢?

说白了，货币基金的经营策略与前面所说的团购交易有着异曲同工之处。如果仅有一名消费者到团购商家进行消费，进行讨价还价，通常根本没有说服力，商家往往不愿意对其作出太多的价格让步，因此很难享受到团购的优惠价格。相反，如果存在一家团购网站，可以集聚起数百名消费者一起购买该团购商家的商品或服务，那么其业务规模将是商家所难以抵制的诱惑，对其进行让利，给予最优惠的价格当然也就根本没有问题了。

从这方面来说，无论通常的网购消费中的团购、互联网理财，还是 P2P 网贷过程中的高投资利率，其实都得益于通过互联网技术，高效、低成本地实现众多客户群体的集合，通过发挥群体的力量，增加客户在市场定价过程中的发言权，从而在市场机制运行中享受到单个消费者所无法获得的额外利益，这恰恰是互联网金融中团结的力量的最大体现。

比特币的集聚特质

在互联网金融的另一个重要的领域，虚拟货币领域，我们也许可以看到更多的这种利用互联网实现的聚沙成塔、集腋成裘现象的发生。事实上，比特币的交易过程，恰恰利用了这种互联网经济的集聚发展的特性。

作为一种全球应用最为广泛的虚拟货币，比特币其实是一种交易的安全性和价值的稳健性相当高的虚拟数字货币，它实际上只是一种特殊的数字签名链，它可以记录其中所有的交易经历。换而言之，任何比特币的交易，使得比特币从一个持有人手中转移到另一个持有人手中之后，都会在原有的比特币的数字代码中重新生成代表相应的比特币交易过程的新代码。这也保证了当持有者获得比特币之后，他其实可以完全回溯这些比特币的所有交易过程，这也成为比特币的交易安全性的一个重要方面。

而对于比特币的交易安全最重要的设计规则是所有签署的比特币交易都会被发送到网络进行广播，尽管不会披露交易当事人的基本信息，但是所有比特币的交易都是对外开放的。而交易的过程，就是在原有的比特币信息代码之上，附加上代表本次交易的验证代码。为了避免比特币的重复交易或伪造，所有交易信息都必须通过网络进行验证，而在整个比特币交易网络中的、具有强大的运算能力的计算机，就必须承担起验证互联网中的比特币交易的角色，而它们也就成为通常所说的矿工。

一旦拥有最强运算能力的矿工抢得某一区块的交易信息的记账权，也就是在完成比特币交易的验证工作之后，它将获得 50 枚新创建的比特币，这也是创造比特币新货币的唯一办法。

对于互联网中的任何比特币交易者而言，他们在处理比特币交易信息的验证工作时，所面对的不再是单个的交易者，而是除他们之外的、整个比特币交易网络中的 CPU 处理能力。而对于任何企图在比特币交易中弄虚作假的玩家而言，他们将必须对抗整个网络。对于拥有数量众多的矿工的比特币交易网络而言，这样的对抗无疑如蚍蜉撼大树、螳臂挡车般可笑。这也意味着确保比特币交易安全的恰恰是整个网络的集聚力量，以集体的力量共同对抗任何一个企图在比特币交易过程中违反游戏规则的用户。

正是通过上述别致的设计，整个比特币的交易和验证都演化为个体对抗集体的斗争游戏，而通过这样的力量对抗，最终才实现了比特币交易的安全性。与比特币相反，在现代互联网经济中所产生的很多企业货币，都存在游戏规则或制度上的不合理之处，使得任何投资者一旦拥有整个网络 51%的运算能力，就可以随意地掌控市场交易，甚至随意地破坏市场交易规则，最终毁掉了整个虚拟货币的运行基础。

而与之相比，在当前如此庞大的比特币交易网络中，如果想控制 51%的比特币网络运算能力，所需要的 CPU 的运算能力将是一个无法想象的庞大的天文数字，这基本是一项根本不可能实现的任务。

此外，考虑最为极端的情况，假设某一个人发明了一款足以打败市场中其他所有矿工力量总和的矿机，从而获得了超过 51%的网络运算能力，也就是说，他其实可以欺骗他人，在比特币交易中偷回自己的比特币。当然，他也可以用自己的矿机去验证市场中的比特币交易。此时，他就会发现，利用自己的尖端的矿机，自己在比特币交易网络中按既定的游戏规则进行比特币交易的验证，每验证一笔比特币交易，自己将从中获得 50 枚新创比特币，这样遵守规则能够给自己带来的好处，要远远大于破坏规则和交易体系，进而破坏自己的比特币财富的有效性的违反规则的做法，这反而更能够保证比特币交易过程的稳定与安全。

第三节　互联网金融的集成化

产业经济的集聚发展与互联网经济的集成化发展

传统经济讲究产业发展的集中，很容易在区域范围内形成众多产业的联合体，或者若干同一行业企业的集中。比如，在大庆等石油城市中，可能半数以上居民都是直接或者间接地服务于石油行业，也许最初仅仅是一个油田的兴起，随之各种对于油田的生产服务、对于石油工人的生活服务会逐渐在周边兴起，最终形成一个产业体系完整的庞大的城市。而另一方面，像义乌小商品的集聚，像福建晋江运动鞋的集聚，都反映了这种传统经济机制的集中化。

然而，互联网经济的兴起，逐渐消除了地理空间位置对于产业分布的限制，开始针对碎片化的市场需求，提供有针对性的商品与服务，实现产业结构的重构。更为重要的是，互联网可以把一些原本看上去风马牛不相干的技术有机地联结在一起，实现产品与服务的集成化。

早期的互联网金融，可能更多只是众多金融企业主导的网络化的运营。在整个推行过程中，发挥主导作用的往往是金融机构，它们仍然是遵循固有的金融产业的发展规律和金融产业运行机制，只是为了适应互联网技术的日新月异，而选择利用互联网技术，改造原有的工作流程，实现互联网与金融服务的对接。在这方面，像我们熟悉的网络银行、电子银行、手机银行，都是在这样的发展思路下发展起来的。

从严格意义来说，上述以金融机构为主导力量所推进的金融互联网化，并不是真正意义上的互联网金融，它们只是互联网武装的金融信息化。从某种意义来说，这两个概念同属于互联网与金融发展的有机结合，然而二者的主导力量与发展思路却存在着明显的差异。

互联网武装的金融信息化，的确也是通过对接互联网技术来发展现代金融产业，然而，在它的发展过程中，互联网只是一个媒介，或者说工具，它并没有改变传统金融的发展思路。比如，对于银行而言，在营业网点销售基金产品，与在网络银行中通过互联网技术销售基金产品，或者通过网络银行进行转账交易与在银行柜台进行资金转账，只是交易媒介的差异，它们在产品设计、运作流程、客户选择等金融化的所有主要方面，几乎都没有发生明显的变化。

正是由于金融机构所主推的金融信息化，由于长期以来的专业知识积累和经验总结，在这些金融机构的领导者的脑海中，金融是什么已经基本定型，金融应该如何发展，也已经有了清晰的发展思路。只是由于互联网所带来的信息化革命，集成到金融发展过程中，可以有效地降低这些金融机构的运行成本，提高经济效率，因此，它们才会选择通过互联网技术对现有工作流程进行革新，而不会选择颠覆性地变革掉传统的金融发展思路。也正由于此，它们很难被直接纳入互联网金融的范畴。

互联网金融的实质

真正意义上的互联网金融，往往是由一些互联网企业所推动。也许正是由于无知者无畏，正是由于缺乏足够的专业知识，正是由于对金融模式、金融规则并没有清晰的理解，反而能够使得这些互联网企业有足够的想象力，在一张白纸上绘画出最美丽的互联网金融画面。

的确，在很多金融机构的专业人士看来，掀起当前的互联网金融的腥风血雨的很多互联网企业都缺乏基本的金融常识，它们也在做着一些在专业人士看来是根本不可能有市场价值的傻瓜工作。这些傻帽式的想法在很多金融业内的专家学者看来是根本没有市场价值，也不可能创造任何市场利润的愚蠢选择。比如，没有亲至营业场所，怎么会有人放心大胆地把资金直接交给虚幻的网络世界中的一个从来没有见过的人、从来没有了解过的企业去使用？一个虚幻的存在于网络世界的网络理财机构如何可能赢得客户的信心？就连银行经过细致调查的信贷都有极高的坏账率，那些通过网络发放出来的资金，怎么可能控制信用风险？

然而，借助于互联网技术，很多当初看上去根本不可能实现的金融产业化运作模式都被证明是完全可行的。互联网金融已经彻底地颠覆了传统金融机构的很多游戏规则。从这方面而言，互联网金融不仅是金融信息化的革新，而是一种彻底的革命。现有的既得利益者是不可能有能力和魄力来主推针对自己的革命的，这就决定了在这场革命中，金融企业只是扮演被革命者的反面角色，或者是辅助互联网企业推进互联网金融的配角，而绝不可能充当起革命的核心力量。只有充满着革命精神的互联网产业人士才能够充当这场革命的领导者。

正如我们所看到的，无论是以余额宝的崛起为代表的中国的互联网金融，还是在大洋彼岸美国的以移动支付、虚拟货币为核心的互联网金融的发展，都是由众多互联网企业利用它们的信息技术而推行的。这些新兴的产业与其被纳入现代金融产业，倒不如说更像一些互联网产业，它们更多地表现为互联网技术与客户的金融服务需求对接而实现的新技术的集成。

正是由于互联网技术的广泛应用，互联网金融才摆脱了传统金融受空间地理的限制的不足，针对分布更为广泛、客户需求更为多样化、企业运营更为灵活的新的市场特征，把互联网技术有机地集成到客户金融需求解决方案中去，才实现了今天的繁荣的互联网金融的产生。

互联网金融的去中心化趋势

在互联网金融的发展过程中，传统金融所倚重的金融中介的作用已经被逐渐地淡化，金融脱媒或者说去中心化则成为发展的主导趋势。正如我们所看到的那样，在传统银行主导的信贷机制中，银行居于筹集市场存款、发放贷款的核心地位，尽管从资金的供需对接来看，银行仍然起着中介作用，然而这一中介作用却是主导着整个产业发展的基础。也正是由于银行在资金供需中的核心作用，银行才得以从中获得更多的话语权、更高的营业利润。

然而，在互联网企业所主导的互联网金融的发展中，金融企业已经被技术性地边缘化，其中介作用被极大地弱化，已经无法在整个互联网金融中充当核心角色。即使是提供互联网技术支持的互联网企业平台，也不再追求产业发展的核心地位，而更多地扮演服务性角色。因此，在互联网金融的发展过程中，每一个角色都被合理地安置在不起眼的位置，只有客户才是整个市场的主导，他们的需求，决定着互联网金融企业会提供什么样的服务，他们的供给主导着互联网金融体系中的资源供应。在整个互联网金融体系中，已经不再存在传统意义上的核心组织，而是表现出明显的去中心化特征。

以典型的 P2P 模式为例，在整个 P2P 网贷过程中，P2P 网站往往只为双方提供借贷信息的汇总和核实，借款者在 P2P 网站中根据自己的需要发布借款信息，而贷款者则根据不同借款者的信息决定自己资金的投向。在整个过程中，借贷双方都可以自主地决定自己的决策，而不会受到 P2P 网站的过多影响。而 P2P 网贷平台最多只是在核实借款人的个人信息、借款信息与信用水平时，会对贷款方产生影响。然而这样的影响也是微乎其微的，与传统的银行机制在筹集存款、发放贷款过程中的强势的主导作用相比，P2P 网站的作用几乎可以忽略不计。

在整个 P2P 过程中，所有参与者，无论是借贷双方还是 P2P 网站，都是遵循着互联网的平等哲学，各方能够在交易过程中平等共处，公平获益，自由决策，极大地降低了金融交易过程中的不公平因素，这与传统金融体制中金融机构的强势地位是截然不同的。

而在激化互联网金融企业与银行体系矛盾的虚拟信用卡的设计过程中，我们也可以明显地看到这种去中心化或脱媒化特征。虚拟信用卡不再区别信用卡的发行行、结算中心和刷卡行，它只拥有一个单一的发行单位，由它对消费者在发行单位的消费活动提供信贷支持。它也由一个由金融机构发行的，需要串联起不同金融机构，并在不同金融机构之间分配收益的金融中介产品，转变为由单一机构所发行的个人消费信贷支持工具，而更多地扮演信贷支持的角色。其角色的变化，以及在金融交易中地位的改变也是显而易见的。

正是在互联网的公平、自由、平等的游戏规则的主导下，互联网金融尽管通过互联网技术有机地串联起了民众的金融需求与互联网的技术支持，但是它更多地向民主金融或者说普惠金融的方向发展，从根本上改变了原有的金融产业的游戏规则和运行态势，从而实现了运用互联网技术对金融进行翻天覆地的改革。

第十二章
需求导向：互联网金融的创新方向

第一节　从福特制到 DIY

现代工业体系中福特制的产生

现代工业体系的建立也给社会生产模式带来了巨大的变化。19 世纪，随着工业革命的兴起，蒸汽机开始大量应用于工业生产，社会生产开始走出自然经济的小打小闹的作坊式经营，开始采用机械化大生产的经营模式。20 世纪初，第二次工业革命后，我们现在所说的工业生产流水线开始在工业生产中大量应用，以福特汽车为代表的现代工业企业，开始进入飞跃式的发展状态。

在整个工业经济阶段，我们看到的生产模式基本都是集中生产、大规模投入、大规模生产的运营模式。由于福特汽车是这种生产模式的最早践行者，也是最典型的代表，因此，在现代经济发展中，这样的工业经济发展革命通常被称为“福特制”。

不可否认，“福特制”的产生既有着其特殊的历史背景，又有着极为重要的社会影响。正是得益于机械化生产设备包括此后的计算机信息技术在社会生产中的广泛应用，原来一体制供应的工业生产，已经根据生产工艺的差别实现了模块化生产。在模块化生产过程中，首先根据构成及工艺将整个产品划分为不同部分，再由不同的原材料生产单位（既可以是企业内部的不同组织部门，也可以通过外包转移到独立核算的其他企业）组织生产，最终把各种分散化的部件组装成完整的最终产品。

在"福特制"的生产过程中，往往讲究通过细致分工使得生产的每一个部分只集中专业化地从事某种单一的生产工艺，这样做既可以通过机器设备提高生产的准确度和效率，也可以通过培养人的熟练度或者条件反射能力优化生产的运营。

在"福特制"生产模式下，社会生产往往追求"标准化"。一方面，既希望通过标准化的产品供应能够最大限度地满足最多的社会阶层的不同的社会需求，另一方面，也需要通过标准化的生产设置，确保不同零部件之间的匹配和产品的兼容性。而大家所熟知的福特汽车所生产的"T 型车"就是这种以同一产品满足不同社会需求的标准化社会需求模式的典型代表。

在标准化生产模式下，既然不同的厂商所生产的产品在功能设计甚至外观设计上都有着极大的相似度，因此，为了赢得市场竞争，不同的厂商只能追求不断地提高自己的生产效率，持续降低生产成本，从而以低价赢得竞争。另外的竞争战略选择则是向市场提供质量更加稳定、使用时间更长的优质产品，以培养自己的品牌优势，确立自己在市场竞争中的优势地位。

事实上，自 20 世纪以来，在工业生产中的绝大多数创新，基本都是围绕上述两个思路进行的。无论是通过引入生产流水线或者计算机辅助生产，以机械或者电脑替代人力来提高生产的稳定性，还是日本丰田式的精益生产，强化不同生产环节之间的衔接度，减少产品与资源在生产过程中的积压和沉淀，降低库存压力，提高资源的利用效率，都可以从中看到这种"福特制"下的战略思想的选择。

"福特制"的生产模式追求使用一种产品满足全部社会需求，因此在很大程度上其实是宣传人之间的共性，而最大限度地抹杀一切个性化的因素。在社会生产尚未极大丰富、人们的消费能力尚不高的时期，人们追求的只是获得商品，而非获得什么样的商品，因此，这种追求统一性的消费理念很容易被人们所接受。比如说起 20 世纪六七十年代中国人的衣着，人们的脑海中总是涌现出绿军装、蓝大褂的形象，从某种意义来说，绿军装和蓝大褂就是可以满足那个时代所有人的衣着需求的标准化的商品。

现代经济的差异化需求

随着社会生产的不断发展，以及人民生活水平的持续提高，这种传统的标准化生产模式及标准化消费模式已经无法满足生活水平、审美观点不同的人们的消费需求。因此，20世纪90年代以后，消费的差异性、品牌化开始在我国的不同消费领域表现得日益明显。而互联网领域恰恰是民众展示自我、展露自身消费差异性的最重要的领域之一。

在互联网时代，每个人都可以自由地在网络中发表自己的观点，即使是草根、平民，也可以像明星、大腕一样，通过微博等网络信息渠道展示自己的生活，晒出自己的个性。通过如QQ、微信等移动通信程序，人们也可以自由地进行交流。因此，在互联网中，自由、平等、分享和协作，已经打破了传统经济模式中等级森严的阶级差异、贫富差异以及性别差异。

在互联网经济中，一些积极参与互联网活动的群体，特别是一些年轻人群，更希望通过网络打消家庭、学校乃至社会刻在自己身上的一些印迹，而自由地展现出自己张扬的个性。网络消除了人与人之间的隔膜，也使得很多人可以克服在现实生活、工作中的束缚，从而展现出很多在现实生活中不敢表现或者不愿意表现的第二性格，因此在互联网中，人们总能够表现出远胜于现实生活中的勇气与决断。这些都推动着一种个性张扬的互联网新文化的普及和发展。

事实上，在网络中，人们已经不再甘于永远扮演被传统的教育模式所制造出来的标准化的乖宝宝，不再愿意永远地压抑自己的个性，而充当父母、学校或者社会心目中的形象。他们一方面可以寄托于QQ秀、虚拟人生等游戏角色，在游戏端表现出自己所期望的个性；而另一方面，也希望在互联网中进一步展现自己在游戏中的个性特征，实现人生的自由选择。

与此同时，互联网经济的繁荣，也为现代人的个性张扬提供了前所未有的发展空间。在互联网兴起之前，哪怕是在最繁荣的经济大都市的商业中心，在购物选择方面，消费者可能也只有几十种或者上百种不同的选择。而这些产品的选择，可能为了迎合绝大多数消费者的需求，而更多地表现出一些共同的特征，为了防止引发争议或者激怒普通消费者，都不愿意表现出与其他商品的差异性。这也导致消费者的购物选择往往千篇一律，缺乏个性色彩。

而现代，通过网络购物，消费者可以轻松地获得数万个甚至更多差异性极大的同类商品。哪怕一些容易引发争议的、重口味的设计，也并不罕见。对于很多网络商家而言，它们最担心的就是由于缺乏个性而埋没在众多的互联网商家之中，无法在数以万计的网络卖家中脱颖而出，无法赢得关注。在互联网中，争议就意味着点击率，意味着关注，意味着巨大的市场潜力。因此，即使出于追求点击率，很多网络商家也愿意通过更具个性化的设计来表现出自己的不同。因此，它们本来就不是追求亿万被打上相同烙印的标准化的客户群体，在这个市场中，它们会面临极为惨烈的市场竞争。它们只需要去迎合极少数与自己拥有相同品味和审美观点的客户群体，把他们发展为自己的真实客户，就可以实现自己的经济价值。

也正因为此，在互联网经济中，DIY 已经成为一种生活品位的象征。每一名消费者都不希望与其他人享用相同的物品，撞衫更是被最讲究个性文化的文艺圈视为大忌。而展现自己个性的最好办法，就是由消费者自由参与消费品的设计，由自己和商家共同打造一个专属于自己的特殊商品。因此，随着互联网经济的发展，个性的张扬早已取代了标准化的人格形象，产品的设计已经取代价格而成为商家吸引客户的最重要的因素。DIY 文化的兴起，进一步使得互联网经济对消费者需求的关注达到了极限。

第二节　从技术拉动到需求驱动

工业革命中的技术拉动型经济发展

现代经济的几次工业革命，往往都是源于特定的科学技术的突破或者广泛应用。18 世纪的第一次工业革命，使蒸汽机得以在工业生产中大量应用，由此带来了纺织业的飞速发展，推动了资本主义经济的兴起。20 世纪初，电力开始应用于社会生产，并带来了电报、电灯等新产品的不断涌现，实现了现代经济的第二次腾飞。

第二次世界大战之后，电子计算机的发明及其在工业生产中的广泛应用，则成为新的工业革命的标志。当然，在很多人看来，20 世纪末，现代通信技术，特别是互联网技术的广泛应用，可以被视为第四次工业革命，也极大地改变了现代化生产的发展。

也许很多人会发现，每一次工业革命的兴起，往往都得益于某一重大的科学突破在社会生产中的广泛应用，甚至我们现代所关注的互联网经济，似乎也同样得益于现代通信技术的广泛应用。从这方面来说，现代化的工业发展，更多是得益于技术进步的拉动，由技术进步为社会生产提供了飞跃式发展的可能性，以此来带动社会经济的飞速增长。

事实上，正如西方经济学的发展框架所揭示的那样，现代经济往往更多地关注社会生产的供给，这种供给往往取决于社会资源与技术进步。当技术保持稳定时，只有社会资源的供应在短时间内大量增长，比如在资本主义经济早期，资本主义强国通过对外发展殖民掠夺，大量抢占殖民地国家的经济资源，并将其输入国内，才能极大地推动本国的经济发展。

在这样的传统发展思维下，国与国之间更容易形成以邻为壑的发展理念。如果一个国家可以通过经济交易或者直接的战争抢夺的方式，从其他国家输入经济资源，那么将可以极大地增强本国的经济实力，却削弱了资源流出国的发展能力。

这种传统的经济发展思维其实形成了一种零和博弈。也就是说，全世界的经济资源总量是恒定的，当一国占有的经济资源多时，其实就意味着其他国家的经济资源受到了削弱，影响了其他国家的经济发展。这也迫使各国只能选择通过武力实现经济资源在全球范围的重新划分，由此引发了两次世界大战。与此同时，在国际贸易中，屡禁不止的贸易保护主义，其实也是这种强调经济供给的发展思路的直接产物。

而在各国的宏观政策选择中，各国政府也乐意通过战略性的产业政策，引导资源在不同产业间分配，通过引导资源向政府鼓励发展的产业流动，以增加相关产业的发展能力，加速这些产业的发展，然而，同时又导致其他未受鼓励产业由于资源的大量流失而发展受限。包括次贷危机之后我国的战略性新兴产业发展战略，其实也是基本依照这样的发展思路进行。

在现代西方经济理论中，技术进步往往被视为一种外生的变量，它的发展可以改变经济资源的利用效率，影响最终的社会产出能力。在传统经济体制中，技术进步往往得益于专业的技术工人在社会生产中的干中学和用中学，比如第一次工业革命中纺织业的技术突破大多来源于技术工人。然而，随着科学技术的不断发展，干中学已经很难实现大的科技进步，新型的科学技术只能来源于专业的科研人员，如第二次工业革命中电灯、电报都是来源于实验室中的专业化的科研成果。

利用资源决定供给能力，进而影响社会生产的发展思路，政府完全可以通过公立的实验室建设，或者为私立科学研究提供资金支持，鼓励产学研协作，提高实验室科研成果的产业化转化率等影响科研工作的资源供给的方式，推动科学研究的更快发展，引领社会生产的进步。

正是通过对社会资源的再分配，改变了不同产业的生产能力和发展潜力，推进了科学技术的进步，最终实现了社会经济的一轮一轮的飞速增长。这样的发展规律在每一次工业革命甚至在资本主义经济发展的每一个阶段都可以清楚地看到。

互联网时代的需求驱动型经济发展

尽管现代的互联网经济的发展，从某种意义来说，也具有与前面的三次工业革命相同的特征，也无法忽视现代通信技术在工业生产中的普及与应用，然而在互联网经济中，不仅强调经济资源的数量，对社会需求的关注也已经被提高到极高的水平。

在互联网经济中，计算机通信技术其实只是在最初阶段承担着技术上的支持作用，而事实上，从互联网到电子商务，从网络理财到虚拟货币，真正主导着互联网经济的每一项发展的，实际上都是客户的真实需求。

如果单纯想强调互联网的作用，早期的万维网的建立的确是基于互联网技术的突破。然而，在互联网技术成形之后，其他每一项互联网经济的革命，从门户网站的建设到网络搜索，从电子商务到互联网金融，与互联网刚刚产生之初相比，在技术上，其实并没有特别重大的突破。在整个互联网经济发展的过程中，真正推动互联网经济发展的，恰恰是市场的需求，并通过市场的需求把技术上已经基本成形的互联网技术与移动传媒、商贸流通、金融等传统产业有机地对接起来，以此形成了我们当前所看到的生机勃勃的互联网经济。

互联网金融发展中的需求导向

如果仅仅聚焦于互联网金融，纯粹的互联网技术的突破，可能在更大程度上源于前面所说的由传统金融机构所推动的依赖于互联网技术的金融信息化，比如我们所熟悉的网络银行、手机银行、网络证券交易平台、网络基金超市等等。在互联网技术产生之前，我们的金融交易往往依托于面对面、一对一式的现场交易，这往往会对金融机构的地理范围产生强烈的要求。正如我们所看到的那样，无论银行，还是证券公司，往往都会选择在经济繁华地段设立分支机构、营业场所，以便于吸引客户前来进行现场交易，营业场所的场地费用也就构成了很多金融机构的经营成本的重要组成部分。

而当互联网技术产生后，传统金融的很多面对面的现场交易都可以转而通过网络实现线上交易，通过互联网把金融机构的工作人员与数以亿计的客户群体联系起来，通过计算机程序的应用，实现批处理式的执行程序予以大量解决。这也把以往的一对一式的柜台交易模式，变为了通过计算机系统和互联网实现的一对多式的网络交易，从而极大地提高了网络金融的运营效率，降低了金融机构的运营成本。

在互联网金融领域，一个典型的案例就是移动理财市场的发展。伴随挖财和信用卡管家等移动理财 APP 的兴起，传统的必须委托专业化的财务公司进行的客户理财，已经被简化成为仅仅通过一款款手机 APP 就可以实现的简化的财务服务，每一个哪怕是只拥有少量资金的投资者，也能够像以往的亿万富翁那样拥有专业化的随身理财顾问。这样的平民化的理财需求，恰恰又成为推动互联网理财发展的最有力的动力之源。

然而，在传统的经济发展模式下，金融机构只会关注自身的运营成本的降低，并不会在自己已经占据市场领导地位、能够获得丰厚的垄断利润的时候，勇于变革自己的运营模式，甚至从根本上改变整个行业的发展态势，实现产业发展的飞跃。这种利益上的保守性，也就决定了金融机构绝对不可能承担起发展网络金融的职能。

从技术上来看，金融机构主导的金融信息化与互联网企业主导的互联网金融所依托的互联网技术并没有太多的差异，更不意味着互联网企业能够独占那些发展互联网金融的独家秘诀，掌握某些秘不告人的核心技术。互联网企业之所以能够推动互联网金融的发展，更多源于它们对于传统金融机构在金融领域的垄断地位的挑战，它们希望分沾金融行业所具有的丰厚利润，由此才实现了我们所看到的自下而上的革命性的互联网金融。

单从技术推动角度来看，互联网技术被应用到金融领域，只会产生由当前主导金融领域的金融机构所推动实现的金融信息化，作为外部人，且缺乏足够的金融专业知识支持的互联网企业是根本没有机会对金融机构的领导地位发起挑战的。因此，也就很难解释当前的互联网金融的勃勃生机。

而互联网金融的兴起在很大程度上完全是由于金融机构在引入互联网技术时根本不愿意触及自身的利益，或者说是在有意识地利用互联网技术来实现自身运营成本的降低，而不愿意通过互联网技术更好地满足客户的新需求，从而导致在互联网经济时代，在金融服务领域，金融机构的金融服务的供给与民众的金融需求产生了明显的背离，这就为互联网企业留下了庞大的市场机会。

如果不考虑市场对互联网金融的强烈的真实需求，单单从技术进步的角度是很难解读当前的互联网金融的飞跃式发展的。从这个角度考虑，互联网经济的一个重要特点就在于群体性的广泛的参与性与平等性。通过互联网这个媒介，民众可以自由、平等地表达出自己对金融发展的真实需求，在金融交易过程中，互联网媒介也可以极大地淡化传统金融体制下，金融机构相对于客户的强势地位，从而培育出一种公平交易的市场氛围。

在互联网中，当民众对金融的发展产生了明显的需求，而传统的金融机构又出于维护自身的固有利益考虑，而不愿意主动作出变革时，就出现了马云所说的

“假如银行不改变，我们就改变银行”。当众多互联网企业开始针对客户的金融需求推出一系列颠覆传统金融机构的变革措施后，即使金融机构不愿意主动作出变动，在互联网金融的巨大竞争压力之下，它们也必须选择被动地进行经营决策的调整，从而引起金融业的巨大地震。而引起所有这一切变革的最核心的因素，并不是传统经济模式下众多经济学家所关注的供给因素，更不在于技术的突发性进步，而是源于社会需求的引导，也更是来源于互联网企业勇于变革、敢于挑战的自由、平等的互联网精神。

第三节　中国式互联网金融的需求导向

第三方支付发展中的消费需求变化

如果仔细探究互联网金融在中国的火爆发展，我们当然不能完全忽视互联网技术的日臻完善，对于现代互联网金融发展所提供的完备的技术支持。然而，几乎从当前的互联网金融的每个方面，我们看到的更多的都是社会需求结构的变化对于原有的金融机构产生了巨大的挑战，而在金融机构不愿意主动作出变革来适应这种市场需求调整的情形下，自然而然引发了互联网企业的参与积极性，推动了当前的互联网金融的爆棚式发展。

如果分别从本书所关注的互联网金融的四个领域来看，第三方支付的发展源于电子商务发展所带来的安全支付需要。在20世纪末互联网刚刚引入我国之际，很多早期的网民只是把互联网视为一种获取新闻资讯以及便捷适时通信的工具，对于互联网的经济应用并没有清晰的认识。因此，早期的互联网经济更多着眼于通过烧钱、跑马圈地来吸引市场关注，扩大市场影响力，却很难发现真正具有经济意义的互联网应用。

尽管20世纪90年代网络购物就已经在我国兴起，通过互联网端口进行诸如图书、音像制品的销售，并且已经在一些年轻人群体中成为一种时尚，然而，由于网络支付支持体系滞后的限制，这些早期的网络交易通常需要通过邮局或者银行营业网站办理汇款，因此，客户在网络购物中获得的便利却被网络支付的麻烦所抵消，以致很多客户只是把网络购物视为一种体验，而非真正的生活的一部分。

对于银行而言，特别是在21世纪初银行的信息化改革持续推进过程中，银行已经可以为网络购物提供在线的网络自主转账交易，客户在完成网络购物之后，完全可以通过 PC 终端，仅仅通过银行所提供的电子银行体系，就可以实现货款的支付。在这个过程中，银行仍然主导着交易货款的支付和划转，并能够从中获得相关的利润。

然而，在线式网络交易与现实中面对面的现场交易存在着巨大的差异。由于货款的支付与货物交付的分离，预付款式的提前通过电子银行划转货款，将使得消费者面临巨大的信用风险。一旦卖家交付的货物货不对路甚至违约，没有交付相应货物，消费者将可能损失其支付的部分甚至全部货款。这也意味着，单纯由银行体系所提供的电子银行的银行业务的信息化，并不能很好地解决电子商务的支付结算问题。这也极大地阻碍了电子商务的繁荣发展，从而为第三方支付的引出提供了前所未有的市场空间。

其实在国际贸易中也存在类似于当前的电子商务中的第三方支付的惯例。在彼此不了解信用状况的交易者之间通过引入银行信用证，把商业信用转化为更高的银行信用，让银行充当国际贸易双方的结算中枢，早已成为现代国际贸易发展的重要选择。卖方只要按合同约定安排货物的发货之后，凭借相应的国际运输的运单、仓单、检验证明等相应证明，就可以直接向买方银行索偿货款，而买方银行只要收到全套货物单据，就可以直接履行付款义务。这样，即使交易对方对于彼此的信用状况并不了解，但是只要充当交易媒介的信用证银行具有较高的国际影响力和信用水平，那么，国际贸易依然可以顺畅地进行。

通过引入第三方支付，在电子商务的买卖双方之间也引入了一个类似于国际贸易中信用证发行银行这样的支付与结算的媒介机构。买方先把货款交付第三方支付企业，等收货确认后，再确认付款。如果货物存在问题，在一定的交易周期内，又可以向第三方支付单位申请索回付款。只要第三方支付单位尚未把货款交付卖方，在确认卖方履行货物交割过程中的确存在瑕疵的情况下，第三方支付单位就可以把货款归还买方，以避免电子商务双方不见面、支付与交割分离过程中可能出现的信用危机。

第三方支付的介入，既有效地消除了电子商务过程中的信用风险，也推动了电子商务在中国的迅猛发展。到了今天，网络购物已经成为很多人生活的一部分，甚至马云和王健林两位大佬为电子商务能否超过社会商品零售额的一半而开出亿元豪赌，这些都必须归功于以支付宝为代表的第三方支付体系的建立。

互联网理财中的需求导向

尽管在第三方支付体系中，银行接口仍然是资金流入与流出的源泉，从某种程度来说，进出第三方支付体系的资金仍然需要通过客户的银行账户，通过电子银行实现资金的流转，也就是说，第三方支付的根基其实仍然是发达的银行支付体系，然而，第三方支付毕竟脱离了银行体系的独立的支付机构，大量资金沉淀于第三方支付体系中，更是给第三方支付企业带来了巨大的资金供给，并蕴藏着巨大的商业利润。而另一方面，很多客户为了日常的网购便利，也选择把部分资金提前预支到第三方支付账户，这其实就以牺牲这笔款项本来存入银行可以获得的利息为代价，以获得支付的便利。尽管也许对于某一单个的消费者而言，这样的利息损失是非常有限的，然而，当很多第三方支付企业发展到拥有亿万名用户之后，这样的沉淀资金的利息收益就将成为一个庞大的天文数字，因此，能否撬动起第三方支付体系中的巨额资金，增加其黏合度，将成为第三方支付企业实现二次腾飞的关键。

而另一方面，伴随着移动互联技术的普及，碎片化资源的开发与利用也被提上了议事日程。在此之前，由于人的精力有限，在很多经济活动中，无论是人的精力，还是资金，都需要专业化的投放，工作之余的业余爱好则很难占有各个经济主体的大量资源，也就成为人们经常说的“工作是工作，爱好是爱好”，二者通常是截然分开的。

然而，通过互联网技术的发展，一方面大数据增强了资讯的传播与扩散，降低了很多非经济活动的资源占有度，而另一方面，移动互联也使得人们可以随时随地从事各种经济活动，无论是移动办公、娱乐，还是适时信息的交流与传播都成为可能。人们完全可以充分利用起诸如在车上、厕中、床上等碎片化的时间。同样，很多以往难以投入经济活动的零散的资金资源的开发和利用，也成为可能。

尽管以银行体系为主体的现有金融机构已经针对财富占有量较多的富裕阶层推出了很多财富理财、投资等金融业务，然而，被现有银行体系所忽视的碎片化的资金，却很难找到合理的经济应用渠道，而更多地以现金或者银行活期存款的方式，保存于现有的经济循环之中。对于银行体系而言，利用现有的银行业务类型来筹集碎片化的社会资金将承担巨额的成本，从而显得极不经济，相对而言，资金规模更大的集中型社会资金才是银行体系所关注的对象。这也使得拥有少量资本的中小客户的理财需求被极大地漠视，而这些客户恰恰通常是对互联网利用率更高、对第三方支付的黏合度最强的互联网活跃用户。他们需求的满足程度，对于繁荣互联网经济，推进第三方支付的发展，也具有更为重要的作用，这才促成了 2013 年以来互联网理财的繁荣发展。从这方面而言，推动互联网理财发展的，同样并不是互联网技术的突飞猛进，而只是互联网企业对于碎片式的经济资源、对于中小客户需求的极大关注。

P2P 网贷产生的需求导向

互联网理财更多地从资金供给角度实现了对社会闲散资本的有效筹集和再配置，这些资金经过互联网企业高效的筹集之后，通常仍然是以货币基金协议存款的方式重新回流入银行体系。然而，在现实经济的运营中，由于中国银行的国有化属性，往往导致银行资金的再配置缺乏弹性，其资金的投向更多地是政府政策引导的地方政府、国有企业或地方性龙头企业，而在互联网经济发展中最为活跃的中小型企业，则成为这种国有银行主导的资金配置体系的受害者，它们的资金需要通常被银行所漠视。

传统的依赖于个人社交圈的民间借贷模式，在中国的多年发展中，也逐渐形成了以传销模式为主的庞氏融资陷阱。在劣币驱逐良币的逆向选择下，中国的民间借贷已经成为极具信用风险的雷区。特别是在银行都陷入钱荒的 2013 年以来，因民间借贷资金链断裂而引发经济纠纷以及一些群体性事件的消息，已经不再是新闻，这进一步迫使中国的资本市场建立起一个能够有效连接庞大的民间资本市场和解决中小企业融资难困局的社会资金的再分配体系，这恰恰促成了中国的 P2P 模式的飞速发展。

通过 P2P 网贷的发展，资金供需双方可以摆脱社交圈的限制，在线上实现直接的对接。资金需求者在 P2P 网贷平台中发布资金借贷信息，而资金供给者则可以根据自己的判断自由地进行选择，这完全符合互联网经济的自由、平等、民主的精神，并通过双方的对接，实现利率的市场化，推动社会资金的优化配置。P2P 网贷的发展仍然体现了运用互联网精神，针对中小企业对社会资本的需求，在现有银行体系之外进行的有益尝试。

事实上，如果银行体系能够拥有充足的资金来供应社会经济，而中小企业也能够像大型企业那样轻松地从现有银行体系中获取信贷支持，也就根本没有 P2P 网贷产生的土壤了。从互联网技术的应用来看，P2P 仅仅是利用线上资源，为资金供需双方提供对接的平台而已，最大的技术难题也仅是对借贷双方的资信评估、客户维护，以及信贷资本的回收。然而这些难题都是基于金融层面，而非技术层面，这也意味着真正推动 P2P 网贷发展的，同样不是技术因素，而更多地源于社会需求的驱动。

虚拟货币发展中的需求导向

与上述三个互联网金融的热点应用相比，虚拟货币的产生与发展要显得复杂得多。早在互联网经济兴起之前，在很多商业领域，其实就已经产生了很多诸如会员积分、积分抵现、积分换礼的现象。很多商家，包括金融领域的银行，都会针对客户的交易规模的积累，推出相应的积分奖励政策。实际上，这些积分奖励与当前互联网中以比特币为代表的虚拟货币在本质上并没有太大的区别。

当然，上述商业领域的虚拟货币通常只能在单一企业内部充当替代货币进行交易的作用：一来是因为它的使用领域的限制性相当明显，并不像货币那样拥有广泛的应用领域和价值的权威性；二来是因为即使具有可以应用于经济交易结算的经济价值，但也只是替代货币的流通工具，而并不具有真正货币的价值尺度功能。因此，可以说，包括现代中国互联网金融中影响相对较大的支付宝积分宝、腾讯 Q 币在内的这些虚拟货币，更多只能被称为准虚拟货币。

真正的价值得到普遍认可的互联网领域的虚拟货币似乎只有比特币，只有它才有资格被称为真正意义的虚拟货币。从技术方面来说，它也的确源于中本聪的天才的设计。然而，如果在全球经济的宏观形势中，旁观比特币的产生与兴起，也许我们能够更清楚地看透比特币的本质。

比特币产生于 2008 年末，也正是在这一年，起源于华尔街的次贷危机已经席卷全球。截至当年 9 月，包括贝尔斯登、雷曼、美林在内的华尔街五大投行之中的三家已经走向破产，已经卸任的小布什和新任美国总统奥巴马都推出了强有力的市场注资方案，一连串的量化宽松货币政策已经在美国以及其他经济发达国家得到了有力的推行。然而，所谓的量化宽松货币政策，其实就是传统经济学中的货币扩张的变形。在美联储开动印钞机的同时，作为全球最重要的关键货币，美元的市场价值也在不断地被稀释，处于持续的缩水之中。从经济学家到普通民众都一方面痛恨经济危机对自己生活、工作的伤害，而另一方面又不禁对政府的这种滥发货币的选择产生怀疑，希望能够创造出永远不会滥发、不会出现价值贬值的完美的理想货币，以替代广受质疑的美元。

想必大家也知道，在比特币的设计中，最关键的部分就在于其设计的数量总量是恒定的，最多也仅能达到 2 100 万枚。由于不存在独立的政府背景的货币发行当局，比特币只能通过一种内生的循环机制，实现流通数量和价值的调节。对于质疑美联储与财政部在次贷危机中的责任的当时的经济学家，乃至具有经济思想的互联网技术人士而言，这样的机制设置无疑显示了极为明显的逆反思想，无疑也是讲究自由、平等及藐视权威的互联网精神在互联网中的集中展现。

如果没有恒定的数量天花板和自我验证的交易模式，比特币的价值和安全性也就根本无法得到广泛认可，更谈不上成为世界范围广泛接受的虚拟货币了。而这样的机制设计看起来更像对量化宽松货币政策和引发次贷危机的华尔街金融机构的缺乏监管的盲目发展的一种无言的抵制。

另一个值得关注的问题是，尽管在2008年中本聪就已经设计出了完备的比特币的流通与自循环机制，但是它的价值真正得到广泛认可却是在2011年之后。而恰恰在同一时间，欧洲的债务危机也开始夺人眼球。从某种意义而言，这次是由于美国之外的全球第二大经济体欧盟的经济问题，把世界第二关键货币欧元推到了危机的深渊，才使得深受危机影响的投资者们，希望在传统的美元及欧元之外，找到另一个价值相对稳定、可以挽救自己财富的资产形式。此时，拥有既定的规模限制，永远不会遭受通货膨胀的比特币才成为世界各国投资者所关注的新目标，这才推动比特币的价值从数十美元很快涨至上千美元。

而在2014年世界经济相对稳定、美元与欧元的价值也趋于平稳之时，世界市场对于寻找新的替代传统货币的流通的互联网虚拟货币的需求再次下降，比特币也走出暴涨暴跌的价格走势，其价值重新趋于稳定。

从比特币的产生、兴起以及归于平淡的发展历程来看，比特币其实与我们通常所说的“乱世买黄金”的投资理念并没有本质的差别。当经济处于下行期，特别是扩张性货币政策带来通货膨胀的持续上升时，民众往往希望寻找黄金或者像比特币这样的虚拟货币，即寻求使得自身资产价值更为稳定的投资方式。当黄金的数量受自然开采量的限制而表现出国际分布的不平衡时，拥有更死板的规模限制、借助互联网技术、流动更便捷、价值更容易分拆的虚拟货币比特币也就应时而生。就这方面而言，它的产生与其说是互联网技术的突破，不如说它恰恰反映了国际形势的变化与民众的资产选择的新需要。

事实上，对于互联网金融的发展而言，技术绝不是最核心、最基础的因素，真正引起互联网金融的燎原之势的只能是社会需求的巨大的引导力量。这样的变化规律在此之前的每一次工业革命中并不能清楚地看到，然而，随着自由、平等、民主的互联网精神的兴起，互联网企业对于社会需求的敏感度远超此前的所有传统社会经济主体，它们也更加勇于利用现有的互联网技术，针对客户需求的巨大的市场空白，寻找最优的解决之道。这才推动了我们今天的互联网金融的大繁荣与大发展。

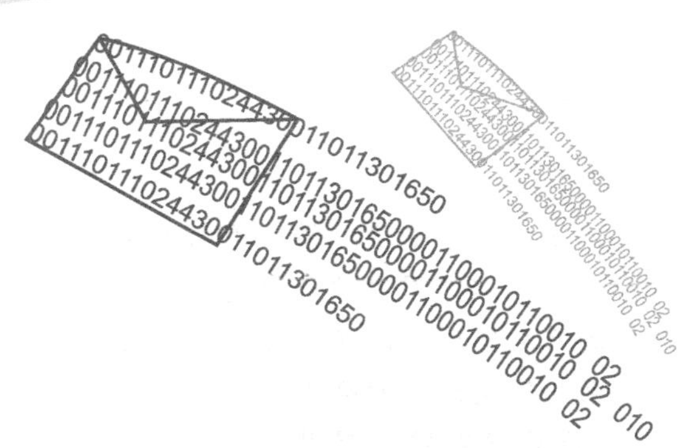

第四篇 路在何方

互联网金融的困局与发展

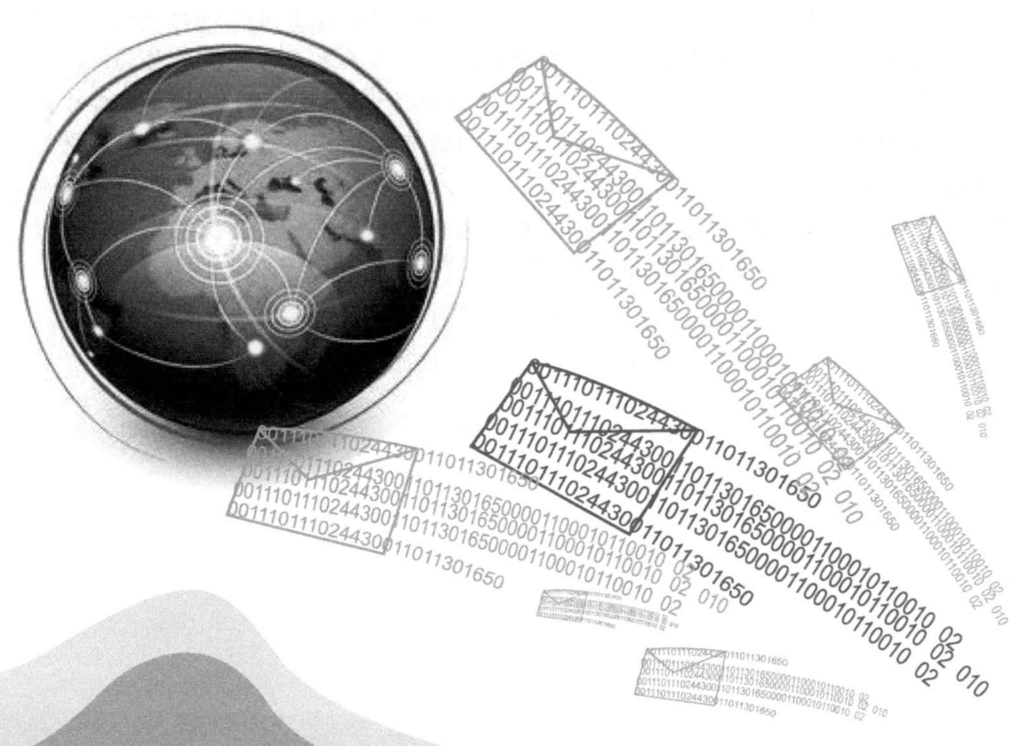

篇前语：

经过短暂的火爆之后，中国的互联网金融似乎又归于平淡。借助于电子商务的飞速增长，第三方支付市场仍然稳中有升，只是虚拟信用卡的被紧急叫停，使人们对其政策风险有了新的认识；身处风暴口的互联网理财，在经历了余额宝的飞速大跃进以及宝宝军团的群雄崛起之后，也面对现实经济的吸血虫的指责，并承担着银行与金融监管部门的双重压力；连续的P2P跑路、倒闭的消息，更使中国的P2P市场成为过街老鼠，面临舆论的指责；一度价格持续飙升的比特币的国际市场价格终于企稳，然而关于比特币盗窃的新闻使其安全性开始受到更多的质疑。

总体归结起来，互联网金融由于依托于虚拟的互联网工具，实现了远程交易，却难以消除由于无法直接接触而产生的信任危机。特别是在互联网理财与P2P的发展过程中，公众对互联网金融产品的信任不足，对其自身发展的制约更加明显。这一切都凸显出完善互联网金融的制度设计，解决其信任危机对于促进互联网金融发展的重要性。

作为一种新鲜事物，互联网金融的发展一直处于摸着石头过河的阶段。一方面，作为从业者的企业对于后市的发展缺乏预判，对其未来的发展趋势仍然没有形成清楚的认识；而另一方面，管理层对互联网金融的认识与管制仍然处于真空，过多的管制将限制互联网金融的活力，制约其发展，而过于放纵，又会导致市场的无序发展，引发众多的法律问题。如何在制度建设层面对互联网金融实施最合理、也最有效的监督与管理，将是我国未来金融制度建设的重要内容，也是我国政府政策制定者所必须思考的问题。

第十三章

固本强基：第三方支付的自强之道

第一节　被忽视的大金矿

第三方支付的兴起

在现代互联网金融的发展体系中，第三方支付是出现最早、发展最完善，同时也是争议最小的领域。与互联网理财、P2P、比特币基本是在2013年前后相继兴起不同，第三方支付是伴随着中国的电子商务的发展而形成的。

在20世纪90年代中期，利用互联网资源开展电子商务已经逐渐成为一种潮流，然而，电子结算技术的发展滞后又严重制约了当时的国内电子商务的发展。如果每一笔电子商务业务都仍然需要通过银行或者邮局汇款的方式了结货款，那么电子商务的网络交易的便捷性将被货款结算的不便所抵消。如果由银行针对每一笔B2C甚至C2C交易中的卖家开放网关端口，分别单独进行货款结算交易，又会极大地增加银行结算处理的工作量，增加其结算成本，进一步削弱电子商务的优越性。

正是出于推动电子商务发展的考虑，引入第三方支付机构，串联起银行和众多电子商务交易卖家，提供最方便、高效、低成本的在线互联网资金的结算服务，并从中收取服务费，也就成为一种自然而然的市场选择。

特别是，借助于淘宝网等网购交易平台，通过第三方支付来克服网络的虚幻性所带来的信用缺失以及信用体系不完善所带来的信用风险，也成为维护国内电子商务顺利开展、规避互联网信用风险、惩治网络欺诈现象的重要手段。

第三方支付的最初发展的确极大地倚重于电子商务而实现。然而，随着互联网经济的日益兴旺，通过互联网进行一些生活服务所带来的资金结算与划转变得越来越普遍，诸如信用卡还款、手机话费充值、购电及购水等生活缴费。此外，通过第三方支付进行基金、证券或者互联网理财产品的购买等第三方支付新用途开始被越来越多的民众所接受，这些互联网第三方创新支付的市场规模基本已经和电子商务资金结算并分第三方支付天下。

正是由于第三方支付在互联网经济中所能够起到的重要作用，它的重要性早在 20 世纪末就已经被互联网经济专业人士所关注。到 21 世纪初，我国已经形成了拥有数百家第三方支付企业的竞争充分的第三方支付市场。众多第三方支付企业的支付工具在功能设计上几乎完全雷同，在互联网经济中所发挥的作用也没有明显的差异。更多的第三方支付企业，如支付宝、财付通只能通过附属在自身之上的电子商务平台淘宝和拍拍网的业务，最大限度地发展第三方支付与互联网经济的黏合度，维系自己的市场地位。而对于像快钱、汇付天下等没有电子商务网站支持的独立的、开放的第三方支付体系来说，寻找独特的市场定位和发展切入点，对于其生存就至关重要了。

随着越来越多的企业选择进入第三方支付行业，众多第三方支付企业开始在几乎同一层面跑马圈地，纷纷以降低结算成本甚至提供免费服务的策略最大限度地吸引客户，抢占市场。中国市场所通行的价格竞争、价低者胜的竞争哲学又一次发挥作用，大家发现第三方支付行业的利润迅速降低，第三方支付也陷入了降价找死、不降价等死的两难境地。

第三方支付市场的规范

尽管第三方支付的市场规模持续扩张，其在当前国内金融领域的重要性也不断提升，但它却因更多地被视为互联网技术的创新而被排除在金融监管之外。这种经营与监管的真空，又进一步放纵了第三方支付市场的恶性价格竞争和无序发展。

正是由于看到第三方支付领域的野蛮竞争带来的诸多乱象，2010 年，随着中国人民银行《非金融机构支付服务管理办法》及《非金融机构支付服务管理办法实施细则（征求意见稿）》的出台，第三方支付行业结束了原始成长期，被正式纳入国家监管体系，拥有合法的身份。

《非金融机构支付服务管理办法》明确规定，非金融机构提供支付服务，应当依据该办法规定取得《支付业务许可证》，成为支付机构。支付机构依法接受中国人民银行的监督管理。未经中国人民银行批准，任何非金融机构和个人不得从事或变相从事支付业务。

对于支付业务申请人资格，《非金融机构支付服务管理办法》规定，申请人拟在全国范围内从事支付业务的，其注册资本最低限额为 1 亿元人民币；拟在省、自治区、直辖市范围内从事支付业务的，其注册资本最低限额为 3 000 万元人民币。注册资本最低限额为实缴货币资本。

自 2011 年 5 月 18 日中国人民银行首批发放 27 张第三方支付牌照后，中国人民银行共分 7 批陆续对国内的主要第三方支付企业发放第三方支付牌照，并将其纳入央行的监督范围，这也代表着我国的第三方支付行业的发展逐渐向规范化、制度化和市场化的道路发展。

也正是从《非金融机构支付服务管理办法》执行开始，我国的第三方支付市场开始摆脱了以往单纯的价格竞争，开始了百花齐放、百家争鸣的市场竞争新格局。从竞争策略来看，阿里巴巴支付宝和腾讯财付通借助于淘宝和拍拍网这两个电商平台，主打电子商务结算，同时兼容了生活缴费、信用卡还款等创新支付服务，成为国内第三方支付的领导者，其在移动支付、条形码支付、虚拟信用卡等新型的第三方支付领域掀起的战争，更是引领着中国第三方支付的行业发展方向。快钱、易宝支付等独立第三方支付企业，则通过渗透航空、保险等垂直领域，通过深耕专有领域，形成自身独有的市场竞争优势。拉卡拉则专注于便民金融服务，其自助终端遍布国内主要城市的各大知名便利店。利用拉卡拉为自己的信用卡还款及进行相关的生活缴费，已经成为很多人生活的一部分，而且移动拉卡拉的普及，已经成为在支付宝和腾讯之外新型的移动支付途径的尝试。

而更为值得关注的是，在获得中国人民银行的第三方支付牌照的企业中，并不鲜见银联商务、上海银联这样的来自传统银行体系的力量，而中国移动、中国联通也在积极筹划移动支付市场的布局。未来的第三方支付市场也将呈现以银行、国有企业为主导的正规军与以支付宝、财付通为代表的民营资本之间的激烈竞争。

第三方支付发展的困局

在十多年的激烈竞争之后，第三方支付的利润空间日益萎缩。在传统的第三方支付模式中，第三方支付企业在替客户进行资金的结算时，通常会向客户收取一定的手续费，并从中扣除一部分作为自己的利润之后，再把剩下的手续费支付给银行。通常情况下，第三方支付企业应该缴纳给银行的基本手续费为相当稳定的比例，其获得更高利润的关键在于尽可能向客户索要更高的手续费。然而，由于第三方支付的激烈竞争，向客户索取更高的手续费就等于白白吓退客户，把市场拱手相让给其他竞争对手，因此，为了争取更多的客户资源，各第三方支付企业往往尽可能压低自己向客户索取的手续费，甚至将其压至自己交给银行的基本手续费水平，这也意味着第三方支付企业已经很难从其提供的支付服务中获得高额的手续费收益。

同时，伴随着互联网理财的兴起，沉淀在第三方支付体系内的资金也将不再能够被第三方支付企业无偿占用，而必须与客户的互联网理财资金账户相联通，享受相应的理财投资收益。这笔外快消失之后，第三方支付中的油水更是少得可怜。

第三方支付在互联网金融中的重要地位

然而，就是这看似毫无油水的第三方支付产业，却是现代互联网金融的根基，也是众多互联网金融企业赢得市场竞争的关键。正如前文所说，对于互联网企业而言，有时利润的高低并不是决定它们的决策计划的关键，能否赢得市场，抢占市场终端的占有率，才是决定互联网企业在市场竞争中的胜负的关键所在。

仔细推究起来，我们会发现，第三方支付看似简单，也没有太高的营业利润，然而，它却是串联起其他互联网金融领域的明珠。特别是大家所熟悉的互联网理财，它更是完全脱胎于第三方支付，基本就是盘活原来沉淀在第三方支付体系内的闲置资金的金融创新行为而已。互联网理财资金的进出，互联网理财产品的购置与赎回，基本都是通过代表这些互联网理财产品的第三方支付平台实现的。第三方支付体系的完善程度，其资金划转的效率，以及交易的安全性更是决定这些互联网理财产品的市场竞争力的最为重要的因素。如果没有完善的第三方支付平台，几乎不可能建立起真正具有市场竞争力的互联网理财产品。从这方面而言，把第三方支付视为互联网理财的根基是毫不为过的。

与互联网理财相似，P2P 网贷的借贷资金的划转，通常也是通过第三方支付体系完成的。尽管 P2P 网贷红遍全国，在互联网中到处开花，然而相当多的 P2P 网贷企业并没能独立获得中国人民银行的第三方支付牌照，这也导致了基本没有一个正规的 P2P 网贷项目可以脱离第三方支付而存在。如果通过电子银行直接实行资金的划拨，一方面 P2P 项目参与者将承担更高的资金转移成本，另一方面，也容易由于不同银行网关接口的不对接而影响资金划转的效率。而引入一个成熟的第三方支付，P2P 网贷项目就可以把资金的结算完全外包给专业化的第三方支付企业，不仅极大地降低了 P2P 网贷项目的运营难度，更可以提供更为高效、低成本的资金转移和流转。

乍看上去，虚拟货币的兴起与第三方支付是八竿子打不着的彼此独立的关系，然而，在通行的比特币交易市场，或者其他常见的虚拟货币的交易过程中，买卖双方仍然需要一个发达的第三方支付体系的技术支持。虚拟货币也许可以从技术上脱离当前的经济体系，甚至脱离现有货币，而在互联网的虚拟世界中流通，然而，无论虚拟货币与现实货币的兑换，还是直接使用虚拟货币进行网络结算，都仍然需要依赖强有力的第三方支付体系的存在。

因此，尽管在多年的激烈市场竞争的压力下，真正来源于第三方支付行业内部的利润已经极为微薄，在很多业外人士看来，第三方支付领域已经是一个不值得互联网企业投入重资进行竞争的鸡肋行业了，然而，如果从整个互联网金融发展的关联度的角度来看，从互联网金融整个行业发展的战略性眼光来看，第三方支付领域作为整个互联网金融的根基与力量之源，仍然是决定市场竞争胜负的关键。只有拥有发达而安全的第三方支付体系，只有拥有最广泛的第三方支付的客户群体，互联网金融企业在跃进其他互联网金融领域时，才会拥有无穷的力量，它们完全可以通过在其他互联网金融领域取得的成功及获得的更庞大的利润来补偿发展第三方支付时的微利。

如果由于缺乏战略性的、全局性的视野，放弃第三方支付行业而跳跃进入其他互联网金融领域，就只能选择与其他第三方支付企业结成战略伙伴，将其资金的结算选择外包给自己的战略伙伴，这样的确也能在一定时期内赢得竞争胜利，但是由于没有亲手掌控第三方支付，就等于选择把决定胜负的关键拱手让与他人。一旦与第三方支付企业的战略性伙伴关系破裂，那么自己在其他互联网金融领域取得的全部成功都将化为泡影，相信这是所有互联网金融企业都不愿意看到的结果。

也正是由于第三方支付在互联网金融领域的基础性作用，它才成为虽然不具备强大的盈利能力，因此容易被忽视，然而却又对互联网金融的成败至关重要的发展领域，也成为互联网金融行业发展中不能开采出黄金的最大的金矿。

第二节　错位发展的第三方支付

第三方支付企业与银行的初始分工

至少在第三方支付兴起之初，第三方支付企业与银行是相得益彰、相安无事的。在当时的银行看来，处理电子商务交易结算资金，特别是交易规模相对较小的C2C交易资金的确是一件出力不讨好的事情。在第三方支付推出之前，网购交易不仅涉及数量众多的交易对手，资金的划转也通常需要在多个银行账户之间进行，而交易金额却通常不大。如果针对每一名网购交易者开放电子结算的网关，将其纳入银行的资金结算体系，将会造成大量交易信息堵塞银行结算体系，甚至造成银行间资金结算体系的崩溃。

除了处理网购交易可能会挤占一定规模的交易资金外，一方面，在20世纪末第三方支付刚刚推出时，我国的电子商务的总体规模并不大，这一小小的交易规模，根本不被财大气粗的众多银行放在眼中。而另一方面，网购交易中必不可少的交易纠纷所导致的大量退款或者索赔的资金结算，又会给银行的资金结算带来巨大的压力，闹得银行焦头烂额，痛苦不堪。如果能够摆脱这一烂摊子，把这部分负担转嫁给其他经济主体，至少在20世纪末的银行看来，是一件不可多得的好事。

第三方支付的推出有效地解决了银行所头痛的海量的中小规模网购资金的结算难题，相当于银行把它的网购交易资金结算外包给了一个个独立的第三方支付企业。它们不仅利用自己在互联网技术上的领先优势，能够高效、低成本地处理好众多的网络交易资金结算，而且第三方支付企业在处理网络资金结算过程中所上缴的手续费，更成为银行收入的一个重要组成部分。

在第三方支付崛起之初，第三方支付企业和银行基本上坚持了“银行做大商户，第三方支付做中小商户”的潜规则。银行可以依照其坚持的“20/80”法则，紧紧抓住它们最看重的大商户资源，集中重点资源开发能够给自己带来最大利润的大商户，以求实现自身利润的最大化。

在2003年之前，网络购物在中国并没有得到极大的普及，互联网购物仍然只是中国商贸流通行业的一个有益的补充而已。特别是主导当时中国网购市场的易趣或淘宝模式的C2C交易所涉及的基本都是中小商户，其交易规模与单笔交易的结算额度都并不大，而银行所看中的大商户则更多是百货公司、连锁超市等拥有实体营业网点的商贸企业，这些企业与银行之间的资金结算大多仍然坚持传统的客户到银行办理现场结算的方式。这样，通过商贸类型的自然划分，就可以实现第三方支付与银行的客户群体的自然分离。在这种双方各有倚重的发展模式下，在很多银行看来，第三方支付只是辅助自己开展中小客户的资金结算的手段，它们之间更多表现为一种友好的合作态势。

银行与第三方支付企业的相互渗透

2003 年的非典在重挫中国经济的同时，却给非现场交易的网络购物带来了前所未有的发展机遇。至此，中国的电子商务开始以前所未有的速度高速发展，也带来了中国的电子商务企业的黄金发展期。淘宝、当当、卓越、京东等一大批电子商务企业得到了极大的成长，它们的销售规模早已远远超过在中国证券市场上市的一些传统的百货类商贸企业的经营规模。此时，银行才发现，原来被自己忽视的网络电子商务交易中也藏着一大批巨大的金矿，如果错过这些企业，显然对银行而言是一个巨大的损失。然而，此时这些依靠电子商务发家的电商龙头要么早已建立了自己的第三方支付体系，它们要么通过自建的第三方支付体系进行结算，要么委派专门的独立的第三方支付企业帮助自己进行网购资金的结算，银行已经很难渗透进这些已经展现出巨大市场潜力的网络经济中。

也正是在同一时间，各大银行也都投入巨资开展自己的网络银行的建设，通过组建电子银行、手机银行，让客户选择借助现实营业网点之外的互联网网络或者手机网络，实现一些常规资金的划转和拨付。这也极大地增强了商业银行利用互联网技术处理中小商务结算的能力，使得它们也有能力渗透进传统第三方支付独占的网络电子结算领域。这也是为什么在获得央行第三方支付牌照的企业名单中，我们可以看到以银联商务为代表的多家传统银行机制的身影的原因。

正是由于形势的飞速发展，第三方支付企业和银行都开始向传统的对方优势领域进行渗透，希望最大限度地扩大自己的市场影响力，提升自身的竞争力和利润空间。这才导致到 2010 年前后，第三方支付企业与银行之间的友好协作关系逐渐被打破，双方开始保持一种表面温和、内部竞争的面和心不和的微妙的关系。

然而，由于第三方支付企业在与银行的关系中的先天不足，使得第三方支付企业在与银行的暗战中处于相对不利的地位。正如前面所说的，在网络电子商务结算中，第三方支付企业并不是直接进行资金的交付，而更多地扮演串联起不同客户的银行账户的角色，资金往往是从一个客户在某一银行的资金账户，通过第三方支付平台，进入其第三方支付账户，等客户完成交易后，确认付款，再把资金转入对方的第三方支付账户，或者转入对方的银行账户。在整个第三方支付的资金周转过程中，资金的起点和终点往往都是银行账户，第三方支付账户只是资金短暂停留的中转站。因此，银行对于第三方支付体系的网关开放程度，会直接影响到第三方支付企业处理第三方支付资金结算的速度和广度。

如果银行有意识地对第三方支付结算设置一些限制，如 2014 年各大银行纷纷调低从银行卡账户转入支付宝的资金规模，工商银行把针对支付宝的资金结算的快捷接口从以往的 5 家削减为杭州分行 1 家，这都明显地限制了第三方支付企业的资金处理能力，极大地限制了余额宝的扩张速度。从某种程度而言，由于在合作模式上受制于人，在与银行的博弈中，第三方支付企业并不拥有强大的发言权，这也使得它们的发展存在太多的不可测因素。

特别是在虚拟信用卡的推出问题上，第三方支付企业更是触及了银联的最后一块奶酪，引起了银行业的普遍反击，促使央行紧急叫停虚拟信用卡和二维码支付，使得中国的第三方支付的发展面临着巨大的压力。然而，京东的类似虚拟信用卡的京东白条的成功推出，似乎表明金融监管层并不愿意完全限制第三方支付的自由扩张，它们似乎也在期待着第三方支付能够带给市场更大的惊喜。

事实上，近年来，从表面上看，第三方支付企业与银行之间的蜜月期已经终结，第三方支付企业与银行之间既表现出紧密的经济协作，又有激烈的利益冲突现实。特别是管理层的暧昧态度，进一步使得很多人对第三方支付的未来发展表现出极大的担忧。

第三方支付企业与银行的错位发展

由于市场定位的错位，第三方支付企业与银行之间的利益冲突并没有外在表现得那么深刻。作为中国经济中最重要的金融中介机构，银行最重要的贡献表现在社会资金的集散，通过大量吸引存款集聚起社会闲置资本，并发挥市场化的资金导向作用，实现银行体系资金向实体经济的转移，其资金的投向往往偏重于传统经济体系的实体经济。

尽管互联网经济在国内保持着高速的增长态势，然而其烧钱的本性使得其盈利能力往往并不明显。这种高投入、高风险却看不到短期盈利点的资本投向，本来就不是传统银行体系所喜好的资金投向，而互联网经济更多地倚重风险投资等股权投资方式实现资本筹措。

正是由于当前中国银行体系的资金筹措与贷款投入都无意识地回避了互联网经济媒介，中国银行业所推动的银行业务的信息化，在很大程度上只是当前银行业务方式的转移，而不是业务目标的转向，这也使得银行资金的结算更多仍然是围绕明确的法人或者经济人的银行账户所进行的资金结算。尽管利用互联网技术可以通过电子银行实现不同银行账户之间的高效结算，但是整个资本的流转都是在现实的银行体系之中，而根本不会涉及互联网经济。

与此同时，第三方支付的飞速发展，已经不仅仅局限于传统的电子商务领域，而是在诸如信用卡还款、生活缴费等领域对于银行的网上业务产生了巨大的冲击。然而，上述网络结算的第三方支付新业务往往仍然是依托于强大的电子商务平台和电子商务客户群体。尽管包括高校学费收取等第三方支付的创新，已经不再完全拘泥于传统的电商平台，而是被集成到诸如支付宝、财付通、拉卡拉这样的功能强大的第三方支付平台，然而，使用这些第三方支付新业务的客户往往仍然是构成这些第三方支付平台根源的电商平台的原有客户群体。通过第三方支付业务的创新，这些客户把一些原来依托于银行实现的资金结算工作，转而通过第三方支付完成，也的确在一定程度上制约了网络银行的业务扩张。

在银行市场化改革的大幕拉开之际，第三方支付的不断创新，正是激活中国银行业一潭死水的大鲢鱼，它们也逼迫中国银行业选择不断地开展金融创新，为市场提供更高效而低成本的金融服务。

然而，我们仍然要看到，第三方支付所抢占的银行市场，其实本来就不是我国银行业的主要市场，它们大多是伴随着银行信息化而开拓的新市场。然而，在信息技术与金融的结合上，由于受当前的制度约束，现有银行所提供的网络银行、电子银行在业务选择的广泛性、业务操作的简易性、交易信息的安全性、交易体系的友好性等方面都无法与专注于网络结算的第三方支付企业相抗衡，这才导致银行电子结算的节节败退。从某种意义而言，第三方支付的成功，恰恰是中国的金融市场化改革的成功，这也是管理层之所以仍然愿意扶持第三方支付体系发展的重要原因。

互联网的确是一个看不到边界的广袤无垠的海洋，其中蕴藏着无穷无尽的经济机遇与财富，然而，这些其实都不是传统中国银行业所关注的市场。鲈鱼固然鲜美，可不是老虎这一丛林之王的盘中之餐，与其觊觎不属于自己的美食，逼迫老虎下海学游泳，学捕鱼，最后不仅吃不饱鱼，可能连祖宗留下的山林都让其他兽类抢占了，不如训练老虎在丛林中的捕食能力，真正确立自己的百兽之王的江湖地位。

因此，以互联网经济作为界限，传统银行专注于实体经济和现实经济中的资金结算需求，而依赖于互联网所实现的经济交易和资金结算，则使用第三方支付结算将会更经济。这实际上是由双方在市场竞争中所确立的竞争优势所形成的自然分界。

虚拟信用卡背后的定位之争

尽管央行于第一时间就叫停了阿里巴巴和腾讯策划已久的虚拟信用卡业务，但是，几乎同一时间，定位于依托自身的网购平台对网购客户提供消费信贷业务的京东白条却成功获得批准上市。如果从虚拟信用卡与京东白条的业务内涵来看，二者的功能设计并没有本质的差异。如果要细究二者命运的差异，虚拟信用卡的叫停就在于其定位不清，过度渗入了本应该是银行领地的信贷领域。

京东白条之所以定位于消费信贷，首先在于，在所有信贷领域中，消费信贷是开放最早的领域之一，市场上已经有多家小额信贷公司在专注于消费信贷的投放，以此为突破口，显然更容易得到决策层的认同。其次，更为重要的是，京东白条将其用途限定在京东网络平台，看上去限制了其通用性，制约了其发展的空间，但这一方面可以充分发挥京东的网购终端的领导优势，推动京东白条的普及，而另一方面，如果京东白条能够像阿里巴巴和腾讯设想的那样，只限金额，不限用途，可以像传统信用卡一样广泛使用，固然可以最大限度地开发它的市场价值，然而，这实际上是摒弃了自己有传统优势的互联网领域，转向了金融领域，而且是银行完全垄断的资金信贷领域。这是无论银行还是金融管理层都不愿意看到的现象，这也就决定了虚拟信用卡被紧急叫停的命运。

必须强调的是，即使没有政策上的紧急叫停，虚拟信用卡的发展也很难像众多互联网金融企业所设想的那样顺利，其自身的运营模式的创新，仍然面临着巨大的压力。阿里巴巴和腾讯在设计虚拟信用卡时，基本上仍然套用了信用卡的运行规则，只是把虚拟信用卡的申请、审批和发放环节全部放在互联网中，极大地提升了信用卡的申领效率而已。客户在使用虚拟信用卡、得到一定的免费资金使用期的同时，刷卡商户仍然必须为用户的刷卡行为支付一定金额的手续费，而且，阿里巴巴在淘宝和天猫中初步推出虚拟信用卡时，将其手续费额度也定在与真实信用卡相同的1%的水平上。

可是，众多互联网金融企业显然没有考虑到，在信用卡的使用已经相当普及的今天，很多客户其实已经拥有不止一张信用卡，而且即使在淘宝与天猫的网购平台上进行快捷支付，消费者其实仍然可以轻易地使用自己的真实信用卡进行付账和资金的结算。既然已经拥有了使用方便的真实信用卡，你凭什么说服消费者在你的平台中使用你所发放的虚拟信用卡，而不是他们所原有的真实信用卡？特别是，在虚拟信用卡发放初期，众多互联网金融企业为了控制信用风险，甚至将相当数量的信用卡的额度确定在100元至200元之间。要知道，很多白领消费者可以很轻易地从银行获得信用额度为数万元的真实信用卡，很多网购达人每月在淘宝与天猫上的消费都超过千元。相比之下，信用额度仅为100元左右的虚拟信用卡，似乎根本就英雄无用武之地。

与淘宝虚拟信用卡相比，世界上最早、也最成功的第三方支付企业PayPal早在2005年就推出了PayPal借记卡。尽管PayPal借记卡不能像淘宝的虚拟信用卡那样透支消费，但是每次购物可以享受1%的返现。当然，这里的返现并不是说PayPal公司自己从口袋里掏出钱来补贴消费者，而实际上仅仅是将它向商家收取的手续费返还给了消费者。但是这样的消费返现对于众多网购客户而言是相当有吸引力的，也导致了PayPal借记卡在很短时间内就受到了众多消费者的欢迎。

同时，PayPal公司为了推广它的移动支付项目电子钱包，于2013年5月又推出了Cash for Registers方案，宣布所有使用它的移动支付体系PayPal Here的商家都可以免除交易手续费。

事实上，无论是免收商家手续费，还是将收取的手续费返还给消费者，都只是一种市场策略。对于网络支付市场而言，通过信用卡进行网络快捷支付其实已经得到了普遍推行。如果在收费或者服务方面，虚拟信用卡对比真实信用卡并没有实质性的创新，那么怎么能够吸引消费者放弃已有的使用真实信用卡结算的习惯，改用自己的虚拟信用卡呢？

同样的道理，尽管很多客户在京东购物可以享受京东白条所提供的延期支付的服务，但是，如果购物者选择用信用卡结算，他们本身也是可以享受由银行所提供的无息资金使用期限的。如果合理使用真实信用卡结算，它的免息结算期甚至长于京东白条，那么京东商城有什么理由来说服消费者改用京东白条进行支付呢？

正如前面分析的那样，对于互联网金融而言，眼前利润并不一定重要，而抓住一切机遇，迅速扩大市场，增强市场影响力，才对自己的发展至关重要。因此，如果互联网金融企业想推出诸如虚拟信用卡这样的互联网金融创新产品，那么选择让利，让消费者从中获得好处，是必然的选择。

作为创新力度最大的领域之一，同时作为整个互联网金融的根基，第三方支付经历了长期的市场培育期，2003年以来的高速增长期，以及2014年以来的政策挫折期。但是，只要坚定互联网经济应用的市场定位，选择与传统的银行机制的错位发展，未来的第三方支付还将迎来更为光明的未来。

第三节　安全性与通用性：第三方支付发展的关键

第三方支付的信任危机

在第三方支付发展的历程中，支付的安全性是始终绕不开的关键话题。在很多保守的用户看来，在虚幻的互联网中，仅仅通过互联网网页甚至手机应用软件就轻率地进行大额资金的划转，没有任何的纸质凭证，简直是一个疯狂的选择。

如果我们是在银行营业网点办理资金转账交易，办理完各种业务之后，银行都会给我们存单、存折、相应的纸质回单收据。如果由于银行工作人员的错误导致我们的资金损失，那么跑得了和尚，跑不了庙，我们只需要去当时办理金融业务的银行营业网点，拿着证据确凿的纸质单据，就是打官司，我们也能告倒银行。

可是如果我们是使用第三方支付体系进行资金的划转，一旦在此过程中出现了问题，交易者到哪里说理去呢？对很多人而言，第三方支付只是一个能够帮助我们进行网络资金结算的网站或者 APP 小程序，我们对它的信用状况并不了解。我们根本不知道，如果在资金结算过程中我们选择把自己银行账户里的资金转入第三方支付体系，第三方支付体系会不会挪用我们的资金，或者说，我们的资金会不会就此消失无踪。

很多拥有一些金融常识的朋友，可能会把第三方支付视为一场庞氏骗局，把它视为第三方支付企业运用新顾客的资金来清偿老顾客的资金结算的资金骗局。在这一过程之中，即使第三方支付企业套取一部分客户资金，挪作他用，只要能够保证稳定的业务增长率，那么它仍然可以保证自己的资金结算的正常进行。

当然，在 21 世纪初第三方支付野蛮生长阶段，上述顾虑并不是没有道理的。然而，就像现代全球经济中那些声名显赫的银行大多是通过数百年的市场竞争的大浪淘沙而存活下来的佼佼者一样，在第三方支付遍地开花的阶段，并不鲜见希望借开展第三方支付业务以从中非法套取资金的无良商人。然而，经过十多年的规范化发展，特别是自 2010 年以来，中国人民银行对第三方支付采取发放牌照措施、严格进入门槛之后，这种源于第三方支付的信用风险已经被极大地降低了。

互联网信息安全对第三方支付的冲击

真正困扰第三方支付用户的资金安全的信任危机，更多来源于互联网信息的安全。事实上，伴随着第三方支付的日益兴旺发达，近年来，很多不法分子也纷纷盯上第三方支付账户中庞大的资金规模。他们通过编制木马病毒，诱骗用户点击病毒，然后盗取用户存放于第三方支付账户内的资金。

尽管以支付宝、财付通为代表的国内的主要第三方支付企业纷纷制定诸如短信验证、安全证书、安全卡等多重安保措施，但是基于简化结算流程设置的第三方支付体系，恰恰为其资金的安全埋下了很多隐患。

一个典型的例子就是快捷支付。在网络支付过程中，第三方支付企业为了简化客户的支付流程，往往会利用自己和银行的协议，选择把客户的银行卡与第三方支付账户绑定在一起。客户在第一次使用某张银行卡时，的确需要输入卡号、密码，甚至电子银行出于资金安全考虑还设置了 U 盾等安全措施。然而，当客户设置完快捷支付之后，再次使用这个银行卡进行资金支付时，就可以绕过上述烦琐的安全措施，只要选定银行卡号码，再输入第三方支付资金密码，就可以轻松地完成全部付款工作。对于客户而言，选择快捷支付的确省去了反复验证账户的烦琐，然而，如果不法分子通过种种非法手段获取了客户的第三方支付账号与密码，客户不仅会损失存放于第三方支付体系内的资金，甚至连与这个第三方支付体系绑定的所有银行卡内的资金，都会随之而消失。

从这个方面而言，互联网交易的便捷性和资金的安全性是矛盾的两个方面。一方面，互联网经济的发展，从便捷性方面总想最为简便地实现资金通过互联网的自由划转，降低安全性，以最大限度地实现便捷性；而另一方面，出于安全的考虑，又需要增加更多的资金验证手段，确保只是客户本人才能够有资格主导自己资金的划转，这又需要牺牲便捷性来增加安全性。互联网经济的兴起，特别是第三方支付的出现，在某种程度上都是提升网络支付的便捷性的自然选择，而这恰恰导致了民众对这种便捷资金周转的安全性的极大担忧。当民众无需再使用任何证件证明，仅仅通过互联网的使用，依赖于第三方支付体系的相关个人信息，就可以自主进行资金的周转时，一旦个人在第三方支付体系中的相关信息被泄露，这就意味着他人可以在网络中随意支配失密者的个人网络资产，在传统金融体系中，这是根本不可思议的现象。

正所谓道高一尺，魔高一丈。即使各大知名的第三方支付企业都在确保自身企业的安全性方面作出了很多创新，希望最大限度地消除客户使用自己的支付体系进行资金结算与资产管理时对资金安全的顾虑，然而，现实中的第三方支付资金失窃的案件却层出不穷，这在很大程度上进一步揭露了完善第三方支付安全性的艰巨性和重要意义。

消除第三方支付的门户之见

另一个未来第三方支付发展需要解决的问题就是第三方支付的通用性，简单来说就是如何在所有主流的第三方支付解决体系中建立起一座桥梁，实现资金在不同第三方支付体系中的自然流转。在当前中国第三方支付市场中，阿里巴巴的支付宝依托于淘宝，腾讯的财付通依托于拍拍网和腾讯 QQ，拉卡拉偏重于便民金融服务，快钱着眼于 B2B 企业现金流管理，各大主要的第三方支付体系都凭借在某一方面的超人影响力而奠定自己的江湖地位，也确保了自己的第三方支付体系在特定领域内的超强影响力。

然而，各个第三方支付体系都可以自由地串联起不同的客户在不同银行之间的资金管理，却不能便捷地实现同一客户在不同第三方支付体系内的资金的共通共融。比如，当我需要使用支付宝体系内的资金在腾讯财付通体系内进行资金结算与划转时，我通常必须先把资金转入相应的银行卡，再从与财付通绑定的银行卡实现对财付通资金的充值与使用。在目前的机制下，尽管不同的第三方支付体系在功能设置和安全保障方面具有明显的相似性，但是由于市场的排他性考虑，它们并不愿意提供不同第三方支付体系之间的资金结算的接口，这也极大地影响了资金在第三方支付体系中的使用效率。

当第三方支付日益成为现代人生活的自然选择时，通过引入第三方支付，消费者可以享受到银行所难以提供的便捷的资金管理与个人金融服务，然而，也正是出于差异化发展的考虑，不同的第三方支付体系在不同领域的口碑并不完全一样。如果非要客户排他性地仅仅选择一种第三方支付体系，而放弃对其他第三方支付体系的自由选择的权利，这也是对自由市场选择的一种不合理的干预。

正如在 2014 年快的打车与滴滴打车的移动支付之争背后，蕴含着阿里巴巴的支付宝与腾讯的财付通对于移动支付市场的争夺一样，事实上，在这场争夺大战中，尽管阿里巴巴和腾讯都不惜投入重金，希望吸引并维系尽可能多的客户使用自己的打车软件，使用自己的移动支付端口，然而，事实上，对于惯于使用打车软件的众多客户而言，快的和滴滴只是他们辅助打车的不同选择，很多人可能同时安装这两款 APP，而会根据自己的喜好或者软件公司的补贴情况，适时选择使用其中一款打车软件。我今天使用快的打车，并不代表我就会永远使用快的打车，更不代表我从此不会使用滴滴打车。由于打车软件之争而炒得火热的移动支付更不代表着某种永久的排他性的存在。

既然存在就代表着合理性，那么在市场中存在多家第三方支付企业，而且客户会出于使用的便捷性考虑而适时选择使用某个第三方支付体系，却并不会永久性地仅仅忠于某一第三方支付体系的情形下，消除多家第三方支付企业的门户之见，打通不同的第三方支付企业之间的资金对接渠道，保证资金在不同第三方支付体系间的通畅流动，将成为提升整个第三方支付体系的适应性和市场竞争力的关键所在。

其实，既然在第三方支付体系与银行之间可以通畅地进行资金的结算，那么放开资金结算端口，从而实现不同第三方支付体系之间的资金对接，在技术上并不存在大的障碍，真正阻碍其实现的只是一种狭隘的排他性的独占市场想法。只有摒弃这一狭隘的思想，推动大一统的行业一体化与市场一体化发展，才能够把整个第三方支付推向更为光明的未来。

第十四章
突破自我：互联网理财的艰难阵痛

第一节　信任：互联网理财的成长基石

非国有制金融的成功典范

在见证 2013 年余额宝的异军突起之前，可能很多人都难以想象，仅凭借一家民营互联网企业的信用，就能够吸引数亿中国人自愿把钱投入互联网理财产品，在得不到任何存款凭证的前提下，进行着自己资金的投资理财选择。

至少在当代中国社会中，中国人对是否拥有国家背景，是否能够被纳入体制内，拥有着莫名的热衷度。这也导致了经常会在一些媒体上看到一些新闻，一些人花费几十万元用于打点关系，只为了获得一份体制内的公务员或者事业单位的工作，而有时这些工作的月薪却只有一两千元，也许需要他们工作半生才能够收回获得这份工作时自己付出的成本。然而，在当代很多中国人看来，这种看上去毫无理性可言的选择却是他们的最优选择。

毕竟，在很多人看来，拥有国家背景，也就相当于给自己买了一份永久的保险，体制内的工作，即使收入再低，似乎也意味着永远不用担心失业或者退休之后的保障，而像民企或者外企这些所谓的体制外的工作，即使当前看上去光鲜靓丽，收入颇丰，但是未来却似乎根本没有保障可言。也许不知道哪一天，老板就会通知你，企业倒闭了，或者你被开除了，你就会瞬间被无助地抛向市场。也正因为此，选择国字背景，在很多人看来，就是选择一种放心、稳定。

在投资理财领域，这种对国字背景的崇拜进一步被无限地放大。在很多人看来，如果一家金融机构没有国字背景，就会随时有倒闭的可能，那么自己投入这些金融机构的资金随时都有打了水漂的风险。因此，尽管从 1996 年民生银行创办以来，中国的股份制银行就已经如雨后春笋般在中华大地到处涌现，然而，仔细推究起来，几乎所有股份制银行的背后都拥有一定的政府背景，或者拥有一定的政府财政资金的注入，因此也仍然与政府之间拥有着千丝万缕的联系。即使不能与中、农、工、建等四大国有银行相提并论，但它们背后的政府联系仍然被视为对其投资的保障。

如果没有这种政府背景，那么投资理财的风险似乎就将被无限地放大，因此它们所对应的投资风险也会成倍地增长，这也恰恰是在中国遍地开花的民间借贷兴衰的教训。然而，很多人根本想象不到，由阿里巴巴这家名符其实的民营资本所推出的余额宝，却完全逆转了民众对投资必须拥有政府背景的这种传统的偏见。

余额宝成功的关键

很多人把余额宝的成功归结于阿里巴巴在中国互联网经济中的领导地位，然而，事实上，余额宝的用户远远不止以往淘宝或者天猫的客户。很难想象，一些根本没有在淘宝上有过购物经历或者消费总额只有百十元的用户会放心大胆地把上万元的资金转入余额宝这一由民营资本运营的基金产品。

有些时候，很多余额宝的投资者甚至根本不了解淘宝是干什么的企业。马云是何许人也？货币基金到底是如何运营的？即使回答不出上述这些最基本的问题，众多投资人仍然会毫不犹豫地选择把钱投入余额宝中，而根本不考虑其背后有无政府背景，有没有政府替自己的资金充当担保这些以往在投资中最为关注的经济问题。这当然应该归结于余额宝在制度设计方面的很多独具匠心的设想。

其实余额宝成功的最大原因只是源于一个最为简单的设计，那就是投资收益的日结。试想一下，余额宝的客户每天一睁开眼睛，打开手机余额宝 APP，就能看到自己的余额宝资金前一天的投资收益。哪怕只有几元钱，他们也会觉得很开心，想着今天的早点钱赚回来了，今天的油钱由余额宝掏了，这样的喜悦心态会使投资者一天都能够保持愉快的心情。

其实，相信很多余额宝用户并不非常在乎每天所能够获得的这几元或者几十元的投资利息收入，但是仍然有很多余额宝的用户习惯于每天起床后先看一下自己的余额宝收益，给自己的一天加油鼓劲。这其实就是余额宝的按日计息对人的投资心理的巧妙把握。

与余额宝不同，如果客户把钱存入银行，投资的利息通常是按季度核算的。也许一个季度的利息额会比将同样的资金放入余额宝账户一天的利息要高很多，但是一个季度才能获得一次利息收入和每天都能够获得利息收入的感受是完全不同的。

正如心理学揭示的一些最为基本的心理规律所说的那样，如果有一堆小的好消息，那么一个一个地分批宣布，给人的愉快心情会更大。如果有一堆小的坏消息，那么集中起来一次性全部宣布，尽管给人的伤害会很大，但是比起分开宣布的伤害还是会小很多。对于基金公司而言，按年、按季还是按天计息，只是统计方式选择的一种差异，并没有本质的区别，而且从技术上来说，按天计息也许会比按年计息麻烦一些，但是技术含量并没有大的改变，也根本不会存在任何计息难度上的限制。然而，每日都能够获得利息收入这样的持续的利益诱惑对于投资者的吸引力却是极为巨大的，这也保证了余额宝的成功。

银行理财产品的不足

相信在余额宝火爆的 2014 年初期，很多余额宝用户的账户资金都高达数万元甚至数十万元。可是，大家也知道，很多银行都会推出一些资金理财产品，很多银行代理的理财产品的收益其实是远高于余额宝的收益的。可是为什么投资者还是不理性地选择把钱存放在余额宝中呢？这是不能用一句不理性行为就可以解释的。

当然，正如前面已经分析过的那样，银行的理财产品往往针对大客户，它的投资门槛通常在 5 万元甚至 10 万元以上，这就把很多余额宝的中小客户排除在市场之外了。另外，银行理财产品往往会有一定的资金冻结期，在购买理财产品的一段时期之内，客户是无法再使用这笔投资资金的。这样对于一些对资金的流动性需求更高的客户而言，把钱存入余额宝，基本可以获得完全的流动性，随时可以应对自己的流动性资金需要，那么，即使利息低一些，也是更适合自己的选择。

然而，还有一种奇怪的现象在于，一些对于资金的使用频率并不高的客户，也就是说，对资金的流动性需求不高的客户，却仍然会选择把超过 10 万元的资金存入余额宝，而非自己其实完全可以选择的、利息收入更高的银行理财产品。

相信上述现象中的投资者，都是一些风险厌恶型投资者，导致他们的这种投资选择的，其实仍然源于银行与余额宝的利息类型的差异。银行理财产品的投资收益往往是预期年化收益率，在购买这些银行理财产品之初，银行只会告诉你一个预期的年化收益率，通常并不保本，也不保息。这就意味着，如果这笔理财资金到期后，银行说没有达到预期年化收益率，甚至说投资亏损了，投资者是根本无处去说理的。而事实上，就在余额宝崛起的 2013 年，有一些银行的理财产品被曝出大面积地达不到预期年化收益率，很多理财产品的收益率甚至低于同期银行活期储蓄的利率，这也极大地挫伤了客户购买银行理财产品的积极性。

相对于银行，余额宝每天的利息都是可见的，投资者完全可以根据它的年化收益率的走势，决定存入更多资金，还是取出资金。这样，投资者的投资收益更有保证，投资者也可以更为主动地根据其利息的变动改变自己的投资决策，以此降低自己的理财收益率。这才是余额宝赢得民众信赖的关键因素。

当然，正因为没有政府背景，以余额宝为代表的宝宝军团要想赢得投资者的心，还必须拥有杀手锏，那就是资金被盗无条件赔款。要知道近几年，银行卡资金失窃的案件多发，在这些案件中，银行通常都会以客户没有妥善保管好自己的银行卡及密码为由，拒绝承担责任，而让储户个人承担全部经济损失。这也使得很多民众对自己存入银行的资金没有足够的安全感。

而余额宝在推出之初，就高调宣布客户资金被盗后，自己无条件先赔款，再报案追回损失。事实上，尽管余额宝在账户资金的安全性保护方面也作出了很多有效的措施，但是账户资金失窃的案件仍然偶有发生。然而，每一起案件发生后，余额宝都高调宣布全额赔偿客户损失。尽管余额宝损失了赔偿客户的资本，但是这些事件背后的广告效应却是无价的。这才使得越来越多的民众开始信赖起没有政府背景、看上去不那么可靠的纯粹民营资本的余额宝投资理财。

暂无收益背后的信任危机

值得注意的是，对于余额宝的信任是建立在长期的高收益和存款保险制度之上，而不是客户对于余额宝的绝对的信任。相对而言，这样的信任是脆弱的，一个简单的突发事件，就有可能动摇这种不稳定的信任关系。

可能很多余额宝投资者还记得在 2014 年新年刚过的 2 月 12 日，很多余额宝的投资者早起习惯性地打开手机余额宝 APP 查看收益时，看到的不再是每天例行的新增多少收益，却是鲜红的“暂无收益”四个大字。这也引起了市场对余额宝投资安全性的极大猜测。尽管事件很快证明是由于余额宝系统升级导致的收益支付延迟，而且当天的收益也的确都在中午 12 点之前发放完毕，然而，此次事件却成为余额宝发展过程中的一个转折点，很多投资者开始正视余额宝投资过程中的信用风险与政策风险，这也引起了自余额宝产生以来第一次大量的基金赎回潮。此后，伴随着余额宝投资收益的持续下降，余额宝的净赎回已经成为一种常态，不久前的荣耀也已成为明日黄花，而只存在于记忆之中了。

可以相信，如果是一家国有银行，或者其他政府背景的金融机构，它们在发放投资收益时也出现了同样的延迟，所造成的市场振动绝对不会像余额宝的这次暂无收益这般严重。这一事件背后所凸显的，其实还是民众对非国有背景的阿里巴巴进军金融的信任度的缺失。

对于所有互联网金融产品而言，客户的信任与否是决定自身发展前景的关键。相对而言，作为行业绝对领导者的余额宝凭借其抢先进入市场时所抢占的半个身位，以及淘宝的兴旺发达、马云的江湖地位，在与其他宝宝军团的竞争中，仍然是拥有绝对的优势的。因此，即使余额宝的投资收益已经略低于财付通、零钱宝、小金库等一众其他互联网理财产品，但是它的基金规模却仍然相当于整个行业的半壁江山，这更从另一方面验证着信任在互联网理财中的价值。

余额宝的推出，开始从根基上撼动了以国有资本为基础的原有金融秩序，但是要想从根本上建立起以民众信任的市场化运营的民营资本为基础的金融新秩序，仍为时尚早。而实现这一点的关键恰恰在于长期的市场化发展中，通过稳健的经营，赢得客户的信赖，打破对国有资本的盲目迷信，这也许才是中国金融未来市场化发展的重要方向。

第二节　互联网理财突破已有模式的自我革命

互联网对货币基金的改革

没有人能够相信，一个简单的货币基金居然能够把中国的互联网理财市场搅得天翻地覆。对于成长中的中国金融市场而言，货币基金本不稀奇，金融机构触网也不是什么特别的创举。然而，就是这个看上去稀松平常的货币基金，一旦与互联网对接，居然可以迸发出巨大的能量，甚至从根基上撼动了中国当前的金融体系。

当然，在最具盛名的货币基金 PayPal 或者说外国版的余额宝遭遇滑铁卢、惨遭清盘厄运之际，以余额宝为代表的宝宝军团却能够取得巨大的成功，应该归结于两个得天独厚的金融环境。首先是中国银行市场的不开放，造成了银行体系存贷款利差长期保持在较高的水平。这就为余额宝的运营提供了充足的利润空间。设想，在利率市场化程度相对较高的欧美国家，银行体系中的存贷款利差通常在 300 点之内，也就是 0.3%左右，那么即使货币基金能够从银行处得到最高程度的利率，也就是贷款利率，那么最多也只能比市场的存款利率高出 0.3%，这对于储户的吸引力当然就相当有限了。

与 PayPal 不同，中国银行业的存贷款利差超过 3%。如果与活期储蓄利率相比，这种存贷款利差还将进一步拉大。对于银行而言，当自己的吸储能力不足以满足自己的贷款需求时，它们当然愿意以相对较高的利率从货币基金处筹措大额资金，只要其筹资成本仍然低于银行的贷款利率，银行就仍然可以从中获得收益。这当然就为货币基金的运营提供了充足的利润空间，而导致这种巨大的利润空间的恰恰是中国银行资本市场的不开放。从某种程度来说，余额宝们的推出反而更有力地推动着中国银行体系的利率市场化改革，这倒成为推动中国金融体系进一步完善的重要契机。

而第二个推动中国余额宝飞跃式发展的金融环境就在于自 2013 年中开始的钱荒。当资本市场的资金缺乏成为一种常态时，很多金融机构出于本能开始通过各种途径在资本市场中筹集资本。当上海银行同业拆借利率开始飙升至 30%时，相形之下，货币基金的协议存款利率就相当低了。这推动了很多银行纷纷以更高的利率报价寻求货币基金的资金，并进一步推动了货币基金利率的持续走高，最终把余额宝等互联网理财产品的利率推高到接近 7%的高位。

互联网理财的兴衰

然而，随着互联网金融的持续发展，货币基金持续膨胀，极大地增加了货币基金的供应规模。随着钱荒的逐渐褪去，至 2014 年中期，货币基金的协议存款利率已经跌至 3%左右的水平，众多互联网金融理财产品长期高达 6%以上的高收益已经成为明日黄花，风光不再。

而为了对抗互联网理财所造成的存款搬家，各大银行纷纷推出各种高收益银行理财产品，通常在 5%左右的预期年化收益率已经普遍高于一些主流的互联网理财产品的年化收益率水平。一方面，互联网理财产品长期倚重的高收益率优势被逐渐蚕食，而另一方面，拥有国有资本背景的国有银行，包括现有的股份制银行的信用程度，是纯粹民营资本运营的互联网理财所难以比及的，因此，自 2014 年中期起，互联网理财的主要货币基金规模的增长速度纷纷放缓，它们的很多客户甚至会选择赎回自己的互联网理财资金，转而投向安全性与收益率相对更高的银行理财产品。

随着管理层放松对民营银行的建立门槛，在越来越多的民营资本进入银行业之后，中国资本市场的市场化也将进一步被推进，现有银行体系的高存贷款利差也不可能再长期存在。随着这种存贷款利差的持续压缩，现有互联网理财产品所普遍依赖的货币基金的投资收益还将持续萎缩，现有的互联网理财模式已经不再能够持续运营下去。

应该说，现有的依赖于货币基金的互联网理财模式的建立，只是在中国资本市场的市场化程度不高和钱荒这两大特殊金融局势之下的市场的自然选择，毕竟通过货币基金的方式，大量筹措资本之后，就可以轻易通过协议存款的方式从银行索取远高于银行存款利率的协议存款利率，在不需要具备专业的金融知识和高超的金融市场运作能力的前提下，就可以轻易获取高投资收益，再把从银行处获得的高利率转付客户，互联网理财企业可以说躺着也能赚大钱。

当阿里巴巴的余额宝最早开启这种依托货币基金运营互联网理财产品的运营模式之后，该模式就以其简便易行、市场认可度高、运营利润增长快的优势，自然被其他互联网理财企业所模仿，最终形成了整个市场清一色的货币基金支持的互联网理财模式。

然而，当钱荒逐渐过去之后，银行协议存款利率也持续走低。经历过高达6%以上的高利率的互联网理财的客户，已经不再满足于4%左右的互联网理财收益水平，而且，如果争议之中的货币基金的存款准备金制度真的得到推行，当前的互联网理财的收益率还将进一步降低。从这方面而言，依靠银行协议存款的货币基金模式的互联网理财已经面临发展的巨大瓶颈，现有的市场已经不再能够支撑其高收益。要想不被现有客户抛弃，就必须寻找提升其收益水平的新机制或者新模式。

当然，为了应对收益率的持续走低，各互联网理财产品的基金经理们也在现有模式之内，进行了一定的持仓结构的调整，比如购买期限更长的银行产品。在2013年第3季度，互联网理财产品刚刚出世之际，余额宝70%的资金是投资于60天以下的银行产品，而到了银行协议存款利率持续走低的2014年第2季度，60天以下产品的比重已经跌至43%，而90天以上长期产品的比重已经上升至33%。

而伴随着长期银行产品比重的持续上升，余额宝等互联网理财产品再维系当前的高流动性的难度加大。为了维持其产品的高收益，余额宝等互联网理财产品已经出现了借短贷长的期限错配。一旦其产品市场出现突发性变化，由于资金大量存放于长期产品，导致资金流动性供给不足，就有可能给这些互联网理财产品带来信用违约的风险，进而造成整个资本市场的不稳定。

除此之外，余额宝还增大了对于带有回购协议的高收益表外贷款产品的投资比重，这些表外贷款产品的比重在余额宝的资金中的比重从2014年第1季度的3.5%，飙升至第2季度的9%。然而，这些高收益的贷款产品，也蕴藏着远高于货币基金协议存款的高风险，如何控制资产投资的风险也将成为互联网理财产品所面临的重要挑战。

互联网理财的革命

对于中国的众多互联网理财企业而言，与其继续坚持货币基金运营模式，坐等资产收益率的持续降低，让市场自然淘汰，不如痛下决心，实现自动的运营模式的改革，丰富其资产组合，通过不同期限结构、资产结构的投资组合，实现运营资本收益率的稳定。

事实上，现有的以货币基金为主体的互联网金融产品的运营模式已经难以继续维系。如果要保证互联网理财产品的高收益，众多宝宝们必须放弃现有资金运营的高流动性或者资产运营的安全性。在资本市场供需失衡的现代经济中，通过资产结构的多样化，实现投资收益、资金流动性和资产安全性的平衡并不存在特别的难度。但是如果国内宏观经济形势或者资本市场出现剧烈的变化，再想维持互联网理财的稳定性，其难度将急剧上升。这也成为对当前众多互联网理财产品基金经理的金融运营能力的一场大考。

无论如何，单纯依靠货币基金的高协议存款利率就可以躺着赚钱的美好时光已经一去不返。众多互联网金融企业，只能选择到底是坚持已有模式，坐以待毙，还是实现自身运营模式的根本变革。

原有的以货币基金为主体的互联网理财企业的运营，更多是依赖于互联网企业对于互联网技术的利用，体现了互联网精神在金融领域的发挥。而未来的互联网金融，必须更多地依托于专业的金融资产管理能力与运营能力。从互联网真正实现跨界到金融的转变，才是互联网金融的最重要的发展趋势。

第三节　产品多样化：互联网金融的发展之道

互联网理财的多样化

为了应对货币基金协议存款利率持续走低带来的互联网理财产品投资收益率

的降低，自2014年春节后，包括阿里巴巴余额宝、京东小金库在内的众多互联网理财产品已经开始摸索提供不同产品结构的多样化的理财产品以求更好地满足差异化的市场需求。

从目前来看，除了传统模式的建立在货币基金基础之上的互联网理财产品之外，众多互联网理财企业的选择往往是加强与其他金融机构的合作，通过引入其他基金公司，特别是保险公司，打破原有只与单一的基金公司合作的僵局，引入竞争机制，提供更为多样化的投资收益的选择。在这其中，采取类似于银行的理财产品运营模式的定期宝以及与保险公司合作的保险理财产品最为常见。在上述两种模式下，互联网理财企业放弃了对资金流动性的极度追求，转而建立一种中长期的理财资产的运营模式，客户在购买这些中长期理财产品之后，资金将被冻结一定时期。在这种模式下，由于不必考虑客户的突发性提现需求，互联网理财企业就可以将资金更多地投向收益率更高的中长期资产的运营，最终实现将互联网理财产品的收益保持在较高水平的目标。

在这样的模式下，互联网理财企业其实是运用类似于银行存款的投资策略。在现有的银行存款利率体系下，如果客户想追求资金使用的自由，希望得到充分的资金流动性，那么就可以选择将自己的资金存放入活期存款账户，在获得充分流动性的时候，放弃对高利息收入的索求。而如果客户可以在一定时期内牺牲自己资金的流动性，那么他们就可以选择不同期限结构的定期存款，得到远高于活期存款的利息收入。在互联网理财市场中，也可以看到上述资产结构选择的规律：通过引入一些期限更长的理财产品，提高资产的使用效率，提升资产的收益率，以维持更高的投资收益。

2014年8月，阿里小额金融服务集团宣布正式上线余额宝的兄弟项目招财宝。招财宝被定位为小微企业或者小微理财客户的投资理财开放平台。在招财宝中，客户可以购买到银行、基金公司、保险公司等多家金融机构所发行的理财产品，也可以为中小企业或个人借款者发布借款产品。它实际上就是在高流动性的余额宝之外，针对一些可以牺牲一定流动性、承担一定的融资风险的个人借款人所搭建的互联网理财平台。

其实，早在2014年4月，阿里金融就已经上线试运营招财宝产品，而到其正式宣布上线的8月，阿里招财宝的成交额已经突破110亿元，其中90%的资金都来自余额宝，覆盖20多万家小微企业。客户可以使用余额宝中的资金购买招财宝理财产品，也可以使用银行账户内的资金直接进行交付。当所购买的理财产品到期后，到期资金将全部回到余额宝账户，从而在阿里金融的生态圈内实现闭环循环，保证了招财宝与余额宝的无缝衔接。

在招财宝平台中，如果客户购买的理财产品尚未到期，但客户因突发事件需要使用相应的理财资金，招财宝平台可以将用户还未到期的理财产品作为抵押品，通过与有存款需求的投资者撮合，完成个人借贷，以此减少由于理财产品缺乏流动性而给投资者带来的损失。这其实就是把部分 P2P 功能集成到了其中，使得阿里得以建立起一个更为完整、产品类型更加多样化的互联网金融服务帝国。

通过细分客户的投资需求和风险承受能力，在互联网理财平台中集成更加多元化的投资理财产品组合，更好地实现互联网时代客户的碎片化投资资金的优化投资组合，满足客户的投资理财需求，也成为阿里金融帝国确立的根基。

除了阿里金融所关注的通过丰富投资的时间期限实现金融投资的多元化选择之外，一些互联网理财企业还从金融运营出发，通过集中多种金融资产的流转，实现投资的多元化。2014 年 4 月，新浪微财富平台率先推出了一个互联网票据理财产品，1 元起投，年化收益率可达 10%。尽管新浪很快就终止了关于互联网票据理财的尝试，但 8 月，两大互联网金融巨头又连续推出互联网票据理财产品。8 月 11 日，苏宁云商正式上线票据理财产品——金银猫票据，而短短一天之后，京东商城则上线了其互联网票据理财产品——小银票。互联网票据理财成为互联网理财的新宠，开始受到市场更多的关注。

其实，所谓的互联网票据理财也并没有太大的技术含量，只是把传统的线下银行承兑汇票转移到了互联网之上，企业以其所持有的银行承兑汇票为质押担保，在互联网上向投资人融资，并承诺借款到期后一次性还本付息。因为相关的质押标的银行承兑汇票得到了银行的无条件承兑，因此，相对而言，其风险极小，而融资利率却通常可以达到接近 10%的高水平，其收益的优势相当明显。

互联网票据理财的兴起其实就是互联网金融企业改造现有的单一货币基金产品，丰富产品类型的有益尝试。事实上，投资理财是一项专业性相当强的金融业务，并不是像当前的余额宝等宝宝军团这样，仅仅靠单一的货币基金产品的布局就可以躺着收钱。

尽管互联网金融是互联网企业进军金融领域，向传统金融机构发起的挑战，它们也极大地改革了现有的金融体系，但是并不代表互联网企业就不需要学习金融知识，不需要具备金融专业素养。通过强化互联网金融企业的资产管理能力，进一步丰富其产品组合，实施不同策略的资产管理策略，为互联网客户提供差异化的投资收益，才是互联网金融企业未来的最为重要的工作。

1元团购银行理财新模式

自2014年以来，伴随着国内资金供应紧张的缓解，银行间资本市场利率水平持续下跌，银行协议存款利率也随之下降，这也带来了依赖于银行协议存款的众多互联网金融产品的收益率的持续下降。截至2014年初期，包括余额宝、财付通、小金库在内的众多宝宝军团的收益率普遍已经下跌到4%左右。而另一方面，伴随着银行对于互联网金融的反击，银行理财产品的收益率却在持续上升，很多100天以上的银行短期理财产品的收益率都在6%以上，这也引起了很多原本流向互联网金融的资金又重新回流到银行中。

然而，很多银行理财产品的起购额度通常都在5万元甚至更高，投资门槛相对较高，这就把很多中小规模的互联网理财用户排除于市场之外。更为不便的是，很多高收益银行理财产品往往只会由特定银行在特定区域发行，即使投资者在异地的同一家银行，也无法购买到相应的高收益理财产品。

正是针对银行理财产品收益率上升后，客户对银行理财产品的需求上升，以及银行理财产品资金门槛过高、异地认购无门的不足，一些互联网理财企业推出了“1元起购，跨行购买银行理财产品”的新业务。

以最早推出这种团购银行理财的第三方理财平台“钱先生”为例，客户可以在其平台上阅览数百款不同银行、不同地区的理财产品。只要通过注册该理财平台，就可以随意认购任意金额的银行理财产品，认购没有金额和区域的限制。客户认购后，将获得网站发送的“购买成功回执”，详细说明所认购的理财产品名称、收益、期限等理财产品信息，以及客户的购买金额和会员编号等客户信息。

事实上，“钱先生”的运营模式更像是一种众筹。所谓的一个个产品的认购，就是一个个单一的众筹项目，客户在第三方的钱先生处选择认购某一银行理财产品后，资金将被划到第三方平台受其监管。到理财产品的出售日，如果在该平台上对该理财产品的认购金额达到该银行理财产品的最低门槛要求，那么，众多客户的认购资金就自动进入银行体系成为理财产品，并于理财产品到期后，按客户的认购金额将其投资本金加利息一并由第三方支付平台返还客户账户。如果客户所认购的银行理财产品的投资总额没有达到银行理财产品的最低门槛，则相当于该众筹任务失败，资金将直接返还客户账户。

“钱先生”只是把互联网经济中的团购模式与互联网金融理财结合起来，就很自然地发掘了一条互联网理财的新渠道。自2014年3月底获得金融信息服务资质之后，短短三四个月，其已经拥有接近100万名注册用户，人均投资金额在4 000～5 000元。它也极大地动摇了现有银行理财的呆板、生硬的制度设计，为中国互联网金融的发展开辟了一条新的思路。

互联网理财对于众筹的对接

2014年以来，很多互联网理财产品还通过引入众筹模式，通过一些公益性的、非投资的资金筹集与运营，达到集聚人气、吸引社会关注的目的。尽管这些众筹投资的规模大多通常在数万元至数十万元之间，互联网理财机构从中能够获得的收益并不会太高，但是这种新型的投资方式对于投资者的吸引力仍然是极大的。

最为典型的众筹产品应该是由支付宝公司所推出的娱乐宝产品了。娱乐宝通过“100元也能当制作人”的口号，让投资者自己决定投资哪一部影视剧作品，并号称将把筹集来的资金都用于相应的影视作品的推广。这对于喜好八卦新闻的很多年青一代的投资者而言，其娱乐效果当然是远大于投资目标的。特别是支付宝公司对每一款娱乐宝产品都设置了最低50元或100元的投资门槛，而最高通常也就1 000元的投资上限，即使投资者能够从中得到宣传所说的高达7%左右的年化预期投资收益，对于投资者而言，其投资总收益也不过只有几元或者几十元，从经济价值来说，完全没有太大的投资价值。然而，从增加社会轰动效应、吸引眼球、提升余额宝的社会知名度和市场形象而言，其最终起到的效果却是极大的。

当然，从产品设计来说，娱乐宝更像是互联网理财企业对接保险公司推出的一款保险投资产品，其资产运营的设置与余额宝所推出的其他高收益保险类理财产品并没有太大的区别。事实上，也是由于对接的是保险公司的资产运营，从某种意义来说，投资者到底购买哪一部影视剧作品并没有本质的区别，也不存在事实上这些筹集资本将真正定向投向这些影视剧作品，使得投资人成为众多制片人的一员这样的宣传噱头。

而且，众筹模式在海外产生并推广时，往往也强调不承诺经济收益，而更多强调其公益性。事实上，众筹模式在国内取得成功的一些案例，也大多发生在公益领域。如社会影响比较大的“免费午餐”、“让候鸟飞”、“女童保护”、“点亮心灯”等众筹公益项目，都取得了非常好的社会反响。

与之相对，像娱乐宝这样的准众筹产品，一方面宣传会将筹集到的所有资金定向投入指定的领域，因而具有明显的众筹属性，但是为了提高筹资的效果，他们又对相应的众筹项目承诺相应的预期投资收益率，这又明显违背了众筹模式的融资内涵。

从某种程度来说，在社会信用体系没有建设完善且社会捐助没有成为一种风尚时，在中国单纯地引入公益性质的众筹将难免陷入叫好不叫座的命运，而承诺收益反倒成为推动众筹被更多中国人所接受的最好的办法。事实上，单从娱乐宝推出后所引起的舆论关注来看，即使完全让阿里巴巴公司掏出它所承诺的投资收益，考虑到此项目造成的广告效应，阿里巴巴公司也绝对是赚着了。

在现代中国的互联网金融领域中，由众多互联网金融公司所推出的诸如阿里巴巴的娱乐宝、淘宝众筹、百度众筹、腾讯乐捐、京东众筹等众筹项目，固然很多都是对接一些文化作品或者小发明创造项目，但是其社会效应远大于经济效应，只是众多互联网金融公司扩大企业影响、丰富资产组合的一个策略选择而已。

民营银行对互联网理财发展的推动作用

相对而言，中国的互联网金融企业尽管已经推出了较为丰富的投资选择组合，但是其投资运作模式仍显单一。除了定期理财、保险理财与众筹之外，其他理财资产结构几无可见，这也反映了中国的互联网理财运营的低水平。

事实上，2014 年“两会”期间，在 10 家民营企业获准组建 5 家试点的民营银行之后，中国的互联网金融企业其实已经面临着一个更为巨大的机遇。毕竟在首批获准参与组建民营银行的 10 家企业中，阿里巴巴和腾讯恰恰是坐稳当前互联网理财领域的头两把交椅的市场领导者。

如果能够借助于未来将获批成立的民营银行，把通过互联网金融筹集到的资金，通过实体的银行体系，以及它们所拥有的淘宝、天猫、拍拍网、腾讯网等网购平台，以小额贷款、消费信贷等模式，将网络闲散资金转化为社会借贷资本，必将进一步丰富这些互联网金融企业的资产结构，进一步完善互联网金融的运营模式，构建起依托于货币基金、短期小额贷款、中长期市场投资以及公益性的众筹的资产运营结构，实现互联网金融的资产结构的多元化，必将最终把中国的互联网金融推向更为稳定、健康的发展之路。

第十五章 立信为本：P2P的重生之路

第一节 重建P2P网贷信用

混乱的P2P市场

在整个互联网金融体系中，P2P可以说是发展最为混乱，也是负面影响最大的一个领域。与第三方支付推动网络电子商务发展、互联网理财加速中国的银行市场化改革、虚拟货币重塑现代货币理论不同，P2P在中国的发展，基本上就是长期以来中国政府始终打击的民间非法融资、非法借贷借助互联网技术的死灰复燃。特别是自2013年下半年以来，我国各地纷纷爆出P2P网贷平台倒闭、P2P经营者跑路的新闻，更使得P2P发展中所蕴藏的高度危险性暴露无遗，P2P的发展也面临着最为严峻的生死存亡的挑战。

尽管中国经济的飞速发展使得民众手上持有巨大的民间资本，但是，社会保障体制的不完善使得社会消费需求长期不能得到启动，中国老百姓更加愿意持有具有较强流动性的货币资本，以求能够随时应对一些不测风云。与此同时，CPI的居高不下，则在不断地蚕食着民众的资金，这也使得这些民众手上的闲置资本有着强烈的寻求保值增值的投资机会的愿望，这才导致了余额宝推出后爆发式的迅猛发展。

而另一方面，目前以国有银行为主体的银行机制又难以满足市场对资金的需求。银行资本更多地根据政府的政策引导投向了地方政府、国有企业和资本实力相对雄厚的龙头企业，而缺乏资金实力特别是缺乏可用于贷款担保的固定资产的中小企业，则成为这种银行机制的受害者，面临着巨大的资金短缺的压力。

然而，尽管民间资本市场既存在着天量的闲置资本，也存在着强烈的寻找借贷资本的渴望，然而现有政府主导的银行体系及利率管制机制，却无法实现这些资本供需的对接。

尽管自古以来，民间借贷市场就是中国式的资本市场的一个重要组成部分，然而，这种建立在个人信用机制基础之上的民间借贷，往往依赖于个人的社交范围，通过资金的供需双方的直接对话，确定具体的借贷条件。这也导致了在这种民间借贷模式下交易条件的对话中，资金供应方往往拥有更多的话语权，在缺乏竞争机制的条件下，导致资金供应方对于借贷行业的利率水平的决定权，最终形成了我们常说的高利贷。

民间借贷利率的高企不下，又使得借贷者背负着沉重的债务压力，极大地推高了民间借贷的坏账率，从而迫使资金供应方寻求更高的借贷利率。这也形成了一个恶性循环，最终，当民间借贷利率被不断推高后，正规借入民间闲置资本用于实业投资，有足够资金偿还能力的借贷人将不再借入高利率资本，而留在市场中的借款人，大多是一些运营风险更高、投资风险更大的其他投资人，这样的逆向选择更进一步加剧了民间借贷市场的坏账率。

正是由于传统的借助于借贷双方的社交圈而形成的民间借贷市场的高风险，往往导致其演变为一场庞氏陷阱，也才导致民间借贷陷入人人喊打的不利地位。P2P 网贷借助互联网技术，打破了现代民间资金借贷对于借贷双方社交圈的依赖，进一步扩大了资金的供给与需求的范围，通过自动生成资金借贷中的竞争机制，形成了更为合理的借贷利率，也更为合理地串联起资本市场的资金供给与资金需求，搭建起辐射范围更广的资本市场。

然而，正是由于 P2P 网贷是建立在互联网技术之上，无论借贷双方还是串联起借贷双方的 P2P 网贷平台都无需直接见面，而是通过互联网通信技术直接串联起来，因此，在缺乏对 P2P 网贷市场各个参与者的基本概况特别是个人信用情况的了解的基础之上发展起来的 P2P 网贷的信用违约风险，也就难以控制。当 P2P 网贷违约普遍发生后，P2P 网贷的崩溃也就成为必然了。

中国 P2P 发展中的信用危机

对于P2P市场而言，困扰其发展的不是市场资本供应的不足，不是对于P2P借贷模式下的资金借贷需求的不足，更不是互联网技术的不过关，导致中国P2P市场崩溃瓦解的关键在于普遍的信用违约。这种普遍的信用违约，既包括一些不良分子通过虚设P2P网贷平台，虚拟网贷项目，以虚报高利率为手段，实现对社会资本的骗取，也包括一些正规运营的P2P网贷项目在发出借款之后，面临着严峻的回收借款的困难，大量借款项目无法收回投资及利息，最终使得P2P网贷陷入资金运转的困境，从而走向灭亡。

事实上，在中国的P2P发展过程中，表现得最为严重的现象，就在于假借P2P网贷之名、行诈骗之实的网络诈骗。在现代中国的互联网中，只需要在任何一家搜索引擎中输入“P2P网贷”，或者“网上借贷”，甚至只是简单地输入“互联网金融”，无数家看上去运营规范、管理制度严格，甚至号称有着银行或者保险公司的信用担保的P2P网贷公司就会很快出现在我们的搜索结果中。这在很大程度上反映了当前中国互联网金融特别是P2P市场的火爆。然而，事实上，这样的火爆场景更多是一种人为制造出来的虚火，而非真正意义上的市场繁荣。可以大胆地推测，在互联网中可以随意搜索出来的这些看上去很规范的P2P网贷平台，可能八成以上都存在着资金诈骗或者非法集资的嫌疑。

之所以说中国的P2P网贷平台大量存在着资金诈骗和非法集资现象，在于在这些P2P网贷平台中，投资者看到最多的是投资的高收益、无风险，却难以看到对于投资项目的具体描述。为了运营的便利，某些P2P网贷平台将自己包装成互联网化运营的私募基金，仅仅标明资金的大致用途或投向，并标明资金的高收益，对自己的资产运营的具体情况并不会详细说明。它们在宣传中往往只会宣传自己资本运营的成功历史和经验、资金管理的规范，甚至相关金融机构的担保，却只字不谈风险。事实上，即使像巴菲特和索罗斯这样的资本运营的大腕，也不敢绝对保证自己的资产运营百战百胜，更不敢提前预判自己的投资收益，这样运营的P2P可能绝大多数都是意在诈骗客户资金的骗子公司。

此外，的确还有一些P2P网贷平台看上去更规范，存在着很多网贷资金项目，然而对于网贷主体的描述往往语焉不详，更多用某公司、某个人这样的模糊语言，其资金的使用用途、未来的还款保障也并不清楚。比如某个人想通过P2P网贷项目借款10万元购买一辆汽车，那么他计划的还款时间是多长，他的收入是多少，每月积蓄是多少，如何保证到期后他能够如数归还全部借款及利息，这样的信息基本不会涉及。或者说某家工厂希望通过P2P网贷平台借入10万元购买一批货物，或者一套设备，该企业的固定资产是多少，营业额是多少，运营成本是多少，利税有多高，借入资本对于企业的盈利能力会有如何的影响，如何保证其还款能力，这些信息都鲜有涉及。

当然，根据 P2P 在国外的发展经验，采取上述含糊的表述往往是出于保护借款人的个人隐私的考虑。然而，在我国，当信用缺乏成为阻碍 P2P 进一步发展的最大拦路石时，甚至应该保证选择投资后，投资人能够得到借款人的具体情况。实施相当程度的信息公开，才是保证中国的 P2P 网贷借贷资本安全的最重要的因素。可是在绝大多数 P2P 网贷平台中，都很难看到如此完备的信息公开。

缺乏足够的信息公开，单纯地吹嘘自己的盈利能力或者资本运营能力，只会给投资人以浮夸而不真实的感觉，这当然也就抑制了投资人把自己辛辛苦苦赚来的钱投向这些通过互联网的虚幻方式获得、没有足够保障的投资项目，这进一步阻碍了 P2P 网贷的扩大。

事实上，对于 P2P 网贷项目的信用评价、客户管理、资金管理都涉及极为专业的金融管理能力与分析能力，而不是仅仅精通互联网技术的几个小网虫就可以设想出来的一个简单的信息交换的网络中介。如果 P2P 网贷公司仅仅把自己定位为类似于房屋中介这样的信息中介的角色，而不对所有网贷项目的真实性、运营的安全性进行细致的考核与评价，不仅难以实现自身的发展，赢得客户的信赖，甚至将会把自己推向法律诉讼的被告台。

正是由于太多的本不具有金融分析与管理能力的个人与企业盲目地进入 P2P 网贷领域，导致 P2P 网贷跑路成风，反而进一步刺激了利用 P2P 网贷行骗的犯罪行为。的确，在很多 P2P 网贷平台的运营人看来，即使他们正规地运营这些 P2P 网贷机构，也会出现大量借贷钱款无法收回的现象。与其把钱款让其他人骗去，不如留着自己大肆花费，好好享受生活。

在很多以 P2P 为借口的网络诈骗过程中，其实并没有实现真正的 P2P 网贷资本的运作，也不存在资本的需求方，更不存在通常的 P2P 网贷所关注的对于网贷借款人的信用评级、借款利率的竞争性报价、借款项目的后续管理以及借款资金及利息的回收等关键步骤。事实上，正是由于这些运营人不具备规范化地运营 P2P 的能力，才会选择以此来作为诈骗的手段。我国 P2P 市场的鱼龙混杂、真假难辨，特别是投资者对 P2P 运营模式的不了解，进一步加剧了这种 P2P 网络骗局。

当然，诱使 P2P 网络骗局大量出现的一个重要原因就是，即使很多 P2P 网贷平台其本意是好好运营 P2P 网贷项目，然而，由于很多在它们看来拥有雄厚的资金实力且拥有充实的还款能力的借款人在借到钱款后，却以各种理由拒绝还款，最终告上法庭，花费巨额的司法成本，通过长时间的法律诉讼之后，P2P 网贷平台即使赢了官司，也很容易陷入执行难、收回钱款难的困境，因此，最终P2P投资项目坏账率的持续上升，使得这些拥有运营好P2P网贷项目的雄心壮志的P2P网贷平台，最终也因回天无力而落得个以失败收场。

信用建设是导致中外P2P发展差异的关键因素

与中国相反，借助于次贷危机重挫银行体系的契机，近年来，欧美各国的P2P网贷获得了飞速发展。从早期的市场领导者Prosper和Zopa到后起之秀Lending Club的网贷规模的迅速扩张，更是让它们赢得了包括谷歌在内的众多投资者的注资，正在处于快速发展的黄金时期。

其实，想必很多中国的民众都可以理解P2P网贷发展过程中的这种“橘生淮南则为橘，生于淮北则为枳”的怪异现象。由于中国金融产业发展的滞后，中国仍然没有建立起完备的个人征信体系，投资者在作出投资决策的时候，没有办法以一种便捷且低廉的方式了解投资对象的信用状况，这当然就增大了P2P网贷的投资信用风险了。

更为重要的是，在金融征信体系不完善的今天，民众对于个人信用的漠视已经成为一种普遍的社会现象。当学生以作弊作为考取高分的首要选择，当商人以偷工减料、非法添加对人体有害物质作为致富法宝，当企业主以不支付工人工资为获取流动资金的手段，当借款人以不还欠款为占便宜，当一切看上去那么不协调的信用违约成为社会的共同选择时，社会的信用底线已经到达极限。

在欧美国家，每一名公民的任何一项行为都有可能被记入信用档案，哪怕偶尔的偷逃车票、考试作弊都有可能终生影响自己的就业、信贷，都会给行为人造成无法弥补的损失，那么每一名公民都会把维护自己的声誉视为与维护自己的生命一样重要。当人人都讲究信用、注重诚信成为一种普遍的社会风尚时，通过互联网手段达成的网络信贷，也将与每个人视同生命的个人诚信紧密联系在一起。试想在这样的机制之下，P2P网贷的借款者怎么敢随意违约，付出终生的代价仅仅为了换取P2P网贷所提供的小额信贷资金呢?

然而，在中国社会中，个人与企业的信用已经被很多人视为一种无用的奢侈品，维护信用需要长期的克制与坚持，而破坏信用，也许只需要一时的冲动。当冲动带来的信用损坏，仅仅换来舆论的批评，或者少量的经济处罚，而这些经济处罚甚至远低于行为人从破坏信用中所获得的非法收益，哪怕是最具美德的谦谦君子，也很可能会慢慢演化为漠视信用、损人利己的不法小人。

近年来，在世界市场中一直以严格产品标准而为人所知的麦当劳与肯德基，却在中国屡屡曝出销售过期食品、卫生环境不达标等负面新闻，而全球最具盛名的零售企业沃尔玛与家乐福，更屡屡传来销售假冒伪劣产品、偷换食品生产日期等丑闻，而其最后的结果也大多以被工商部门罚款数万元了事。对于这些500强企业，区区数万元的罚款根本不是处罚，而更像是一种纵容。这也无怪很多跨国公司被指责在中国执行与国外完全两套质量标准和运营标准了。

连应该最规范化运营的全球知名企业都不爱惜自身羽毛，屡屡曝出信用风险，中国当前的信用缺位已经可见一斑了。在目前的法律体系之下，对于违反道德与信用的处罚更多流于形式。尽管很多地区开始尝试公开老赖姓名，禁止老赖乘坐飞机或者进行奢侈性消费，然而，没有强制性处罚的事实，将导致很多借款行为特别是民间借贷行为中的信用违约成为普遍现象。

在很多国人看来，如果是基于朋友关系的借贷，可能会碍于面子而不容易赖账，但是，如果是通过互联网这种不见面的方式达成的借贷，互联网这种虚拟的信息手段可以说褪去了很多人最后一丝羞耻之心，通过抵赖的方式不归还借款当然成为一种自然的选择。

从某种程度而言，在没有完善的个人信用机制、没有形成全社会的信用观的今天，盲目地推行P2P是一种不理智的超前消费，其带来的风险也就不言而喻了。而真正想要实现P2P的规范化运营和推广，更需要整个社会层面的信用机制的建立。这不仅是规范中国的商业文化、规范中国社会主义市场经济运营的必然选择，更是制约中国P2P发展的短板。

中国的P2P发展必须依赖于个人信用观的普遍建立，并不是说看到P2P模式在美国取得了成功，就可以简单地通过“拿来主义”把它原原本本地照搬到中国来。如果不考虑东西方的文化差异、制度差异，这样的照搬只能是邯郸学步，空遗人以笑柄罢了。

第二节　规范P2P的准入门槛

P2P网贷应注重企业自有资金率限制

中国的P2P发展陷入误区的一个重要表现就在于，借助P2P手段，实施金融诈骗成为一种普遍的选择。当前中国的P2P网贷市场早已陷入了骗子满街跑的尴尬境地。

尽管互联网经济崇尚的是自由主义和公平主义精神，但很多国家，包括我国，都逐渐接受了“法无禁止即可为”的原则，从而为互联网的创新精神提供了最有力的制度保障。然而，互联网金融毕竟也是金融产业的一部分，即使是完全市场化运营的美国，金融产业也并不是所有人都可以参与分一杯羹的自由田。我们很难设想，在华尔街乞讨过日的某一名流浪汉，某一天突发奇想，就自己创办了一家银行，然后大量吸收民众储蓄，发放贷款，从此过上富足的银行家的生活。

早在 1983 年，由国际清算银行主导制定的《巴塞尔协议》中就已经严格限定了商业银行的自有资本比率。也就是说，你如果没有真正属于自己的资本，光想空手套白狼，在金融领域是吃不开的。按《巴塞尔协议》规定的 8%的自有资本比率，如果你拥有 8 万元自有资本并开了一家银行，那么你的存贷款的最大业务量只能是 100 万元。尽管你也可能从这 100 万元资本借贷中获得一定的利差收益，但是你的整体利润率也就被严格限定了。

当然，如果没有《巴塞尔协议》对自有资本的限制，假设你拥有 1 万元自有资本，最后实现了 100 万元资金借贷业务，那么其中如果发生 1%的信用违约，那么你亏损的其实就已经不是你自己的钱，而是众多储户存在你的银行的钱了。当然，如果你有 1 万元自有资本，却硬要做 1 000 万元甚至更多的借贷业务，那么赚的钱当然都是你的，赔钱的时候，你只有 1 万元钱赔，剩下的可都是赔的储户的钱了。在这样的模式下，银行或者其他金融机构当然更加愿意选择一些激进的投资方式，要么赚大钱，要么赔大钱。由于赔的不是自己的钱，最终极易造成整个金融市场的振荡。这也正是《巴塞尔协议》出台的基本初衷。

尽管在很多人看来，P2P 网贷平台更像一个金融中介机构，而非传统意义上的银行金融机构，然而，从基本操作思路来看，它们都是采用从社会筹集资本，然后以更高的利息把资金投放出去，从中获取利差的运营模式。从这个方面来说，如果仅仅把它视为一个互联网企业，而对其根本不设置门槛，至少不设置自有资金门槛，显然是不合适的。

从某种意义来说，我们可以把 P2P 网贷市场的开放，视为在互联网领域对中国的银行市场化改革的推进，那么，P2P 网贷在当前的中国金融领域，其实仍然是对传统银行体系的一个补充，甚至是替代。如果至少规定其资金准入门槛，限定其自有资金比率，起码可以最大限度地减少 P2P 网贷中的投机心理，减少对投资者的毫无意义的浪费与激进投资。

P2P 发展的新定位

与其把 P2P 视为银行的替代，不如把它视为对于小额信贷公司的替代。因此，一般而言，借贷金额相对较高的大笔贷款业务，仍然只会由传统的银行机构来提供，进入 P2P 网贷市场的，通常是无法从正规途径获取银行借贷资本的小微企业与个人消费者。而事实上，在很多城市，一些小额信贷公司，特别是消费信贷公司、典当公司，已经在开发这部分市场资源的道路上进行了很多尝试。P2P 网贷的形成，只是通过引入互联网手段，进一步简化小额贷款的流程，为客户提供差异化的贷款选择。

当然，如果按当前中国商业社会惯行的潜规则，只需要短期拆入一个相对大的金额作为注册资本，就可以算作企业的自有资本，而注册成功后，所谓的自有资本又迅速消失于无形，那么对于 P2P 企业的自有资金的考核将只是流于形式，而没有任何实质性意义。

各地的金融监管部门，特别是银监会，应该承担起对 P2P 企业的注册资格的审核，特别需要关注它们的财务状况，尤其是流动性资金的走向，防范 P2P 企业挪用网贷平台资金的现象的出现，并对 P2P 企业的自有资本与业务规模的合理比例进行适时监控，以防范信用风险的存在。

P2P 发展中的中国道路

在当前中国信用体系尚没有完全建立的情况下，完全照搬欧美模式组建纯互联网运营的 P2P 网贷平台，必然会诱使 P2P 企业的信用违约行为。在中国模式下，P2P 更适宜于组建线上线下两线前进的集团化运营模式。首先，把组建 P2P 网贷平台的自由，交由具有一定资金规模的现有大企业集团承担。当 P2P 依托于一个相对较大的企业集团之后，一来它的资本运营就可以拥有足以充当信用担保的经济价值，可以最大限度地消除投资者对其的顾虑。二来当 P2P 企业拥有一个相对庞大的企业集团作为后援时，它发生信用违约的可能性将会极大地降低。事实上，正如很多人看到的，发生信用违约、造成信贷欺诈的 P2P 网贷平台，绝大多数都是由一些小资本投资组建的。正是由于其投资规模不大，它发生信用违约可能造成的自身损失将非常有限，相对而言，企业能够从信用违约中获取的收益却是一个更为庞大的数字。

因此，中国的 P2P 网贷的发展，不应该学习欧美，纯粹作为一个互联网产业而任其自由发展，而更多应该在金融监管部门的严格监管之下，由一些现有的大企业特别是互联网大企业，比如网络商城、门户网站等具有较大知名度且拥有较长发展历史的专业性网站，或者由现有的一些拥有经济实体的小额贷款公司等小型金融机构，承担起在我国发展 P2P 的责任。

必须强调的是，在我国之所以 P2P 网贷欺诈现象层出不穷，一个很重要的原因就在于 P2P 网贷资金与网贷平台的自有资金账户的混淆。如果 P2P 网贷平台的投资者选定投资项目之后，需要把自己的投资资金投入 P2P 网贷企业的企业账户甚至企业负责人的个人账户，其收回投资也是通过这些企业账户或者个人账户进行，那么属于 P2P 网贷企业的自有资本与接受的外部投资资本其实就被混淆在一起管理了。而实际上，在 P2P 网贷过程中，网贷平台更多扮演的是金融中介的角色。从身份上而言，其是不应该接触客户资金的，以免过于巨额的客户投资注入企业账户之后，成为企业事实上可以自主支配的资金，也就很容易诱使企业挪用、非法占用客户投资资金，增大 P2P 网贷平台的运营风险。

事实上，就是在欧美国家的 P2P 网贷发展过程中，网贷平台的自有资金账户与客户的投资资本账户通常也是严格区分开来的。来源于企业外部的客户的投资资本是出于追求更高的投资收益而通过 P2P 网贷平台投向其选择的投资项目，而非直接投向网贷平台，因此按照正规管理程序，这些外部投资资金通常应该保存于专门的第三方支付平台，由第三方支付平台负责对这些投资资金按其选择的投向，投向不同的具体投资项目，并由此保证其投资的独立性和自主性。

之所以在中国的 P2P 网贷产业发展过程中，骗子金融公司遍地，正是由于网贷企业自身资金与网贷资本可以存放在一个账户中。事实上，欧美国家的 P2P 之所以能够健康发展，不仅是由于它们的发展有着信用社会的支撑，有着强劲的互联网经济的支持，更是由于它们有着设计科学的管理制度的约束。

当权力处于没有监督管理的自由放纵的状态时，当决策者的决策行为可以随意决定数万元甚至更多的资金的流转，可以直接决定其他决策人的经济利益时，在利益的驱使下，追求经济利益最大化的经济人总会寻找对自己最有利的决策选择。然而，这样的逐利行为有时却是在伤害他人利益的基础上达成的，因此，市场经济的运行必然不能缺失完善的制度的约束。

对于金融市场发展尚不成熟的我国而言，P2P 网贷是一个新鲜事物，因此，在很多时候，它们也经常在监管的真空之下，自由自主地发展。特别是对于社会信用水平尚未极大提升的当前中国而言，这种自由放任并不是互联网经济所鼓吹的自由发展或者鼓励创新，而更多地是放纵犯罪。因此，如果想使中国的 P2P 网贷走出今日的泥潭，加强主管部门的监管与考核将是关键之中的关键。

第三节　完善 P2P 网贷的运作制度

信用体制建设是发展 P2P 的基石

其实，中国的 P2P 网贷并不完全是由一些心怀叵测的不法企业运营的。的确也有相当大一部分企业，出于对外国的 P2P 网贷模式的欣赏，胸怀改变当前中国金融格式的梦想，而努力进行着打造一个互联网化的未来金融帝国的尝试。然而，当真正投入 P2P 网贷行业之后，这些企业才发现对网贷项目的客户的信用水平进行评估，对所有正在进行的网贷项目实现全流程的监控，以及完成网贷项目之后，网贷资本的回收，都是一项极为艰难的工作。在这个过程中，只要有一个环节出现短板，P2P 企业的运营就有可能由此陷入困境，甚至沦落到跑路走人或者破产清算的悲惨结局。

当然，解决上述一切问题的关键在于建立起完整而发达的社会信用体制。如果对于任意一个希望通过网贷项目从自己处获得信贷支持的 P2P 网贷企业而言，都可随时、随地地调用相关行为人的信用档案，通过对相关行为人之前信用状况的统计、考核和评估，自然可以建立起一整套完整的信贷风险预判和监测体系，借此最大限度地控制 P2P 网贷项目的信用风险。

在信用记录被视同生命般重要的欧美国家，每一名公民自一出生就拥有一个独有的社会保障号，并在此之上，附注着一生中各种信用记录，小到过马路闯红灯、乘坐公共交通工具逃票、考试作弊，大到各种信用违约、商业欺诈以及犯罪记录。所有被认为能够反映该行为人的信用记录的事件都将被永久性地记录其中，而且这些信用记录并不是被保存于警察局、联邦调查局、美联储这样的政府机构的层层资料柜中，而是对全体公民都完全开放的。每一名公民都可以轻易地调阅他人的信用记录，因此，在进行商业合同洽谈、经济协作、工作招聘，甚至交友、结婚等行为之前，很多人已经习惯调阅对手的信用记录，以求了解其信用状况。

当一名行为人由于个人错误导致自己的信用记录被记入一笔负面记录之后，他可能需要用一生时间对其承担责任。特别是如果发生过一些相对严重的信用违约之后，该行为人可能一生都不再可能申请到贷款，找不到理想的工作，甚至自己创业开公司都不可能接到大的合同订单。正是由于这种信用记录的普遍性和公开性，反而导致每一个人都不敢随意地违约，哪怕是通过互联网这样的虚幻的交易方式所形成的资金借贷关系。

正由于此，在欧美国家的 P2P 网贷发展过程中，P2P 网贷平台只需要调阅贷款申请人的信用记录，就可以相对容易且低成本地对贷款给该申请人的信用风险作出简单的评价，并由此推动众多 P2P 网贷项目的顺利开展。

中国式 P2P 的区域化发展道路

在中国由于并不存在完备的信用档案的支持，对 P2P 网贷项目的信用风险的考核只能建立在网贷平台对贷款申请者的信用调查和评估上。如果仍然仿效欧美国家，采用完全建立于虚幻的互联网平台之上的全国性的 P2P 网贷平台的运营模式，只会导致 P2P 网贷对于贷款申请者的调查，要么只能流于形式，不能深入下去，要么就会由于地理空间的限制，出现调查周期漫长、调查成本迅速增长等问题。这些都会完全与 P2P 网贷的自由性和便捷性的设计原则相悖，从而使得相应的网贷平台的发展陷入困境。

也正因为此，中国的 P2P 网贷不应该只拥有互联网一个媒介与平台，而是应该选择虚实结合，互联网与经济实体同步建设，同步发展。同时，其发展的视角，至少是网贷项目的选择不应该基于全国性，而应更多地从地理位置或者行业的集中度考虑，选择一些地域性项目，如偏重于某省或者某两三个省市的项目，或者仅仅选择比如煤炭行业、纺织行业等运营单位相对熟悉的领域的贷款申请者来参与网贷项目。

之所以强调在互联网层面之外，同步建设实体信贷平台，一方面是因为这样做可以扩大 P2P 网贷平台的资产规模，消除投资者对其自身信用状况的担忧，增强其在市场中的竞争力，而另一方面，由于如果要保证网贷项目的资金安全，P2P 网贷平台需要对贷款申请人的资信状况及还款能力进行实地考察，而实体平台比纯粹的虚幻的互联网平台更加适于运营客户调查、客户管理以及借贷资本的回收等日常性事务。

从某种意义来说，在中国，P2P 网贷的发展需要两条腿走路：互联网网贷平台的建设，用于借贷项目的发布、借贷资本的筹集与偿还；而实体信贷平台则需要更多地专注于网贷项目背后的一些实际性日常事务，如客户资信调查、信用报告发布、客户管理等工作。通过双轨发展，实现线上线下工作的有机对接，提升网贷项目的资金运营安全，将成为推进中国的 P2P 产业健康发展的有效武器。

同样，也正是考虑到对贷款申请人的信用状况的实地信用调查的烦琐性，如果在 P2P 网贷平台建设之初就将其定位为全国性或者全行业的网贷平台，那么可能网贷平台身处北京却需要对新疆的网贷申请项目进行评估，这不仅会极大地增加对申请人实地信用调查的时间和金钱的花费，影响网贷项目的经济效益，更容易由于信息的不对称、不透明而造成实地调查却没能了解到贷款申请人的真实情况，从而出现被其欺骗蒙蔽的现象。为了提升 P2P 网贷的运营效率，特别是提升实地信用评价的准确度，降低信用调查的运营成本，采取收缩运营范围的方式将会更为有效。

其实，在阿里巴巴的互联网金融的发展过程中，它的阿里小贷在相当长一段时间内所选择的发放贷款的范围仅仅局限于浙江一省境内。可以想象，以阿里巴巴在互联网金融领域中的江湖地位，它在开发互联网信贷业务时都不敢直接选择接受全国范围的贷款申请，而是将贷款人局限于其总部所在的浙江省内，其用意已经不言自明了。

事实上，上述阿里小贷与现实生活中火爆发展的 P2P 有着极大的相似之处。当然，阿里小贷发放贷款利用的是自有资金，因此就省去了在网络上发布借款信息和信用评估、接受投资人的投资申请的步骤。也正因为使用的全是自己的资金，如果出现信用风险，发生损失的将是阿里巴巴自己的资金，这更导致阿里小贷在进行客户的贷款资格审查时需要特别小心谨慎。阿里小贷与 P2P 网贷最大的相似之处就在于通过互联网媒介，接受客户的贷款申请，并通过互联网手段进行审核与贷款的发放。当然，在所有看似简单的线上工作之外，线下的客户信用调查与评估更是决定其信用风险的关键所在。

如果把发放贷款的领域集中于一个相对狭小的领域，比如类似于阿里小贷的一省范围，或者是 P2P 网贷平台所熟悉的某一个行业领域，网贷平台就可能会更了解向其提出贷款申请的客户情况。对一些知根知底的优质客户，P2P 网贷平台甚至可以仿效实体的银行给予它们一定额度的信用授信，在信用授信范围内的信贷申请免于信用调查，可以作为推荐项目直接在网贷平台上发布。即使对一些不太熟悉的新客户，网贷平台一方面既可以进行现场实地调查，另一方面如果在贷款申请者的业务伙伴中拥有网贷平台熟悉的优质客户，那么网贷平台也可以从其信任的优质客户处曲线调查了解对方的信用状况，这也许比到相应贷款申请者处进行实地调查效果更好。通过收缩信贷范围，将其集中于网贷平台更熟悉的范围之内，将能更有效地提升网贷平台网贷发布与运行的效率。

P2P 的未来发展

当然，并不是说 P2P 网贷就不能发展为全国性的资金信贷平台，只是至少在当前 P2P 网贷已经深陷信用危机之际，仍然激进地盲目提出发展全国性综合互联网信贷平台并不现实。对于一些原来只是集中于某一区域或者某一领域的

P2P 网贷平台而言，如果前期运营得当、发展迅速，完全可以再将其业务扩充到其他区域。但是，它们仍然不适宜在统一的业务管理之下，简单地进行业务扩张，而是更加适宜像银行在其他地区开设分行一样，成立专门的信贷机构以在新的领域、新的区域开展新的信贷活动，由其完全专注于这一新领域的信贷活动的开展。

当某一 P2P 网贷企业通过长期的发展形成覆盖全国的信贷网络之后，它将形成在统一的行政管理之下，活跃在不同区域、不同领域的多个独立运营的 P2P 网贷分支，各个 P2P 网贷分支仅专注于在本领域或者本区域的信贷审核、管理与发放，而不能渗透到其他网贷分支的业务范围。而在统一的行政管理中枢的领导下，不同的 P2P 网贷分支又可以实现资金、人员等资源的统一调配和协调管理。

在上述模式下运营的 P2P 网贷，必将演化为通过互联网媒介开展业务的新型银行体系的建设。它需要对信贷发放领域的专注，讲求运营效率的提升，需要实现资源的共享与协调，这将带来更为健康、稳定发展的 P2P。

事实上，由于 P2P 网贷中的信用欺诈的大量出现，P2P 在中国已经演化为金融骗局的代名词。如果完全沿用欧美完全互联网运营的 P2P 网贷发展模式，将很难扭转这种社会偏见，P2P 的发展之路也将越走越窄。笔者所设想的互联网与实体金融同步建设、线上线下协调发展、从单一领域向更为广阔的发展领域逐步演进的发展模式，尽管偏重于保守，然而，这却是重塑民众对 P2P 网贷的信任的重要选择，也只有通过相对保守的稳健运营的发展思路，提升 P2P 网贷项目的安全性，P2P 网贷在中国的发展之路才有可能越走越宽。

第十六章
收放自如：虚拟货币的矛盾集合

第一节　虚拟货币的规模选择

传统货币政策的弊端

作为当代互联网经济中最成功、也最引人关注的虚拟货币，比特币之所以产生于次贷危机最严重的2008年，兴起于欧债危机达到顶峰的2013年，是有着其内在的原因的。正是因为这两次自20世纪30年代大萧条以来最严重的经济危机的出现，欧美各国不得不选择所谓的量化宽松货币政策，以求向深陷危机的经济注入资本，刺激经济发展，缓解危机的冲击。然而，这些量化宽松货币政策的一个重要的影响就是削弱了当代全球经济中最重要的两种货币，也就是美元与欧元的市场地位。这才产生了市场对于一种新型的、不会受任何危机的冲击、更不会受任何一个国家的经济政策所左右的货币的寻求，而比特币恰好迎合了这些市场需求，从而获得了发展的最佳契机。

只要略微懂得一些西方经济理论的人都可以很容易理解为什么被西方国家视为挽救经济的治病良药的量化宽松货币政策却会削弱美元和欧元的市场地位。当危机来临时，所有人、所有企业都收缩过度。为了防止自己面临更为严峻的经济形势，谁都不敢消费，谁也不敢投资，整个国民经济的需求迅速下滑。可是如果没有消费，没有投资，特别是欧美各国在国际贸易领域还是逆差国，那么，在推动经济发展的所谓三驾马车——消费、投资和出口方面，欧美各国其实都已经没有办法重新启动了。

当经济不能通过自身的调节机制实现平稳运行时，就需要政府采取强有力的政策，给国民经济打上一记强心针，利用外部刺激来推动国内经济发展。在危机之中，政府最常采用的只有两记致命绝招。

政府的第一记绝招叫作烧钱，学名扩张性财政政策。老百姓不是不敢消费，不敢投资吗，没事，我们政府负责花钱，由政府加大公共设施建设的力度，增加对民众的收入的补贴，或者减税，以此来鼓励老百姓大胆地花钱，通过政府和民众大家一起花钱来增加社会总需求。只要商品都卖出去了，工厂就又能开工了，工人就有工作、有工资可拿了，当然经济就可以恢复发展了。

政府的第二记绝招叫作印钱，也就是通常所说的扩张性货币政策，或者说本次危机以来经常所说的量化宽松货币政策。在危机之中，不仅老百姓没钱可花，银行体系内也没钱，大家就是想从银行贷点钱出来应应急，也根本贷不到款。那可怎么办呢？好办，只要政府开动印钞机，拼命地多印些钞票，再通过央行进入商业银行体系，让商业银行把这些增量资金贷出去，这样，民众贷到钱之后，手上就又有钱了，又可以尽情地消费、投资、享受生活了。

然而，印钞票并不是好事。不是说政府只要没钱了，那就印些钞票，手上就有钱了，什么财政赤字问题也就可以解决了。问题可不是那么简单。当政府增加钞票发行时，整个社会的经济领域流通的货币就多了。如果社会财富没有增加，那么货币增加的结果不是推动财富增长或者收入增长，而是稀释了社会财富，通过物价的变动，导致了货币购买力的贬值。比如说，在社会财富没有发生变化的情况下，假设政府印刷的钞票增加了 1 倍，那就意味着现在 2 块钱只能当 1 块钱用了。

事实上，现在全球流通的货币基本上都是纸币，而纸币的真实印刷成本可比这一张张纸币实际代表的价值要小得多。因此，在很多国家特别是调节本国经济的能力相对有限的发展中国家看来，为解决本国经济发展的困难，最简单的办法就是印钞票。通过印钞票来增加政府的资金实力，稀释政府的债务负担，从货币扩张中获得大量收益。这就是为什么 2010 年以后，非洲的津巴布韦会出现恶性通货膨胀，哪怕钞票都印到 10 000 亿津巴布韦元了，可是一张带有一串 0 的 10 000 亿元津巴布韦钞票却只能买到一个面包。这样的物价水平，以及由此造成的经济秩序的混乱就可想而知了。

比特币确定数量上限的意义

正是由于两次严重的经济危机迫使政府采用量化宽松货币政策来应对危机，最终导致货币价值的持续贬值，才更引起民众对政府控制货币发行、影响货币实际经济价值的更大关注。也正由于此，比特币在设计过程中特别将其规模锁定在2 100万枚的上限范围。

对于全球经济中的比特币的支持者而言，拥有规模上限的比特币，无疑可以消除以往的滥发纸币所造成的通货膨胀。从这个方面而言，发行规模自动锁定恰恰成为比特币的价值得到世界各国民众认可的最大保障。至少因为流通规模的自动限定，比特币将永远不可能出现价值稀释，只会因为认可度的持续上升造成国际市场需求的提升，从而出现比特币价值的稳步提升。这也让更多人把它视为价值投资或者保值增值的重要工具。

然而，真正限制比特币成为真正的全球货币的最大障碍也正在于其规模的自动锁定机制。可以想象，既然比特币的数量是有限的，不可能随着社会需求的增长而出现供给的增长，那么，如果它真的成为世界货币，其价值能够得到世界各国人民的普遍认可并被广泛应用到商业交易之中，则必然会由于其稀缺性导致其价值的持续上升。在这样的机制下，作为比特币的持有者，与其把这种稀缺的经济资源作为货币花费出去，因此丧失其所有权，以及这种所有权可能带来的潜在的巨大价值增值，不如囤积居奇，长期持有比特币而等待其价值上升。

比特币中的货币理论

如果所有比特币玩家都拥有相同的想法，都把比特币作为一种价值投资手段而长期持有下去，不拿它作为交易所使用的货币支付出去，长期以来，必然导致比特币大量流出流通领域，流通领域的比特币供给迅速减少，以至根本不可能再充当起交易媒介和价值尺度的货币职能。

无论如何，即使是虚拟货币，其真正的价值也只有在当作货币，在实际的经济交易过程中充当价值尺度或者流通手段才能体现出来。把货币作为一种价值储藏手段固然也是货币的一个附加属性，然而，这种价值储藏更多是为了实现买卖交易的脱离，为了便捷现代商品交易而存在。比如，在原始社会尚没有货币存在时，当一个人使用山羊换得其他人的大米时，在这种以物易物的商品交换过程中，交易者出售山羊与购买大米是同时进行的，是不可能分离的。然而，在货币产生之后，交易者完全可以先出售山羊来获得一定的货币，然后他可以随意决定购买大米的时间，此时商品交易中的买和卖就可以完全分离了。如果交易者出售山羊得到 1 个金币，而他 1 个月以后可以使用这 1 个金币购买到 5 袋大米，那是因为金币拥有价值储藏的职能，它在 1 个月之后的购买力水平与 1 个月之前不会有太大的变化，其价值是稳定的。因此，当行为人持有货币的时候，它其实就获得了一种便捷的储藏自身的经济价值的手段，而这种价值储藏的手段恰恰是源于它被作为货币。可是，随时作为流通手段而应用到任何商品交易过程中并不是货币最关键的基本职能，而只能属于由其流通手段职能衍生出来的附加职能。

比特币的确拥有普通货币所拥有的各种货币属性。它可以充当流通手段，在商品交易过程中扮演交易媒介的角色。比特币的交易者也可以用比特币来代表一定的经济价值，从而赋予它价值尺度的职能。如果你拥有比特币后，暂时不愿意使用，也可以先持有它，等待以后在其他交易中再使用它，它的经济价值也会保持不变，因此它也拥有价值储藏的职能。

比特币数量限制的问题

由于比特币自身的数量限制，这反而大大地制约了其在现实经济中的应用。尽管比特币交易基本已经得到世界各国政府的默许，但它仍然只能作为少数互联网玩家所追捧的小众流通手段。即使如此，当其得到市场关注之后，在短短不到一年时间内，其价值就从二三十美元上涨到 1 000 美元。可以想象，如果它真的能够取代美元、欧元成为当今世界的关键货币，且其价值得到全球所有民众的认可，其价值至少还将翻十倍以上。其不断飙升的价值预期，一方面将继续刺激持有者囤积居奇的想法，限制比特币进入流通领域的数量，而另一方面，比特币供应的不足，又将进一步提升其市场价值，而它不断上升的价值，又将限制其在小额经济交易中的使用。

当然，现有比特币的两个巧妙的设计，可以在很大程度上延迟上述现象的出现。首先，比特币拥有最完美的价值分拆机制。正如古代大金元宝可以熔解为小金块或者小金豆进行小额交易一样，比特币提供了最多可以分拆为 1 亿分之 1 枚比特币的最小的交易单位。这就意味着即使 1 枚比特币的价值被炒作到了 1 亿美元，它仍然可以进行最小单位为 1 美元的商品交易。据此推算，2 100 万枚比特币的数量限制，如果只要满足最低 1 美元的商品交易，那么其总价值规模上限就可以达到 2 100 万亿美元，这可以很大限度地满足当前的绝大多数经济交易的需要。然而，如果每一次交易都只使用一种货币的 1 亿分之几或者 1 千万分之几个单位，那么这种交易单位的复杂程度就足以吓退大多数使用者了。假如比特币真的被应用到现实的商业领域，那么我们就会发现，超市中几乎每一种商品的价格标签上都是小数点后一串 0，对于消费者识别商品价格、计算交易金额都会带来很大的不便，而这种不便也将阻碍比特币在现实中的使用。

第二个巧妙的设计是比特币的挖矿机制。尽管比特币的上限是 2 100 万枚，但它不是自一开始就把所有的比特币全部推向市场，而是先少量投入流通，通过对于每一笔交易的自动网络验证，而自动生成新的比特币。也就是说，在它的价值被广泛认可、大量比特币交易进入互联网之后，它的自动网络验证机制将会生出更多的比特币，用来满足更大的市场需求。这就是比特币玩家中所流行的挖矿机制。即使比特币已经被世界各国玩家大量接受，但是目前所挖出的比特币的总量仅有 1 000 万枚，而预期 2 100 万枚的规模上限将在 100 多年之后的 2140 年才能达到。

由于挖矿机制的存在，比特币在流通过程中并不是像很多人想象的那样，是完全没有弹性、不能自动调节的。当需要的人多了，比特币交易多了，比特币互联网验证当然也就会多起来，以此可以创造出更多的比特币参与经济流通。当然，由于参与挖矿的矿工也多了，每一名矿工能通过挖矿获得的比特币的数量将是持续下降的。正是通过这样的自动调节机制，才能保证比特币的数量与社会需求保持相对一致，既能够满足社会市场需要，又可以保证比特币的价值。

然而，如果我们能够理解金属货币为什么退出流通，也许我们将更容易理解比特币的未来。大家都知道，在 100 多年之前，世界各国还是普遍以金币、银元等作为流通货币。尽管同时各国也在发行纸币，但是在很长一段时间内，纸币只是代表金属货币充当交易的媒介，其价值仍然是由政府所规定的纸币的含金量所表示。可是为什么，现在除了少数纪念币或者辅币外，金属货币已经基本退出了流通领域呢?

答案很简单，因为金属货币的供应需要受这些金银矿藏数量的限制，已经无法满足持续发展的全球经济的需要了。如果还是使用金属货币作为交易媒介，必然会在全球经济中广泛出现钱荒与银荒，反而会阻碍现代经济的发展。

马克思曾说过，资本主义产生以来，在短短 100 年内，创造了超过此前历史的社会财富。而事实上，现代的经济规模比起资本主义刚刚诞生的最初 100 年，更是天壤之别了。尽管经济规模可能已经扩张了数百倍、数千倍，而金、银等贵重金属的开采规模比起数百年前却没有太大的增长。事实上，仅仅中国的接近 4 万亿美元的外汇储备规模已经远超人类历史以来的黄金开采总量。如果还是以黄金或者白银作为价值尺度，这些贵金属的实物供给的限制，必然会导致流通中由于缺乏货币，很多商品交易无法进行下去，最终阻碍社会经济的发展。

就目前而言，比特币的数量限制并不会使得它的价值飙升上天，也不会阻碍其在一些爱好者之间充当商品交易的价值尺度，如比特币咖啡馆、比特币捐助等更是成为一种时尚的代表。然而，由于社会经济的飞速发展，现代中国的经济规模比起 30 年前改革开放之初已经不知道扩大了多少倍。如果放眼以后的 100 年、1 000 年，也许我们后人所能够创造的财富更是我们现代人所无法想象的。因此，拥有 2 100 万枚绝对数量限制的比特币，即使能够满足当前的经济需求，它能够永久地满足人类的交易需求吗？它能够在 100 年抑或1 000 年之后，仍然拥有足够的流通性，保证经济交易的顺利完成吗？

虚拟货币的流通规律

事实上，虚拟货币的产生更应该得益于互联网经济的发展。在现代生活中，借助于第三方支付和移动支付手段，包括很多人习惯使用的信用卡的广泛使用，我们使用真实货币进行经济交易的机会其实越来越少了。在很多时候，我们所看中的只是现实货币的价值尺度功能，只是依赖这些真实货币为各种琳琅满目的商品执行定价职能，而交易与结算被更多地赋予了互联网手段。这也使得基于互联网机制创造出新的虚拟货币成为可能。

我们所熟悉的虚拟货币是由一些经济主体所推出的，仅在本企业内部可以充当交易或结算工具，可以替代真实货币进行交易的企业内部虚拟货币。大家相对熟悉的有阿里巴巴的支付宝集分宝、腾讯 Q 币、盛大魔兽世界金币等。这些虚拟货币的发行与投放往往取决于企业自身的经营战略选择，从某种程度来说，它们的发行其实更多是源于人为的决策。

正如西方经济学的最基本的假设条件所言，人总是理性人、经济人，总会在经济决策中最大限度地维护自己的利益。这也导致人为控制的虚拟货币的发行，无法避免过于滥发所导致的价值贬值，这恰恰是民众对虚拟货币最大的顾虑所在。

从某种意义来说，之所以是比特币而不是 Q 币成为世界各国所公认的虚拟货币，正是由于人们对于人为控制机制的不信任，而更多地寄希望于自动调节、自发控制的非人为机制。从这个方面来说，比特币的规模限制，不会受人为影响，这恰恰是比特币最大的优点。

然而，正如本书所深入分析的那样，这种绝对的规模限制更加容易导致这种货币供给的缺乏弹性，使得货币供给与经济发展出现明显的脱节，反而制约了这种货币的普及与发展，也成为比特币的阿喀琉斯之踵。

虚拟货币体系的构建

其实，在虚拟货币的发展过程中，仿效以往的布雷顿森林体系，构建起一整套新型的虚拟货币体系似乎更为理性。可能很多熟悉世界经济的人都知道，在第二次世界大战结束之后，美国为了领导战后的世界经济格局，倡导 44 个反法西斯国家在美国的布雷顿森林开会，并通过了美国所提出的布雷顿森林体系方案，确定了战后 30 年的全球经济格局，也就是布雷顿森林体系。

简单地理解，布雷顿森林体系就是要确定美元在全球经济中的关键货币地位，它规定美元的含金量，以及明确 1 盎司黄金＝35 美元的固定兑换关系，规定美元对黄金是可承兑的。也就是说，你拿黄金来，我就按这一比例给你美元；同样，你要是给我美元，我也承诺按相同的比例出售黄金给你。这样，美元就成为黄金价值的唯一标准，而其他货币只是规定含金量，规定与美元的汇率。这样，就确立了黄金—美元—其他货币的全球金融格局，美元成为连接起其他货币与黄金的价值标准。这样的机制，直到 20 世纪 70 年代的两次石油危机导致美国没有能力继续保持美元与黄金的稳定兑换关系，才最终被打破。

由于虚拟经济的发展，货币的交易媒介和价值储藏职能已经被大大弱化，然而，其价值尺度的职能仍然在现代经济中发挥巨大作用。那么，虚拟货币的推出就不应该高调地希望在所有层面上替代现有货币的经济作用和经济价值，虚拟货币的推出完全可以在货币职能被弱化的交易媒介和价值储藏领域做文章。

就好像在布雷顿森林体系中，除美元之外的其他货币必须绑定在美元之上以体现其自身价值一样，虚拟货币在制定之初，如果能够仿效布雷顿森林体系的机制，把其自身严格地绑定在某一关键货币或者流通领域的主要货币之上，保证其价值的稳定，那么就可以用这些被绑定的货币的价值来保证虚拟货币的价值稳定。无论是像比特币这样的自动流通机制，还是像 Q 币这样的人为发行机制，只要保证虚拟货币与所绑定货币的价值的稳定兑换关系，那么货币的发行规模其实就可以实现自动调节。当虚拟货币不足、流通中对虚拟货币的需求上升时，要保证这种稳定的兑换关系，必然需要引入新的虚拟货币。同样，如果虚拟货币过多，其价值呈现出下降的趋势，为了保证它与所绑定货币的稳定兑换关系，又需要回收一部分虚拟货币。通过这样的自动调节机制，也是可以保证虚拟货币的价值稳定的。

只要虚拟货币的价值稳定，民众对其价值拥有强大的信心，那么，在互联网经济中，它完全可以替代真实货币，而充当起交易媒介和价值储藏的职能。从这方面来说，支付宝集分宝已经很好地证明了这一点。当 1 个集分宝被明确地锁定为1分钱时，支付宝用户当然乐于接受集分宝作为价值的代表，用于现实的经济交易中。

但是，如果虚拟货币仅仅定位于替代传统真实的货币的角色，那么，对于消费者而言，既然我既可以使用真实货币进行经济交易，也可以使用虚拟货币，即使使用虚拟货币，也只是替代真实货币交易，那么我为什么还要不怕麻烦地使用虚拟货币呢？我干脆就使用真实货币岂不更好？

如果只是保证虚拟货币与真实货币的兑换关系，那么虚拟货币永远只能作为跟随者而存在，没有实现对于真实货币的赶超的可能性。要想真正实现虚拟货币的发展，就必须在虚拟货币的流通中体现出真实货币所无法实现的独特优势。只有拥有竞争对手所不具备的竞争优势，虚拟货币才有可能在跟随过程中寻找机会，最终实现对真实货币的取而代之。

因此，当前中国的虚拟货币发展的最大障碍在于如何创新虚拟货币运行机制，保证在经济交易中，虚拟货币能够比真实货币更加便捷，或者在价值储藏过程中，虚拟货币能够获得比真实货币更高的收益率。而实现这一点的关键就在于第三方支付与互联网理财的机制创新。也许虚拟货币成功的关键并不在于虚拟货币本身，而在于互联网金融的整体发展与资源的整合。

第二节　谁来推出虚拟货币

虚拟货币的流通机制

目前，市场上流通的虚拟货币主要有两种机制：一是以比特币为代表的数字货币，它们并没有真正的发行部门，而只是产生于互联网，并通过一种自动生成与自动验证机制自动地运转。而另一种机制则更广为人知，像我们生活中很多超市的积分兑换、手机话费积分兑换、信用卡积分兑换，以及在互联网经济中流动的阿里巴巴支付宝集分宝、腾讯Q币等等。这些虚拟货币往往是建立在特定企业的运营基础之上，作为该企业运营的一部分而存在。这些虚拟货币由这些企业发行，而其自身价值也往往由相应企业规定，并由企业的信用来担保。

可能相对而言，大家更愿意接受第二种虚拟货币模式，这也是现实货币发行流通的普遍模式。正如我们所看到的，一个国家的货币往往是由它的货币发行当局所垄断，比如中国的中国人民银行、美国的美联储、欧洲央行等，货币的价值也是由这些货币发行单位背后的国家形象来担保。

大家可以想象，我们钱包里的每一张钞票的真实发行价值其实都远小于它在经济交易中所能够代表的经济价值，这也是为什么在任何一个国家假钞都屡禁不止的原因之所在。之所以我们愿意接受由中国人民银行所发行的钞票，而不愿意接受由一些制造假钞的犯罪分子在小作坊中制造的伪钞，原因也正在于，这些钞票背后是否拥有一个强大的权力或者信用的价值保证。

我们愿意接受由政府货币发行部门所发行的货币，是因为我们相信在钞票背后的国家权力和政府信用。当政府过度透支政府信用之后，民众也会丧失对货币的信心，这也就导致我们所看到的一些恶性通货膨胀的产生。而恶性循环又会反过来影响民众对政府的支持，影响政治局势的稳定。

同样的道理，如果发行货币的企业拥有强大的市场影响力和巨大的经济实力，那么，它所发行的代替真实货币进行流通或者充当交易媒介的虚拟货币的价值也容易被民众所接受。人们之所以信任这些货币，根本的原因还是在于信任其背后的企业形象和企业实力，因此，实际上是由企业信用来担保虚拟货币。

其实，可能很多人并不知道，在一些市场化运营的国家，曾经货币的发行也是完全市场化的，也就是说，我们可以允许很多银行自行发行货币，并由它们来充当社会经济交易的媒介。我们可以想象，只有那些社会声誉极好、经济实力雄厚的银行才有能力发行货币。比如说，我是一个穷光蛋，然后我自己注册一家银行，随便买一台打印机，就可以发行自己银行的钞票，那岂不是发财的好办法？可是，因为你没有信誉，不会有人接受你所发行的钞票，那么你印再多所谓的钞票，但没人接受，那也只是制作精美的花纸片而已。

而另一方面，即使一家银行发行的钞票被民众广为接受，当这个银行经营陷入困境、出现资不抵债的支付困难时，它自身的信用就将受到重挫。此时，民众就会自发地选择出售这家经营困难银行发行的钞票，转而持有经营更加稳健的银行的钞票。因此，经过长期的大浪淘沙，即使是一些非国家垄断货币发行权的国家与地区，在这些国家与地区真正流通的货币也只是通过激烈的市场竞争之后能够幸存下来、最具市场声誉的银行所发行的钞票。

同样的道理，既然代表虚拟货币价值的往往是背后的企业信用和企业形象，如果企业运营得当，发展势头迅猛，那么，没问题，它所发行的虚拟货币也会广为民众接受。可是如果它的经营陷入困境，那么更令它感到雪上加霜的就是，大家都不再愿意持有它所发行的虚拟货币，而选择在虚拟货币的交易市场中将其变现，或者兑换为其他商品。

从这个方面来说，由特定企业所发行的虚拟货币，因为背后拥有一个强大的企业形象，它的价值往往更容易判断，而更容易被民众所接受。只要企业运营得当，同时虚拟货币的发行秩序井然，虚拟货币的价值就可以保持稳定，它的流通也会相对顺畅。

互联网虚拟货币的信用基础

而另一种虚拟货币的类型，才是真正产生于互联网、发展于互联网的真正意义上的虚拟货币。它没有发行单位，没有价值保证，在很多时候，它只是表现为一种复杂的计算机程序、一种计算机代码。它没有标准的价值参照，没有具体的应用范围，可以说完全是一种处于无序状态下自然生成的互联网虚拟货币。

保证像比特币这样的纯粹的虚拟货币的流通价值的，只能是用户对其运作机制的信心。只有用户认可它交易的安全性、价值的稳定性、结算的便捷性，认同使用它进行一些相关的经济交易结算将比使用真实货币更有优势，人们才会选择持有它，并在经济交易中使用它。

正如前面介绍的那样，之所以比特币能够在互联网上赢得越来越多的公众的认同，完全在于在危机之中，公众对于传统的货币扩张造成的货币购买力下降的政府政策的不认同。而比特币不仅由于存在着绝对的数量限制的自我限制，从根本上消除了货币自产生以来就始终存在的货币数量增长带来的通货膨胀问题，而且它更在这方面走向了极限，把其发行、价值保证和流通都完全交给了比特币自身，不允许任何一个个人或者机构对比特币的产生和流通施加任何影响，倡导一种绝对的自主性和自由性。

比特币所具有的绝对的自由在很大程度上迎合了互联网经济发展所体现出来的无拘无束的自由主义精神，甚至是无政府主义的精神，从技术层面上赢得了互联网从业人员的认同。虽然比特币最早只是作为众多互联网技术人士之间的小玩具，却逐渐从实验室中的技术人士之间，延伸到了更为广泛的互联网世界。

可以毫不夸张地说，除了最早使用比特币的这些互联网技术人员，包括现代经济中在比特币市场上可以毫不犹豫、一掷千金、大肆收购比特币的众多投资者在内，对比特币的真正的运作原理并不明了。在当前的比特币市场投资中，弥漫着浓烈的投机心理，恰恰是比特币运营的这种无政府主义式的绝对自由，给予了市场对于比特币的价值的看涨心理。事实上，众多投资者并不在乎比特币是不是最为科学、最为合理的虚拟货币，也不在乎它是否拥有完善的流通机制，更不在乎它的价值是否拥有完备的信用保证，似乎仅仅不受政府干预这一点就足以使它傲视所有其他货币类型，保证其价值的稳定。这可能也源自民众对货币政策被引入经济学理论体系之后，持续的政府货币扩张带来的货币价值缩水的反感或者不信任。然而，这并不能从技术上或者从经济上解释比特币这种爆发式的成功。

毕竟，比特币的价值完全来自公众对它未来保持增值的信任，除此之外，它不存在任何的实际经济价值。从某种意义来说，只要拥有这种信任，哪怕是盲目的迷信活动，无论其信任寄托的只是简单的一个计算机程序、一张古画，还是一枚古币，其结果都一样。然而，事实上，由于信任的载体并不具有真实的经济价值，这种信任在很大程度上是虚幻的。一旦它被打破，其价值的下跌则是相当可怕的。

可能很多人都听说过十五六世纪的荷兰郁金香风暴。在这场风暴中，一只小小的郁金香球茎的价格一度被炒作到数千金币，价值相当于当时一个 3 口之家三四十年的生活费总值。而在这次风暴中，决定郁金香价格的，恰如比特币市场一样，只是一种盲目的信任机制。最后的结果是，当市场缺乏足够的购买力支撑之后，短短数月之间，郁金香的价格就跌到了高峰期的数百分之一的低位。

当然，并不意味着对比特币的投资也是一种绝对的非理性投机，也不代表着比特币价格可能出现类似于郁金香的暴涨暴跌。然而，如果事实上由于内在机理的限制，存在着绝对的数量限制的比特币根本不可能充当起未来的世界货币的角色，比特币身上所寄托的巨大的市场期望落空之后，比特币的价值也就难以保持了。

与同一时期众多的其他互联网虚拟数据货币相比，比特币的设计中拥有着很多天才的、独具匠心的巧妙设计，这也是它能够从数万种不同类型的虚拟货币中脱颖而出，成为唯一得到世界市场认可，能够在全世界自由流通与交易的货币的根本原因。

然而，与现实生活中的纸币一样，无论是拥有发行单位的虚拟货币，还是像比特币一样纯粹的自由主义货币，它们自身都不拥有真实的价值，决定其价值的只能是民众对它们的信心。当拥有发行单位时，这种货币的信心往往更多地来源于民众对相关企业、相关经济主体的运营的信心，特别是对这些经济主体未来盈利能力与资产价值的信心。而这些经济主体的未来盈利和现有资产又可以反过来充当这些虚拟货币的价值保证。从这方面而言，这种拥有发行单位的虚拟货币的价值实际上是更值得信任的。在优胜劣汰的市场机制之下，当发行单位的经营陷入困境时，就会挫伤公众对其发行的虚拟货币的信心，进而影响这些虚拟货币的流通，自然而然地就实现了对于劣质企业的虚拟货币的自我淘汰。在这样的竞争机制下，幸存下来的虚拟货币将是最为值得信赖的虚拟货币。从某种程度来说，这样的虚拟货币的创造机制，也是最值得推崇的虚拟货币的产生机制。

与之相对，像比特币这样的绝对的自由主义的虚拟货币，人们甚至至今都不知道创造比特币的中本聪是何许人也，它的身世与技术原理都弥漫着浓浓的神秘感。也许正是这种神秘感支持了比特币的市场表现，然而，在很大程度上，支持这种纯数据货币流通的只能是虚幻的信心。在没有价值保证的前提下，这种信心只能来源于民众对于相信它可以发展成为未来货币，甚至取代美元、欧元在国际金融领域的地位的一种盲目的乐观信任。如果这种信任无法兑现，那么它可能会变得一文不值。这种虚幻的货币投资固然可能蕴藏着巨大的获利机遇，然而，其中的风险也是更值得提醒市场关注的。

从比特币的价格在很短时间内从二三十美元飙升至 1 000 美元，然后迅速下滑至六七百美元，继而长期盘整来看，市场对比特币的后期走势已经明显出现分歧。这也标志着推动它一路走高的市场信心已经不再坚定，这也许正是对比特币这种自由主义虚拟货币的风险的一种警示。

第三节　虚拟货币的价值认同

虚拟货币的价值

随着互联网经济的日益兴盛，虚拟货币作为互联网金融的一个重要组成部分，也得到了很多互联网企业以及公众的认可，从而在互联网中得到广泛应用。事实上，伴随着阿里巴巴和腾讯两大互联网巨头在第三方支付包括移动支付端的争夺，二者所推出的具有虚拟货币色彩的支付宝集分宝、Q 币、滴滴打车红包等互联网金融产品已经广为中国消费者所认识。

而另一方面，比特币的异军突起、其价值的暴涨暴跌更是吸引了众多的市场关注，包括传说之中的中国大妈，也开始把投资的目光投向了比特币投资领域。比特币作为一种最成功、价值在全球市场得到最广泛认可的虚拟货币，其至尊的江湖地位也无人能撼。

然而，事实上，几乎所有虚拟货币的应用领域都相当有限。即使是号称得到世界市场广泛认可的比特币，它能够作为交易媒介而应用的范围也寥寥无几。尽管一度曾经传说，在中国有人组建比特币咖啡厅，有房地产商接受比特币购房，红十字会等慈善机构接受比特币捐赠，甚至笔者曾经看到有新闻报道过，有一对外国夫妇仅仅通过比特币消费，没有花费一分钱真实货币，就实现了环球旅行。然而，这些新闻似乎炒作的意味更重于其实际意味。如果比特币真的能够被广泛应用于现实生活的经济交易中，那么上述事件也就不再成为新闻了。之所以成为新闻，恰恰在于其发生的偶然性与稀少性。

其实，想必活跃在比特币交易市场中的很多投资者并不清楚比特币的技术原理，甚至都不知道比特币是什么。他们之所以选择购买比特币，完全在于他们相信比特币的价值能够持续上涨。对于他们而言，只要投资的资产价格可以上涨，能够给他们带来投资收益，他们根本不在乎投资的是以计算机数据形式存在的比特币，还是证券市场的股票，抑或是传销市场中的某一更为虚幻的商品或资产。

从很大程度来说，比特币的交易甚至像击鼓传花。其实所有人都不清楚比特币未来到底是否能够扮演起未来货币的角色，很多人甚至不在乎明年或者 10 年以后，还是否仍然存在比特币。对他们来说，真正有意义的是，买入，然后以更高的价格卖出。只要在自己持有比特币期间，比特币市场不会发生突发性事件，特别是突发性崩盘，他们就根本不在乎比特币的未来。

正是在这样的思想的指导下，很多人的确对比特币当前的价格走势拥有强烈的信心。他们的确看不透比特币未来 5 年、10 年甚至更长时间之后的变化，他们也不清楚在互联网虚拟货币领域未来到底会出现什么样的变化，更多的投资者只关注在自己投资比特币期间，是否会出现市场变动。

虚拟货币价值的认同

作为一种设计精妙的互联网虚拟货币，比特币的确拥有很多其他虚拟货币难以企及之处，这也就决定着它赢得了包括互联网技术人士在内更多的市场认同，从而在商业领域得到更为广泛的应用。

然而，我们必须看到，即使是前面所介绍的接受比特币交易的一些商业场所，它们也不是完全依赖于比特币交易，而只是在现实的货币交易之外，特别接受比特币交易。从某种意义而言，它们只是普通商户，只是由于经营者对比特币的运营相对感兴趣，认同它的价值，同时，考虑到接受比特币的巨大的广告效应，因此大打接受比特币结算的广告牌。即使接受比特币结算，相信这些商家真正接受的比特币结算的业务占其全部业务量的比重可能连 5%都达不到。也许一个咖啡厅一两个星期才会出现一两笔使用比特币结算的咖啡消费，那么对于经营者而言，即使完全损失了这几杯咖啡的款项对其也没有大的影响。然而，接受比特币结算所带来的广告效应，以及其宣传的噱头所带来的谈资，对于这家咖啡厅所产生的巨大的潜在经济效益则是相当巨大的。

事实上，无论是在中国，还是在比特币交易更为频繁的美国、日本，接受比特币的价值、认同比特币交易的，仍然只是非常少的一部分人，比特币只能作为一种小众交易方式而出现在现实的商业社会中，而不是如我们所想象的那样，可以广泛应用于现实生活中。

而由具体的经济主体所创造的虚拟货币的流通领域则更为有限，它们往往只能在发行它们的经济主体的业务范围内予以使用。比如支付宝集分宝其实就是一种应用相对广泛的虚拟货币，借助于阿里巴巴所建立的庞大的互联网金融帝国，它几乎可以在阿里巴巴的所有互联网金融的版图之内起作用，可以用于网络购物，可以用于移动支付，可以用于信用卡还款或者生活缴费。然而，即使作为这种应用最为广泛的虚拟货币，其整个使用仍然仅仅局限于阿里巴巴的版图之内。

的确，很早就有一些互联网企业以Q币或者支付宝集分宝充当网络奖励，甚至用这些虚拟货币给员工发工资。然而，与上述比特币的应用一样，这些都不是主流，并不能代表这些虚拟货币的整体市场表现。可以想象，如果一个企业给员工的所有工资都以Q币或者支付宝集分宝的方式发放，在不存在合法的变现机制的情况下，必然会受到员工的普遍抵制。

虚拟货币更应该是一种互联网中流通的货币

其实，正如前文所提出的观点一样，虚拟货币本来就不应该直接作为现实货币的完全替代者而存在。它产生于互联网终端，因此它的最佳使用领域，也应该在互联网终端。像比特币那样，宣传在咖啡厅、在购房时使用比特币，在很大程度上是一种误导。在现实生活中，虚拟货币能否替代真实货币而应用于消费结算？得益于银行结算体系的建立，既然使用真实货币进行结算也相当便利，而且真实货币的价值更加稳定，不会出现像比特币那样的价格的暴涨暴跌，你凭什么说服交易者放弃真实货币，却选择风险更大的虚拟货币？

与现实生活消费结算不同，在互联网中，真实货币的结算，也必须依赖于第三方支付，或者网上银行等金融信息化，或者互联网金融渠道。在这里，真实货币的结算的便利性是无从体现的。而互联网虚拟货币往往正是产生于这种网络结算与网络支付之中。如果说它可以以一种更为便捷的方式存在，使得使用者能够从中获得高于真实货币消费的愉悦心理，那么，它就有可能成功。

然而，问题就在于，即使是在互联网领域，一种虚拟货币往往只能在一个经济体系内使用，不同虚拟货币结算之间缺乏有机的桥梁。比如我现在拥有支付宝集分宝，想用它来购买腾讯的Q币，这样就很难实现了。事实上，对于当前中国互联网金融领域几家领导企业而言，它们自己以及竞争对手都已经形成了庞大的互联网产业帝国，再充满敌视地选择封闭的方式，限制资源在不同企业之间的流动，阻碍不同的第三方支付或者虚拟货币之间的联通，在抑制竞争对手的同时，其实也限制了自己的发展。

联则共通，只有通过发展主要的互联网领导企业之间的经济协议，实现它们在不同的第三方支付、移动互联、虚拟货币等领域的合作，实现资源在不同企业之间的顺畅流通，推动虚拟货币价值的统一、交易平台的一体化、结算体系的共通，最大限度地实现虚拟货币应用领域的推广，甚至在现有的多种虚拟货币的基础之上，建立起横跨多个互联网企业甚至畅通中国互联网金融的统一的虚拟货币，才真正有可能建立起一个在互联网领域取代真实货币的未来的数据金融货币，这也才是虚拟货币发展的真正的趋势。

天下大势，分久必合。中国的五千年历史已经充分证明了这个颠扑不破的历史规律的真实性，而在互联网金融中，这样的规律也将同样生效。当前的群雄割据的互联网金融世界，看上去热闹，然而，由于市场的分割，很多互联网企业只能在同一层面上与其他企业展开激烈的竞争，而这样的竞争固然可以实现优胜劣汰，确定优质企业的领导地位，然而，这样的竞争却是低效率的。

对于任何一个市场，包括今天自由放任的互联网金融领域，人才是力量，强才是质量。只有推动互联网企业之间的兼并重组，实现不同互联网金融企业之间的资源共享与协调，特别是在第三方支付与虚拟货币领域，撤除现有的竞争壁垒，实现彼此之间的资源协调，甚至考虑组建贯通多家互联网领导企业的第三方支付平台和虚拟货币，实现资金结算的贯通，才能形成足以替代真实货币的市场竞争力，在互联网终端结算领域，发挥出其便利性、自由性、高效性，而这也将是互联网金融发展的魅力之所在。